Gouvernance du secteur de la Sécurité : Leçons des expériences ouest-africaines

Alan Bryden, Fairlie Chappuis (dir. publ.)

]u[

ubiquity press
London

Published by
Ubiquity Press Ltd.
6 Windmill Street
London W1T 2JB
United Kingdom
www.ubiquitypress.com

First published 2015

Cover design by Amber MacKay
Front cover image: AlexTanya / Shutterstock
Back cover image: Hans Braxmeier / Pixabay

Printed in the UK by Lightning Source Ltd.
Print and digital versions typeset by Siliconchips Services Ltd.

(Paperback): 978-1-909188-71-6
(PDF): 978-1-909188-72-3
(EPUB): 978-1-909188-73-0
(Kindle): 978-1-909188-74-7

DOI: http://dx.doi.org/10.5334/bav

The full text of this book has been peer-reviewed to ensure high quality academic standards. For full review policies, see http://www.ubiquitypress.com

Suggested citation: Bryden, A et Chappuis, F (dir. publ.) 2015 *Gouvernance du
secteur de la Sécurité : Leçons des expériences ouest-africaines*. London: Ubiquity Press. DOI: http://dx.doi.org/10.5334/bav. Licence: CC-BY 4.0

An English translation of this book can be viewed, for free, at:
http://dx.doi.org/10.5334/bau

To read the free, open access version of this
book online, visit http://dx.doi.org/10.5334/bav
or scan this QR code with your mobile device:

Table des matières

Liste des coauteurs

Emmanuel Remi Aiyede: Maître de conférences, Département de science politique, University of Ibadan, Nigeria.

Emmanuel Kwesi Aning: Directeur, Faculty of Academic Affairs and Research, Kofi Annan International Peacekeeping Training Centre (KAIPTC), Ghana.

Dominique Bangoura: Professeur au Centre d'Etudes Diplomatiques et Stratégiques à Paris et enseignant-chercheur HDR à l'université d'Abidjan.

Alan Bryden: Directeur Adjoint et Chef de la Division de Partenariats Public-Privé au Centre pour la Contrôle Démocratique des Forces Armées (DCAF).

Lamine Cissé: Ancien Chef d'état-major général des armées, Ministre de l'Intérieur de Sénégal, Ancien Représentant Spécial du Secrétaire Général des Nations unies pour l'Afrique de l'Ouest.

Fairlie Chappuis: Responsable de Programme dans la Division Recherche au Centre pour la Contrôle Démocratique des Forces Armées (DCAF).

T. Debey Sayndee: Professeur agrégé et directeur, Kofi Annan Institute for Conflict Transformation, University of Liberia.

Zeïni Moulaye: Conseiller des Affaires étrangères et ancien ministre des Transports et du Tourisme du Mali.

Avant-propos

En septembre 2015, lors du Sommet des Nations unies sur le développement durable, la communauté internationale a adopté un nouvel agenda universel du développement comportant 17 objectifs de développement durable (ODD). Désormais, le cadre international du développement tient explicitement compte de l'importance des enjeux de bonne gouvernance et de sécurité dans la réalisation d'un développement durable, notamment à travers son ODD 16 sur la paix, la justice et les institutions efficaces.

Il faut y voir une consécration du continuum entre le développement et la sécurité que la pratique a démontré et affermi. En effet, il ne peut y avoir de développement sans sécurité et inversement : les deux ambitions et exigences se rejoignent. Le développement contribue à la création d'un environnement propice à la sécurité et à la promotion de l'Etat de droit, et par réciprocité les gains obtenus en matière de sécurité permettent d'assoir les conditions d'un développement durable.

En tant que pourvoyeuses de sécurité, les forces de défense et de sécurité ont vocation à contribuer à la mise en œuvre de l'agenda international du développement. La réforme du secteur de la sécurité (RSS), processus se situant à l'interface des questions de sécurité, de gouvernance et de développement, permet de réaliser ce potentiel étant donné son rôle dans la prévention des conflits, la consolidation de la paix et, à long terme, le développement.

Pour une contribution effective du secteur de la sécurité au développement, les efforts en matière de RSS visent non seulement à améliorer l'efficacité opérationnelle des acteurs de la sécurité, mais aussi à accroître leur redevabilité à l'égard des règles et principes de l'Etat de droit.

Pour ce faire, la RSS s'inscrit dans une approche plus globale de promotion de la gouvernance démocratique et de rétablissement de l'Etat de droit dont la déclinaison peut prendre plusieurs formes. Il s'agit d'abord d'un processus politique conduit par les autorités nationales, qui au-delà des institutions politiques, sécuritaires et militaires, associe tous les segments de la société à des fins d'appropriation. La volonté politique des décideurs nationaux sur laquelle repose la RSS a pour pendant la nécessité d'un appui coordonné des acteurs internationaux.

Le contrôle civil des forces de défense et de sécurité et l'appui aux mécanismes de supervision démocratique qu'ils soient étatiques ou relevant de la société civile sont également cruciaux (les ministères concernés, les services d'inspection, le Parlement, les ONG, les médias, etc.).

Enfin, la RSS se fait au bénéfice à la fois de la sécurité de l'Etat et de sa population (sécurité humaine) sans discrimination.

Le présent ouvrage capitalise sur les leçons apprises des processus RSS conduits en Afrique de l'Ouest, en mettant en exergue les dynamiques de gouvernance qui s'y jouent. Il regroupe les analyses d'experts issus principalement du continent africain et qui, en raison de leurs fonctions, ont participé ou suivi de près les efforts de réforme durant la période étudiée.

Cette étude, loin de promouvoir une approche standardisée et non contextualisée de la RSS, est destinée au contraire à encourager la production de connaissances et, de fait, à contribuer aux efforts de RSS en cours en vue de la prévention et de la résolution des conflits, ainsi qu'en faveur du développement.

Cette initiative, à laquelle le ministère français des Affaires étrangères et du Développement international s'associe, participe du soutien que la France entend apporter aux processus nationaux de RSS.

Frédéric Bontems
Directeur du développement et des biens publics mondiaux
Ministère français des Affaires étrangères et
du Développement international
Direction générale de la mondialisation, du développement et
des partenariats

Préface

En 2015, les nations du monde se sont entendues pour adopter une feuille de route, intitulée les Objectifs de développement durable, traçant la voie vers un avenir plus prospère et plus sûr. Durant cette même période, l'Afrique de l'Ouest faisait face à une recrudescence de menaces telles que le terrorisme, l'instabilité politique, les retours en arrière des régimes démocratiques, les crises sanitaires régionales et les difficultés économiques. La gouvernance défaillante du secteur de la sécurité, combinée à l'incapacité des projets de réforme du secteur de la sécurité (RSS) d'améliorer cette dynamique, sont en grande partie responsables de cet état de choses préoccupant. C'est ainsi que dans de nombreuses régions, les progrès réalisés en matière de gouvernance du secteur de la sécurité sont sujets à caution, les pays en danger n'ayant pas assez de ressources pour résister aux menaces.

Le Centre pour le contrôle démocratique des forces armées – Genève (DCAF) a pour mission d'encourager les acteurs nationaux ainsi que l'ensemble de la communauté internationale à promouvoir la gouvernance démocratique du secteur de la sécurité. A une époque où de nombreuses et anciennes vérités sur la RSS en Afrique sont réévaluées avec un œil critique, il est à notre avis primordial d'examiner attentivement certains processus de réforme en se plaçant du point de vue des acteurs nationaux. L'ouvrage *Gouvernance du secteur de la Sécurité : Leçons des expériences ouest-africaines* présente les opinions d'initiés tels que des universitaires, des décideurs politiques et des praticiens ayant activement participé aux processus nationaux visant à élaborer et mettre en œuvre des réformes du secteur de la sécurité axées sur la gouvernance. L'ouvrage s'écarte délibérément d'une conception de la RSS en tant que série d'activités techniques pour privilégier une approche inscrivant les réformes dans la réalité socioéconomique, culturelle et politique, qui seule conditionnera le succès ou l'échec de ces tentatives.

Quels sont les enseignements à tirer de cet ouvrage ? Tout d'abord, il faut revenir sur les définitions du succès et de l'échec. Les échéances, les stratégies et les attentes doivent être réexaminées afin de prendre en compte la nature forcément graduelle et répétitive des processus de réforme à l'échelon national. Ainsi, une réforme réussie devra être perçue comme une longue série de petites améliorations appréciées à l'aune des réalités locales et nationales et non comme l'application rigide de modèles et cadres conçus par des agents extérieurs. Ensuite, il faut bien comprendre que les institutions et les acteurs chargés de la gouvernance du secteur de la sécurité ne sont pas utilisés à hauteur de leur potentiel alors qu'ils sont des moteurs de réforme très puissants. Cet ouvrage montre par exemple qu'étant donné leur rôle prépondérant (mais souvent ignoré) dans la promotion des réformes, le parlement et la société civile devraient participer bien plus activement à la programmation de la RSS. Troisièmement, il faut admettre que les stratégies de réforme adoptées ont pour la plupart négligé l'importance d'un consensus préalable à l'instauration d'une bonne gouvernance du secteur de la sécurité, dont le processus politique s'avère très délicat. Concilier les attentes, créer une vision commune et renforcer la confiance entre les parties prenantes grâce à un dialogue ouvert à tous, tant parmi les forces de sécurité qu'au-delà, sont les composantes essentielles d'un volet oublié de la RSS, qui a souvent été le facteur déterminant du succès ou de l'échec.

Si l'on analyse tous ces contextes de réforme dans leur ensemble, il ressort que les processus de prise de décision en matière de sécurité demeurent entre les mains d'un cercle très restreint appartenant aux milieux de la politique et de la sécurité. Certes, le simple fait d'évoquer la question de la sécurité est parfois considéré comme incongru par ceux-là mêmes qui sont chargés de superviser le secteur et de rendre des comptes ! Il faut que cela change. Encourager les débats est la seule façon de partager les enseignements tirés et de les mettre à profit. Nous espérons donc que cet ouvrage permettra l'émergence de points de vue strictement Sud-Sud parmi des acteurs nationaux et régionaux s'efforçant de mettre en pratique les principes de la bonne gouvernance. Parallèlement et en ce qui concerne la communauté internationale, les leçons à retenir sont surtout la patience, l'humilité et la primauté de l'appropriation locale, toutes trois incarnées dans une doctrine visant à soutenir plutôt qu'à imposer.

J'aimerais me joindre aux directeurs de publication de cet ouvrage, Alan Bryden et Fairlie Chappuis, pour remercier tous ceux qui ont participé à cet important projet de recherche. En premier lieu, les auteurs des six chapitres, dont l'engagement et les connaissances ont permis à cette étude de voir le jour. J'aimerais également exprimer ma reconnaissance au ministère français des Affaires étrangères et du Développement international, et plus particulièrement à sa Direction générale de la mondialisation, du développement et des partenariats, pour leur appui généreux. En ce qui concerne l'élaboration de cet ouvrage, le DCAF tient à remercier Margaux Duverney pour son soutien infaillible à tous les stades de la préparation du projet ; Aviva Proville, Salvatore Sagues, Sara Dezalay, Sroda Bedarida-Gaveh et Alexia Casale pour les traductions vers le français et vers l'anglais et la révision d'épreuves. Ont également apporté leur précieuse contribution : Mia Schoeb pour les recherches ; Petra Gurnter pour la conception graphique et la mise en page ; et Tim Wakeford ainsi que Frank Hellwig à Ubiquity Press, qui nous ont patiemment accompagnés tout au long de ce projet. Les directeurs de publication souhaitent également remercier Alwin Van Den Boogard, Bruce Baker et Deniz Kocak pour leurs remarques pertinentes et constructives lors de leur examen critique de la version préliminaire.

Les opinions exprimées dans cet ouvrage n'engagent que leurs auteurs et ne reflètent pas nécessairement celles des institutions ou de leurs représentants impliqués dans ce projet.

Ambassadeur Theodor H. Winkler
Directeur
Centre pour le contrôle démocratique des forces armées – Genève

Genève, octobre 2015

Liste des abréviations

APG	Accord global de la paix, *Comprehensive peace agreement, Accra, 18 August 2003,* Libéria
BATA	Bataillon des Troupes aéroportées, Guinée
BNE	Bureau national des enquêtes, *National Bureau of Investigations,* Libéria
CEDEAO	Communauté économique des Etats de l'Afrique de l'Ouest
CEMD	Chef d'état-major de la défense
CENI	Commission électorale nationale indépendante, Guinée
CNDD	Conseil national pour la démocratie et le développement, Guinée
CNDH	Commission nationale des droits humains, Guinée
CNOSCG	Conseil National des Organisations de la Société Civile Guinéenne
CNT	Conseil national de la transition, Guinée
CONASCIPAL	Coalition National de la Société Civile pour la Paix et la Lutte contrela Prolifération des Armes Légères, Mali
CRG	Commission de réforme de la gouvernance, *Governance Reform Commission,* Libéria
DCAF	*Geneva Centre for Democratic Control of the Armed Forces,* Centre pour le contrôle démocratique des forces armées – Genève.
FAL	Forces armées du Libéria, *Armed Forces of Liberia*
FDS	Forces de défense et de sécurité
GIC-G	Groupe international de contact sur la Guinée
MFDC	Mouvement des Forces démocratiques de Casamance, Sénégal
MINUL	Mission des Nations Unies au Libéria
MPRI	Military Professional Resources Incorporated

MSN	Ministère pour la Sécurité nationale, *Ministry of National Security,* Libéria
ONDH	Observatoire national des droits de l'homme, Guinée
ONU	Organisation des Nations Unies
PDG	Parti démocratique de Guinée
PGPSP	Programme de gouvernance partagée de la sécurité et de la paix, Mali
PNL	Police nationale libérienne, *Liberia National Police*
PNUD	Programme des Nations Unies pour le développement
RSNR	La loi sur la Réforme de la sécurité nationale et sur le renseignement 2011 *National Security Reform and Intelligence Act 2011,* Libéria
RSS	Réforme du secteur de la sécurité
SPG	Services de police du Ghana *Ghana Police Service*
UA	Union africaine
UE	Union Européenne

Comprendre les dynamiques de la gouvernance du secteur de la sécurité en Afrique de l'Ouest

Alan Bryden* et Fairlie Chappuis†

*Directeur Adjoint et Chef de la Division de Partenariats Public-Privé au Centre pour la Contrôle Démocratique des Forces Armées (DCAF)
†Responsable de Programme dans la Division Recherche au Centre pour la Contrôle Démocratique des Forces Armées (DCAF)

Les promesses de la bonne gouvernance pour la sécurité, le développement et la démocratie en Afrique de l'Ouest

Si l'ère ouverte par l'après-guerre froide avait suscité un nouvel espoir pour le développement, la sécurité et la démocratie en Afrique de l'Ouest, ces perspectives se sont assombries durant la première décennie de ce millénaire. L'essor de l'économie nigériane a certes déplacé le centre de gravité économique du continent africain vers la région de l'Afrique de l'Ouest. Mais la croissance économique n'a pas tenu la promesse d'un avenir meilleur pour une génération de jeunes ouest-africains privés d'une éducation solide et confinés à la précarité d'emplois informels. Si les pressions sociales suscitées par ces espoirs déçus n'ont pas, jusqu'à présent, dégénéré en des conflits violents de l'ampleur de ceux observés dans les années 1990 et au tournant des années 2000, ces tensions ont néanmoins contribué à des crises internes provoquées par l'opposition de groupes d'insurgés, de séparatistes et de terroristes (ainsi que des éléments de la criminalité organisée) à l'autorité centrale de l'Etat. Dans le même temps, les crises sécuritaires auxquelles les populations sont confrontées au quotidien – du fait de la croissance de la criminalité et des dysfonctionnements des services de

Comment citer ce chapitre du livre:
Bryden, A et Chappuis, F. 2015. Comprendre les dynamiques de la gouvernance du secteur de la sécurité en Afrique de l'Ouest. Dans: Bryden, A et Chappuis, F (dir. publ.) *Gouvernance du secteur de la Sécurité : Leçons des expériences ouest-africaines*, Pp. 1–21. London: Ubiquity Press. DOI: http://dx.doi.org/10.5334/bav.a Licence: CC-BY 4.0.

sécurité fournis par l'Etat – continuent de freiner le potentiel de développement économique et de renforcement de la démocratie.

Si les normes de la gouvernance démocratique semblent s'être intégrées aux pratiques d'un certain nombre de pays (comme en témoigne l'alternance démocratique pacifique et contrôlée au Libéria en 2011, au Sénégal en 2012, ou au Nigeria en 2015), les bouleversements en Guinée en 2008, ou au Mali en 2012, montrent également que la compétition violente pour le contrôle des pouvoirs de l'Etat reste un risque potentiel. Le caractère interdépendant de ces différents défis apparaît dorénavant plus clairement, ce qui souligne les liens étroits entre démocratie, développement et sécurité. Ainsi, les événements dans le nord du Nigeria et du Mali ou encore au Bénin, au Niger et dans d'autres Etats de la région ont montré que le sous-développement peut être une cause directe d'insécurité et menacer la gouvernance démocratique. Ces exemples soulignent également que ce qui peut apparaître de prime abord comme un problème local ou infra-national peut rapidement s'intensifier pour non seulement atteindre le cœur politique d'un Etat, mais également dépasser les frontières et devenir un risque pour la sécurité régionale. De même, l'instabilité générée par les luttes de pouvoir entre les élites au sommet de l'Etat peut rapidement bloquer les processus démocratiques, en sapant la légitimité de l'Etat et la confiance économique nécessaire au développement : la Guinée, la Guinée-Bissau comme la Côte d'Ivoire ont été confrontées à des crises de cet ordre durant la première décennie des années 2000.

Au niveau mondial, plusieurs initiatives ont été prises pour répondre à ce bilan décevant. Les Objectifs du Millénaire pour le développement ont souligné l'importance de la réduction de la pauvreté pour la prévention des conflits et ce prédicat a été intégré dans des initiatives internationales telles que le New Deal pour l'engagement dans les Etats fragiles, qui a été adopté au cours de la décennie suivante et qui a inclus 19 Etats fragiles ou en conflit, puis tous les pays donateurs de l'OCDE (Partenariat de Busan pour une coopération efficace au service du développement 2011 ; Nations Unies 2000 ; Déclaration de Paris sur l'efficacité de l'aide au développement 2005 ; Programme d'action d'Accra 2008 ; Dialogue international sur la consolidation de la paix et de renforcement de l'Etat 2011). Le rapport 2011 sur le développement dans le monde de la Banque mondiale s'inscrit dans cet élan politique en proposant une approche plus holistique qui intègre les recherches les plus actuelles en matière de démocratie, de développement et de sécurité au sein d'un programme d'action visant à instaurer « la sécurité des citoyens, la justice et l'emploi » par le biais d'institutions plus fortes et plus légitimes (rapport 2011 sur le développement dans le monde). En 2015, ce programme d'action a franchi une nouvelle étape en identifiant la mise en place d'institutions responsables et inclusives comme un but explicite des objectifs de développement durable et en liant ce dernier à la prévention des conflits et à la promotion de la paix (Objectifs de développement durable 2015).

La gouvernance émerge comme le concept central reliant démocratie, développement et sécurité. Les travaux de recherche stratégique et académique en matière d'économie du développement, de prévention des conflits et de démocratie convergent ainsi en soulignant que la qualité de la gouvernance a un impact direct sur la trajectoire politique nationale (voir par exemple Halperin et al 2010; Collier 2007). En cherchant à appliquer ces hypothèses aux politiques et pratiques de la gouvernance, ces recherches ont identifié un certain nombre de caractéristiques institutionnelles qualifiées de «bonne gouvernance», qui contribuent à favoriser le développement, la sécurité et la démocratie. Si certains aspects spécifiques de ce programme de bonne gouvernance varient en fonction des contextes et des institutions, les éléments fondamentaux incluent: la redevabilité, l'efficacité, l'efficience, la transparence, l'inclusivité, l'équité et l'Etat de droit (Shabbir Cheema 2005).

L'objectif de la réforme du secteur de sécurité (RSS) est d'appliquer les principes de bonne gouvernance au secteur de la sécurité. La RSS vise à renforcer la sécurité de l'Etat et de la population en améliorant la redevabilité et l'efficacité en matière de prestation de services de sécurité, et de contrôle et de gestion de ce secteur, dans un cadre reposant sur le contrôle démocratique, le respect des droits humains et l'Etat de droit (Bryden et Hänggi 2004; Hänggi 2003; 2004). L'application des principes de bonne gouvernance au secteur de la sécurité souligne notamment que, pour être en mesure de consolider la démocratie, le développement et la sécurité, l'Etat ne doit pas être uniquement préoccupé par les questions de défense nationale et de sécurité de l'Etat, mais il doit aussi répondre aux besoins de sécurité humaine, en s'assurant que la population vive à l'abri de la peur (Krause 2006). Le concept de sécurité humaine inscrit l'objectif d'une prestation de services de sécurité et d'une gestion et d'un contrôle efficaces et responsables de ce secteur par l'Etat dans un cadre de gouvernance démocratique, de respect des droits humains et d'Etat de droit.

La RSS a tendance à se focaliser sur les institutions comme modalité de renforcement du monopole légitime de l'Etat en matière de recours à la force. North (1990) a été l'un des premiers auteurs à souligner le rôle des institutions dans la prestation de services publics et cette hypothèse a été renforcée par Robison et Acemoglu (2012) qui ont mis en avant l'importance de disposer d'institutions accessibles et transparentes, tandis que Fukuyama (2013) a exploré les capacités de l'Etat en matière de prestation de services publics. Si l'ensemble des institutions du secteur public ont un rôle à jouer en matière de démocratie, de développement et de sécurité, les obligations qui incombent aux autorités étatiques spécifiquement chargées de la prestation de services de sécurité et de leur gestion et contrôle présentent des défis particuliers. La bonne gouvernance du secteur de sécurité joue un rôle particulièrement important pour surmonter les défis auxquels sont actuellement confrontés les Etats d'Afrique de l'Ouest et le présent volume s'attache donc aux caractéristiques d'une bonne gouvernance de ce secteur.

Objectifs de cet ouvrage

Etant donné le rôle crucial que joue la bonne gouvernance du secteur de la sécurité pour la démocratie, le développement et la sécurité, il est particulièrement important, pour mettre en œuvre des réformes, de comprendre les dynamiques de la bonne ou de la mauvaise gouvernance. Ce livre se focalise sur la nature de la gouvernance du secteur de la sécurité en Afrique de l'Ouest en examinant des moments particuliers et des agents clés du processus de réforme dans six Etats de la région.[1] Ces différentes études de cas particuliers soulignent ensemble le caractère holistique de la gouvernance du secteur de la sécurité et de la dynamique du processus de réforme dans divers environnements nationaux ayant chacun des caractéristiques propres.

Ce volume diffère des études généralement consacrées à la RSS en ce qu'il ne cherche pas à évaluer au niveau macro et national la réforme dans son ensemble et sur le long terme ; il ne vise pas non plus à proposer une analyse opérationnelle des défis sécuritaires actuels. Ce volume s'attache plutôt à retracer les dynamiques essentiellement politiques de la gouvernance du secteur de la sécurité et souligne la nécessité de comprendre ces dernières dans les stratégies, la planification et la mise en œuvre des processus de RSS. Nous n'avons pas, à cette fin, privilégié l'uniformité des analyses mais avons cherché plutôt à recueillir les analyses et points de vue d'individus dont l'opinion est particulièrement éclairante du fait de leur connaissance du contexte local. Les auteurs qui ont contribué à ce volume présentent donc les perspectives d'acteurs faisant partie du cercle des «initiés» aux questions de sécurité en se fondant sur leurs connaissances et expériences personnelles. Cette approche a un certain nombre d'implications. Il convient notamment de souligner que ces études de cas ne visent pas à présenter une vision équilibrée qui évalue les avantages et les inconvénients de ces différentes perspectives. Ces études de cas reflètent plutôt les expériences vécues, les convictions personnelles et les parti-pris des auteurs qui ont contribué à ce volume.

La sécurité reste un sujet tabou dans de nombreux contextes nationaux sur le continent africain. Afin de mobiliser des parties prenantes potentielles et de bâtir un large soutien en faveur de la RSS, il est nécessaire de démystifier le secteur de la sécurité. Cela requiert une compréhension approfondie du contexte. C'est la raison pour laquelle les auteurs qui ont contribué à ce volume ont accordé une grande importance à l'histoire politique qui soustend, dans chaque pays examiné, les dynamiques actuelles de la gouvernance du secteur de la sécurité. Un message clé ressort de ces études de cas : pour comprendre les opportunités de réforme et les contraintes qui pèsent sur elle, il est essentiel que les parties prenantes nationales (et les partenaires externes qui veulent soutenir un processus de RSS axé sur la gouvernance) prennent en compte les dynamiques historiques profondes qui ont façonné le secteur de la sécurité au niveau national. Les études de cas réunies dans ce volume visent à identifier des leçons pratiques pour favoriser une telle compréhension et promouvoir des changements positifs. Lorsqu'elles sont examinées en parallèle, ces études de cas proposent donc une analyse des tendances émergentes plus générales, en mettant en lumière des orientations futures pour la RSS qui sont présentées dans la conclusion de ce volume.

En se focalisant sur les micro-dynamiques de la réforme, ce volume pose comme postulat la nécessité d'appréhender différemment les critères de succès et d'échec d'une réforme du secteur de sécurité. Cette approche est innovante, en particulier en ce qu'elle souligne que l'importance de certains moments spécifiques et agents de changement influents ne peut être pleinement perçue qu'a posteriori. Ainsi, dans un contexte de crise politique voire de conflit violent, les changements potentiellement transformationnels apparaissent souvent comme des éléments isolés, superficiels ou insignifiants. Leur caractère potentiellement transformationnel est donc éludé. Envisager le changement à partir de cette perspective innovante permet d'identifier le succès et l'échec à des moments et dans des lieux inattendus.

Cette approche permet également de corriger la tendance dans la littérature à idéaliser les conditions du succès, tout en négligeant les leçons tirées des échecs. Notre approche tient compte du fait que, bien que les exemples de changements transformationnels positifs soient importants, des leçons utiles peuvent aussi être tirées d'exemples de revirements, de stagnations ou de réformes inabouties. Certaines des études de cas rassemblées dans ce volume soulignent ainsi que les parties prenantes locales ont pu accorder, à des moments particuliers, une importance moindre à la réforme. Les chapitres ont été distribués de façon à tirer les leçons des expériences de pays ayant connu des évolutions politiques diverses : le Ghana, la Guinée, le Libéria, le Mali, le Nigeria et le Sénégal. Cette sélection couvre un éventail de contextes : la transition et la consolidation démocratique, l'après-conflit et le recul du processus démocratique. Cet éventail d'études de cas offre une base de comparaison instructive en ce qu'elles soulignent les enseignements issus d'expériences de progrès ainsi que de reculs.

En résumé, les études de cas qui constituent l'essentiel de ce volume soulignent l'utilité d'adopter une perspective méthodologique qui met l'accent non pas sur le plan national mais plutôt sur les micro-dynamiques de la réforme institutionnelle dans le contexte politique immédiat. A travers les yeux et les expériences d'acteurs locaux, ces études de cas analysent les succès de modeste ampleur de la RSS ainsi que les occasions manquées de faire en sorte que la réforme ait des effets transformationnels plus larges. En se basant sur l'analyse de moments potentiellement transformationnels de processus de réforme par des experts nationaux éminents ayant une expérience personnelle de ces dynamiques, ce volume montre comment les initiatives de RSS influencent les dynamiques de gouvernance du secteur de la sécurité d'une manière significative, même si elle est limitée, et il tire des leçons concrètes et pratiques de ces expériences de réforme au niveau national.

Face à un bilan décevant : comprendre les difficultés de parvenir à des changements transformationnels en Afrique de l'Ouest

Malgré les efforts importants et certaines avancées, la plupart des Etats africains sont loin d'avoir atteint l'objectif d'assurer une gouvernance plus démocratique du secteur de la sécurité. Les caractéristiques de la gouvernance du secteur de la sécurité sont déterminées par les dynamiques historiques, politiques et économiques complexes propres à la structure de chaque situation nationale – et infranationale. Pour autant, les études de cas rassemblées dans ce volume permettent d'identifier des expériences communes et des tendances régionales.

L'héritage de l'Etat colonial et post-colonial influe de manière déterminante sur la gouvernance du secteur de la sécurité. Si les pays d'Afrique de l'Ouest ont connu diverses expériences coloniales, nombre d'entre eux ont l'expérience commune d'une autorité politique centrale illégitime et aux visées spoliatrices. Cet héritage a prédisposé les institutions du secteur de la sécurité en Afrique de l'Ouest à se focaliser sur l'extraction de ressources et le contrôle de la population, et ces caractéristiques se sont perpétuées dans le contexte moderne. D'ailleurs, au cours de leur histoire, la population et les dirigeants de ces Etats peuvent n'avoir eu pour seul modèle de prestation de services de sécurité que celui d'une autorité étatique autoritaire et aux visées spoliatrices. Dans un tel contexte social, l'amélioration des services de sécurité fournis par l'Etat ne peut se réduire à un simple problème de réforme technique ou d'amélioration des équipements ou des formations : il faut repenser la raison d'être des prestataires de sécurité étatiques depuis la base jusqu'au sommet en se fondant sur une vision nouvelle et différente de ce qu'est la sécurité et au nom de qui elle est rendue.

Si l'héritage du colonialisme a été perpétué par les institutions de sécurité modernes en Afrique de l'Ouest, ces tendances ont aussi été exacerbées par le processus inabouti de démocratisation dans la région. Les régimes politiques post-indépendance ont adopté des pratiques de gouvernance non libérales tout en bénéficiant d'un important soutien extérieur. Ils ont également favorisé la mise en place de secteurs de la sécurité prédateurs, ne répondant pas de leurs actes et axés sur la sécurité du régime/de l'Etat. Dans de nombreux cas, ce déficit démocratique a contribué à la perpétuation de ces régimes pendant des décennies, ce qui a profondément enraciné ces pratiques de prédation. Le pouvoir législatif s'est retrouvé assujetti à un exécutif puissant et les membres du pouvoir judiciaire sont devenus les serviteurs du pouvoir d'Etat au lieu d'être les gardiens de l'Etat de droit. Dans ces conditions, peu d'Etats ont développé des systèmes efficaces de contrôle démocratique civil et la sécurité nationale est devenue une sphère d'influence exclusivement réservée aux acteurs politiques et aux hommes en uniforme les plus puissants.

Face à des secteurs de la sécurité étatique servant les intérêts du pouvoir, les populations ont pris des mesures pour assurer leur propre sécurité. Les individus dotés de moyens financiers ont fait appel à des prestataires de sécurité privés, alors que les citoyens démunis ont dû assurer eux-mêmes leur protection. De ce fait, alors que les Etats de l'Afrique de l'Ouest disposaient d'un secteur de la sécurité de taille importante et parfois doté de ressources conséquentes, les besoins sécuritaires quotidiens d'une majorité de la population ouest-africaine étaient assurés par des prestataires de sécurité communautaires non étatiques ou par des entreprises de sécurité privées.

Ce contexte de difficultés économiques, d'inégalités sociales, et de privation des droits politiques a fait le lit de conflits armés tout en générant des tensions sociales qui ont favorisé la criminalité et la violence politique. Les Etats affaiblis par des systèmes politiques clientélistes inefficaces ne disposaient pas des capacités institutionnelles nécessaires pour répondre efficacement aux défis auxquels ils étaient confrontés, et leurs capacités institutionnelles et humaines se sont encore davantage amoindries du fait de ces problèmes. La légitimité de l'autorité de l'Etat étant rongée par l'inefficacité et par des pratiques de prédation, le secteur de la sécurité en est venu, lui aussi, à symboliser l'illégitimité de ce pouvoir et la dureté de la répression étatique.

L'émergence de l'idée de RSS

La RSS a émergé à la fin des années 1990 comme réponse aux dysfonctionnements de la gouvernance du secteur de la sécurité et à leurs conséquences. Promue tout d'abord par les agences de développement européennes, la RSS est rapidement devenue un pilier des stratégies multilatérales en matière de prévention des crises, de consolidation de la paix et de développement qui ont été promues par des organisations telles que les Nations Unies, l'Union africaine, la CEDEAO, l'Union européenne, la Banque mondiale et l'OCDE (Conseil de sécurité de l'ONU 2014; Commission de l'Union africaine 2013; Ball, 2001; Aning, 2004; Conseil de l'Union européenne 2005; Conseil de l'Union européenne, 2006). Si la RSS est souvent perçue comme une prescription imposée de l'extérieur aux pays bénéficiaires, en particulier dans les situations de post-conflit, cette conception de la RSS va en fait à l'encontre des objectifs, des principes et des expériences passées en matière de RSS. Cela s'explique par des raisons à la fois d'ordre pragmatique et normatif. Du point de vue pragmatique, les stratégies de réforme imposées de l'extérieur ont été à maintes reprises vouées à l'échec, parce qu'elles n'étaient pas adaptées au contexte local ou n'étaient pas ancrées dans le contexte local de la gouvernance. Sur le plan normatif, les principes de bonne gouvernance sont incompatibles avec l'imposition d'une stratégie de réforme. En outre, l'histoire a montré que les seuls changements durables en matière de gouvernance du secteur de la sécurité sont intervenus lorsque le programme de réforme était placé sous la houlette d'un leadership national fort : des exemples aussi divers que ceux de l'ère Reformasi dans l'Indonésie post-Suharto et de la transition démocratique de l'Afrique du Sud post-apartheid démontrent l'efficacité d'une forte volonté politique en faveur de la réforme (Cawthra et Luckham 2003).[2] Ces expériences passées soulignent qu'il est essentiel que les parties prenantes nationales et locales fassent preuve de leadership et s'investissent dans ces processus de réforme, pour garantir une amélioration durable et réelle de la gouvernance du secteur de sécurité – même si, dans la pratique, les stratégies de réforme laissent souvent à désirer (Nathan 2007 ; Donais 2008 ; 2009).

En s'appuyant sur une conception de la sécurité fondée sur la notion plus large de gouvernance, la RSS rassemble tous les acteurs concernés par la sécurité, qu'il s'agisse des prestataires de services de sécurité, des agents chargés de leur contrôle ou de leurs bénéficiaires et ce, indépendamment du fait que ces acteurs soient étatiques ou non-étatiques (Chappuis et Hänggi 2013). Cette conception de la RSS axée sur la gouvernance implique une approche holistique de la réforme et peut donc recouvrir un large éventail de mesures, y compris : l'élaboration de cadres législatifs plus robustes régissant la prestation de services de sécurité et la gestion et le contrôle de ce secteur ; l'adoption de réformes axées sur des institutions de sécurité spécifiques telles que la police, les autorités militaires, les services de renseignement ou les agents chargés du contrôle aux frontières ; et la mise en place d'organes et de mandats aux fins spécifiques de contrôler la prestation des services de sécurité, telles que des commissions des droits de l'homme ou des institutions de médiation, des organes parlementaires ou le secteur de la justice (OCDE-CAD, 2007 ; Groupe de travail sur le RSS de l'ONU, 2012 ; DCAF, 2015 ; Nations Unies, 2008 ; 2013). En outre, le processus de RSS tient également compte du fait que sécurité et justice sont intrinsèquement liées et il englobe, par conséquent, le secteur de la justice. Cette conception holistique constitue le socle conceptuel de la RSS en tant que processus global traitant de tous les aspects du recours à la force (qui, comment et au nom de quelle autorité la force est utilisée). C'est cette caractéristique qui distingue la RSS des autres formes d'assistance ou de développement des capacités en matière de sécurité – la RSS vise, en tous les cas, à améliorer la redevabilité et l'efficacité des institutions qui assurent ces services. Une réforme qui privilégierait un aspect au détriment d'un autre serait donc incompatible avec le concept de RSS (Chappuis et Hänggi 2009).

Des processus de RSS ont été lancés dans différents Etats de la région, dans les années 2000, pour répondre aux défis fondamentaux de gouvernance auxquels étaient habituellement exposés de nombreux pays de l'Afrique de l'Ouest. En Sierra Leone, au Libéria, en Guinée-Bissau et en Côte d'Ivoire, diverses tentatives de RSS ont été engagées, avec un soutien international important, dans le cadre de processus de construction de la paix suite à des conflits civils (voir respectivement, Bryden et al 2008 ; Albrecht et Jackson 2009). Au Nigeria, au Bénin, au Mali et au Ghana, des processus de RSS ont été initiés dans le contexte de transitions démocratiques (voir également Bryden et N'Diaye 2011). Si la RSS n'est pas spécifique à l'Afrique, de nombreuses expériences importantes dans ce domaine ont eu lieu sur ce continent et les Etats de l'Afrique de l'Ouest ainsi que l'organe régional de la CEDEAO ont joué un rôle clé dans l'élaboration de ce concept et le développement de la pratique en matière de RSS. La bonne gouvernance du secteur de la sécurité sous-tend plusieurs instruments de cet organe régional, notamment le Protocole relatif au mécanisme de prévention, de gestion, de règlement des conflits, de maintien de la paix et de la sécurité (CEDEAO 1999), le Protocole additionnel sur la démocratie et la bonne gouvernance (CEDEAO 2001), l'Acte additionnel portant code de conduite des forces armées et services de sécurité (CEDEAO 2011) et plus récemment le Cadre de politique régional sur la réforme du Secteur de la sécurité et de la gouvernance (CEDEAO 2014; voir également, Uzoechina 2014).

Prises conjointement, ces diverses expériences de réformes à l'échelle régionale ont apporté un certain nombre d'éclairages sur les caractéristiques habituelles de la gouvernance du secteur de la sécurité dans de nombreux contextes de réforme. Les analyses fournies en conclusion de ce volume développent en détail ces caractéristiques mais, à ce stade, il convient de noter que la volonté politique au niveau de l'exécutif joue un rôle déterminant (ou, à tout le moins, disproportionné) sur l'évolution de la réforme. L'influence prédominante de l'exécutif sur le processus de réforme tient au fait que les questions de sécurité en général sont souvent considérées comme un domaine réservé sur lequel peu d'hommes politiques civils ont une quelconque influence. Il est donc absolument essentiel que le programme de réforme soit soutenu par les élites du secteur de la sécurité pour que la RSS puisse avancer. En retour, le contrôle étroit exercé par l'exécutif et les forces de sécurité sur le pouvoir et sur les affaires sécuritaires permet d'expliquer la faiblesse notable et persistante du pouvoir législatif dans la région. Que ce soit du fait d'un manque d'autorité politique ou en raison de ressources humaines et financières insuffisantes pour remplir le mandat démocratique confié aux parlements, tous les pays examinés dans ce volume sont caractérisés par une faiblesse du contrôle législatif en matière de sécurité. Ce déficit de contrôle démocratique officiel peut dans une certaine mesure être compensé par une participation forte de la société civile et, à cet égard, de nombreux contextes en Afrique de l'Ouest sont caractérisés par un plaidoyer actif de la société civile en faveur d'une meilleure gouvernance du secteur de la sécurité.

La réforme du secteur de la sécurité : des dimensions négligées

Etant donné le déficit de gouvernance qui caractérise de nombreux systèmes politiques de la région, il n'est pas étonnant que la RSS n'ait pas généré des effets transformationnels. Comme le notent Hutchful et Luckham (2010), la perspective d'une bonne gouvernance du secteur de la sécurité est très éloignée de la réalité dans la plupart des contextes africains. C'est la raison pour laquelle, pour aboutir à une RSS réellement efficace, il est nécessaire de procéder, dans de nombreux Etats, à une transformation radicale des structures du pouvoir et de la gouvernance. Cette nécessité de transformer radicalement les structures politiques, historiques et économiques les plus fondamentales de la gouvernance afin d'atteindre les objectifs d'une bonne RSS a été considérée comme une « dimension spécifiquement africaine » de la réforme du secteur de la sécurité, et celle-ci a même été qualifiée de « transformation du secteur de la sécurité » (Bryden et Olonisakin 2010).

Il y a cependant une divergence évidente entre ces aspirations de la RSS et la forme que ce type de processus prend invariablement : Bryden et Olonisakin soulignent explicitement que « la transformation du secteur de la sécurité, malgré sa vocation radicale, a tendance à avoir un caractère progressif et processuel » (Bryden et Olonisakin 2010 : 22). Or, les approches actuelles en matière de RSS reposent sur le prédicat selon lequel la RSS peut rapidement modifier en profondeur les conditions de la gouvernance et que les résultats de ces stratégies de réforme, en cas de succès, doivent être visibles. Cette approche ne tient pas compte du fait que le changement est un processus, et cela entraîne des attentes irréalistes et conduit à se focaliser sur les aspects les moins susceptibles d'avoir un impact. De manière symptomatique, de nombreuses stratégies de RSS mettent ainsi l'accent sur la formation et l'équipement des forces de sécurité, tout en négligeant les questions de gouvernance démocratique. Or, dans ce domaine, une approche plus nuancée s'impose pour comprendre la nature de la RSS et l'évaluer en tant que processus itératif et graduel.

La prise en compte du caractère fragile et progressif de la RSS permet de comprendre et d'évaluer autrement la contribution relative de la RSS à la gouvernance démocratique, à la paix et au développement. Pour appréhender pleinement la nature itérative et transformationnelle de la RSS, il faut opérer un changement de perspective afin de mieux identifier et évaluer l'importance potentielle à long terme des changements progressifs dans le cadre d'un processus continu. Il faut, pour cela, tenir compte du fait que les moments potentiellement transformationnels de la réforme sont marqués par des changements dans la qualité de la gouvernance du secteur de la sécurité qui sont difficiles à identifier comme tels au moment où ils émergent et qui peuvent être facilement inversés si le processus prend des directions imprévues.

Les signes indiquant une transformation significative des déterminants structurels de la gouvernance sont peu visibles et les approches actuelles de la RSS ne permettent pas de les apprécier pleinement. Comme l'importance relative de ces changements modestes qui peuvent conduire à des mutations sur le long terme n'est pas perçue, cela empêche l'adoption d'une stratégie souple et adaptée au déroulement du processus de RSS. L'argument selon lequel les objectifs de la RSS sont définis à l'aune d'un modèle paradigmatique de bonne gouvernance du secteur de la sécurité qu'aucune société ne reflète pleinement contient un élément de vérité. Il faut dès lors reconnaître qu'à la lumière de cette notion idéalisée, tous les efforts de réforme ne peuvent qu'être jugés insuffisants et toutes les mesures de changement laissent à désirer. Du fait de cette tendance à attendre trop et trop vite, les « succès » en matière de RSS sont définis en fonction de critères tangibles ou visibles qui s'avèrent souvent dans la pratique éphémères et transitoires si tant est qu'ils se matérialisent. Les conceptions actuelles en matière de RSS sont donc focalisées sur l'identification des changements de grande ampleur et des pratiques directement visibles plutôt que sur les modifications modestes des normes, des attitudes et des attentes qui peuvent pourtant être le signe d'avancées dans la bonne direction.

Non seulement les signes réels de changements sont de plus petite ampleur que présumé, mais ils sont également susceptibles d'être littéralement « invisibles ». Les approches actuelles de la RSS ont tendance à mettre l'accent sur les changements visibles dans la prestation de services de sécurité, que ceux-ci se manifestent par des améliorations des infrastructures physiques et des équipements ou par la mise en place d'institutions ou de systèmes nouveaux. Cette optique met l'accent sur les caractéristiques organisationnelles formelles de la gouvernance alors qu'il s'agit souvent d'une façade dissimulant la base normative informelle de la gouvernance du secteur de sécurité : celle qui définit les « règles du jeu » réelles (North, 1990). Cette dimension a été en partie prise en compte dans les approches de la RSS et quelques initiatives innovantes ont tenté d'améliorer la méthodologie de planification, de conception et d'évaluation dans ce domaine. Ces initiatives ont, en particulier, intégré la prestation de services de sécurité et de justice non-étatiques dans les cartographies des acteurs et les stratégies de réforme ; elles ont également inclus, dans les évaluations de la RSS, des outils de mesure de la satisfaction et de la perception, en s'appuyant sur des méthodes qualitatives telles que les groupes de discussion, les entretiens et les enquêtes de perception (voir par exemple, le CENAP / CREDESS-BDI 2012 ; Schnabel 2009). Si ces approches innovantes ouvrent des voies intéressantes en matière d'évaluation des changements dans la prestation de services de sécurité par l'Etat, les stratégies de réforme restent cependant trop souvent focalisées sur les impacts institutionnels de programmes de réforme par le haut.

Les approches actuelles de la RSS négligent également l'impact des chocs exogènes et endogènes. Ainsi, outre les problèmes liés aux aspects conceptuels de la réforme, il apparaît également clairement que la RSS peut aussi essuyer des revers et de complètes inversions de tendance pour des raisons externes au processus. Pourtant, jusqu'à présent, les approches de la RSS n'ont pas intégré de manière cohérente le fait que la RSS peut être fréquemment l'objet de revirements dans les contextes de transition (Chappuis et Siegle 2015). Le fait que ce facteur ne soit pas pris en compte paraît d'autant plus frappant, compte tenu de la fréquence avec laquelle les processus de RSS sont l'objet de revers en raison de causes endogènes à l'environnement politique national ou à la suite de chocs externes. D'un point de vue pragmatique, pour pouvoir identifier les opportunités de réforme, il faut préalablement être en mesure de replacer ces reculs et ces revirements dans leur contexte. Du fait de l'absence de prise en compte de ces facteurs extérieurs, la gravité relative des revirements et des échecs est surestimée alors que certains travaux ont bien montré que ce phénomène était récurrent dans les contextes de transitions démocratiques et de conflits (voir Halperin et al 2010 ; Haggard et Kaufman 1995 ; Przeworski et al 2000 ; Collier 2010 ; Freunda et Melise Jaud 2013). Une approche tenant compte du caractère progressif de la réforme permet au contraire d'évaluer les avancées et les reculs par rapport au contexte de la gouvernance de la sécurité locale et non à l'aune d'un idéal-type de l'Etat.

Pour comprendre les potentialités transformationnelles de la réforme, il est également essentiel de mettre l'accent sur les conditions locales de la gouvernance de la sécurité. Contrairement aux dimensions précédemment mentionnées qui n'ont pas été suffisamment prises en compte, les programmes d'action de la RSS ont compris la nécessité de se focaliser sur la gouvernance de la sécurité au niveau local. Les stratégies de réforme doivent en effet tenir compte des déterminants du contexte local tel que constitué par les acteurs, la politique et le contexte social et historique au niveau local ; cela souligne à nouveau la nécessité de l'appropriation locale du programme de RSS. Or, une approche tenant compte du caractère itératif de la RSS requiert une analyse bien plus fine du contexte local que ce que les spécialistes de la RSS ont été enclins à faire jusqu'à présent, étant donné le caractère par définition limité des perspectives externes sur les dynamiques de gouvernance locales (Schroeder et al. 2013). Par conséquent, l'étude des processus de la RSS a été fortement biaisée au profit d'analyses externes des contextes de réforme qui évaluent des changements superficiels dans l'organisation ou la structure de sécurité à l'aune d'un modèle occidental idéalisé. Pour dépasser les limites de cette perspective biaisée, il convient de procéder à une analyse des processus de RSS fondée sur une compréhension en profondeur du contexte historique, social, économique et politique. Les points de vue et les perspectives des acteurs locaux peuvent contribuer à corriger la tendance générée involontairement par les approches de la RSS pilotées de l'extérieur à émettre des attentes irréalistes.

Un processus itératif et graduel : reformuler l'analyse de la RSS en Afrique de l'Ouest

Cette critique des approches actuelles de la RSS appelle logiquement à l'élaboration d'une perspective analytique de la RSS en Afrique de l'Ouest qui permette d'appréhender le potentiel de ces réformes en termes de changements itératifs et progressifs. Pour pouvoir évaluer adéquatement l'importance relative de ces changements, il est nécessaire d'identifier les rapports de force entre les divers acteurs au sein et au-delà du secteur de la sécurité. Cette analyse doit également s'attacher au contexte structurel dans lequel intervient la RSS et qui détermine la gouvernance du secteur de la sécurité. Ceci ne constitue pas en soi une approche nouvelle – les orientations en matière de RSS ont toujours souligné la pertinence de l'analyse contextuelle et de l'établissement d'une cartographie des acteurs (voir, par exemple, l'OCDE-CAD 2007). Les auteurs qui ont contribué à ce volume présentent les informations nécessaires pour élaborer une telle analyse en se focalisant sur des moments spécifiques de changement qui peuvent fournir un éclairage important sur les dynamiques en jeu dans le contexte immédiat et plus généralement sur le processus de réforme.

En ce qui concerne tout d'abord les déterminants structurels de la gouvernance du secteur de la sécurité, le potentiel de changement doit être évalué en fonction du contexte des interactions complexes entre les dynamiques politiques, sociales, économiques et historiques en jeu. Ce sont ces variables qui déterminent ensemble ce que Schnabel et Born (2011) définissent comme des environnements de réforme permissifs ou non permissifs. Du fait de l'imbrication de ces différentes dynamiques, les contextes de gouvernance sont d'une complexité extrême qui ne saurait être réduite à des généralisations. Etant donnée, précisément, l'extrême complexité et par conséquent le caractère unique de chaque contexte de réforme, pour comprendre les dynamiques de la gouvernance du secteur de sécurité, il faut analyser en profondeur ces processus. La complexité et l'imbrication de ces dynamiques de gouvernance justifient également d'adopter une échelle micro pour analyser les processus de réforme, car ce sont les interactions inter-institutionnelles et interpersonnelles qui apportent l'éclairage le plus pertinent sur cette complexité. Cette étude détaillée peut en retour servir de base pour une analyse comparative, à la fois pour évaluer soigneusement les implications de ces interactions locales sur le processus général de réforme et pour évaluer le caractère extrapolable, ou non, de ces conclusions à d'autres contextes.

Lorsque les conditions politiques, économiques, sociales ou historiques existantes restent stables, la réforme est peu susceptible de déboucher sur une modification du statu quo. Par contre, lorsque ces conditions structurelles sont plus fluides, cela ouvre de nouveaux potentiels. Les phases de transition à la suite d'un conflit offrent l'exemple typique d'un assouplissement des conditions structurelles qui facilite le potentiel de réforme. Durant ces phases, il y a une certaine fluidité des rapports de force, dans la mesure où l'influence des sources traditionnelles de pouvoir est affaiblie, alors que de nouveaux acteurs n'ont pas encore eu le temps de s'imposer. Cependant, le statu quo dans une situation apparemment stable peut également être remis en cause de façon inattendue lorsqu'un événement particulier – même en apparence insignifiant – provoque un changement susceptible de modifier les conditions structurelles. Dans les études de cas rassemblées ici, de telles dynamiques sont clairement mises à jour lorsque, par exemple, un événement déclencheur rend soudainement possible, voire nécessaire, de transformer radicalement les pratiques antérieures. Le nouveau statu quo, produit par ces épisodes cathartiques, peut favoriser la réforme ou au contraire la faire régresser ; dans plusieurs des cas présentés ici, ces événements déclencheurs ont été des moments déterminants de la réforme et ont déclenché des processus de changements potentiellement transformationnels. Afin d'appréhender les dynamiques complexes des contraintes structurelles qui déterminent la gouvernance du secteur de la sécurité dans chacune des études de cas rassemblées dans ce volume, les auteurs ont présenté en détail leurs points de vue sur les facteurs sociaux, politiques, économiques et historiques les plus importants qui influent sur la prestation des services de sécurité par l'Etat.

Ces facteurs structurels de la gouvernance du secteur de la sécurité façonnent l'espace sur lequel se joue la compétition politique autour de la réforme et les moments de confrontation entre ces agendas concurrents sont des événements déterminants du processus de réforme. Ces événements peuvent être de petite ampleur, voire d'apparence banale, mais ils affectent néanmoins les modalités d'exercice du pouvoir. Une décision, une nouvelle pratique, un changement de politique, un changement d'attitude : a posteriori, ces moments peuvent enclencher des mutations décisives, qui, sur le long terme, entraînent des effets transformationnels. A ce niveau de micro-dynamiques dans le processus de réforme, le changement peut être rapide, une fois les conditions adéquates réunies. De fait, la vitesse à laquelle les réformes peuvent alors être menées n'a d'égal que la rapidité avec laquelle la situation peut se détériorer dans les moments de remise en cause du statu quo. Ces moments de changements rapides dessinent un nouveau statu quo, qui va renforcer et consolider les avancées vers une meilleure gouvernance du secteur de la sécurité – ou au contraire les saper et les entraver. La succession continue de ces moments définit la trajectoire globale du processus de réforme.

Lors de ces moments décisifs, certains acteurs spécifiques, en particulier au sein des puissantes élites politiques et du secteur de la sécurité, peuvent avoir une influence disproportionnée en imposant un changement en faveur ou au détriment de la réforme. Si le statu quo demeure, certains acteurs spécifiques peuvent apparemment avoir peu de marge de manœuvre pour influer sur les déterminants de la gouvernance du secteur de la sécurité. Pourtant, ces conditions peuvent changer et parfois assez rapidement ; c'est le cas, en particulier, lorsqu'un certain nombre d'acteurs s'unissent au sein d'une coalition suffisamment influente pour bouleverser les pratiques habituelles qui maintiennent le statu quo en place. L'importance de la mise en place de coalitions « suffisamment inclusives » en faveur de la réforme a bien été démontrée et analysée (rapport 2011 sur le développement mondial : 120). Dans les études de cas rassemblées ici, cette dynamique est illustrée par le degré d'influence étonnamment important que la société civile a pu exercer sur des régimes pourtant insensibles et inflexibles aux nécessités de réforme. De même, dans plusieurs de ces études de cas, l'attitude positive ou négative des dirigeants de haut niveau au sein du gouvernement a constitué le facteur le plus décisif de progrès ou de blocage de la réforme. C'est parfois simplement la force des paroles qui était mobilisée par ces acteurs pour peser sur le processus, ce qui illustre le poids sous-estimé du dialogue dans la reconfiguration de la gouvernance du secteur de la sécurité. Pour appréhender cette dimension, les auteurs qui ont contribué à ce volume se sont particulièrement attachés à identifier les champions et les détracteurs de la réforme et la manière dont leurs actions façonnaient les moments décisifs du processus de réforme.

Si l'action de certains individus peut avoir une influence déterminante sur la trajectoire de la réforme, leur influence est conditionnée par le contexte dans lequel ces individus opèrent et qui détermine leur marge de manœuvre. Au-delà du rôle de ces agents individuels, la nécessité de répondre à une situation d'urgence peut aussi être un moteur important de changement ou, au contraire, maintenir le statu quo. Malgré la tendance dominante à concevoir la réforme comme résultant des actions rationnelles d'acteurs spécifiques (trop souvent externes), il arrive que le processus ne se déroule pas comme prévu, comme c'est souvent le cas dans les environnements complexes. En l'occurrence, le processus de réforme, son contexte et ses résultats peuvent être déterminés par des conséquences inattendues ou des interactions contingentes. Dès lors, pour mieux comprendre la nature de la RSS, il faut analyser également les effets contingents, accidentels ou inattendus qui se produisent souvent à l'échelle micro. Dans ce volume, les auteurs ont retracé la logique des actions de réforme mais ils ont également souligné les nombreux effets non intentionnels, accidentels et contingents qui ont « découplé » le processus de ces effets anticipés. Cette approche offre un éclairage nuancé des raisons pour lesquelles certaines réformes subissent des blocages, malgré tous les efforts déployés par des champions de la réforme, ou à l'inverse connaissent des avancées, en dépit de l'influence des individus réfractaires à ce processus.

Ces différents éléments soulignent à l'évidence que, pour rendre compte de manière exhaustive d'un processus de RSS, il faut avoir une connaissance approfondie du contexte politique, social, économique et historique dans lequel il intervient. Non seulement, le moindre détail sur les acteurs ou le contexte peut se révéler déterminant pour expliquer les avancées ou les reculs de la réforme, mais l'identification de ces paramètres essentiels peut varier sensiblement en fonction de la connaissance du contexte. Les études de contextes nationaux reposant sur une expertise et des perspectives locales permettent d'appréhender le contexte de manière plus fine que ne le peuvent les spécialistes externes, car elles apportent potentiellement un éclairage sur des points qui échappent à leur analyse. Cette approche est prometteuse dans la mesure où relativement peu de travaux sur la RSS en Afrique ont été menés par des experts de la région ou des pays concernés (voir par exemple Uvin 2009 ; Malan 2008 ; Greene et Rynn 2008 ; Albrecht et Jackson 2009). Du fait de la prédominance d'analyses externes, la littérature sur la région a tendance à privilégier les perspectives externes en mettant fortement l'accent sur les aspects techniques sans consacrer une attention suffisante au contexte politique, social et historique (pour des exceptions notables à cette tendance, voir Bryden et Olonisakin 2010 ; Bryden et N'Diaye 2011 ; Bryden et al 2008).

Au contraire, les études de cas rassemblées dans ce volume ont été préparées par un groupe diversifié d'individus provenant des milieux de la recherche et des cercles politiques et de la sécurité de chacun des pays examinés. En décrivant chaque contexte et en se fondant sur leur point de vue personnel, ces auteurs nous font bénéficier de leur expérience directe en tant que personnes «initiées» aux questions de la sécurité ainsi que de leur connaissance approfondie de l'histoire, de la société et de la politique des pays examinés. Ces experts ont une connaissance de première main du processus de réforme dont ils rendent compte. Leurs études de cas offrent un aperçu personnel de la situation selon la tradition de la «description dense» plutôt que des analyses de cas formelles selon les canons classiques des sciences sociales. Leur statut d'experts nationaux, qui sont eux-mêmes ancrés dans le contexte social et politique particulier dans lequel se déroule la réforme, leur offre un accès privilégié à des dynamiques qui restent invisibles pour des observateurs externes, quel que soit leur degré de connaissance de l'environnement local. Pour autant, cette analyse ne peut pas être séparée du point de vue, de l'expérience et des prédispositions des auteurs. De ce fait, ces chapitres constituent des études de cas de la dynamique de réforme fondées sur une perspective authentiquement nationale et personnelle.

Les auteurs qui ont contribué à ce volume se sont focalisés sur les dynamiques institutionnelles de la gouvernance de la sécurité et sur la nature de la prestation des services de sécurité par l'Etat. En ce qui concerne tout d'abord la dynamique institutionnelle de la gouvernance de la sécurité, il apparaît clairement que la nature transformationnelle de la RSS implique une transformation de l'équilibre des pouvoirs entre les diverses parties composant le gouvernement ; de la relation entre le secteur de la sécurité et le pouvoir civil ; de l'équilibre des pouvoirs entre les organes de contrôle civils ; et des dynamiques de contrôle et de réactivité entre l'Etat et la population. Les programmes de RSS ont souvent été critiqués parce qu'ils privilégient les réformes dites techniques et à plus court terme au détriment des dimensions touchant à la gouvernance. C'est la raison pour laquelle plusieurs des études de cas rassemblées ici se focalisent explicitement sur les aspects institutionnels de la gouvernance – même si les initiatives de RSS dans les pays concernés sont plus souvent associées à des programmes ambitieux visant à «former et équiper» les forces de sécurité. Ainsi, par exemple, T. Debey Sayndee offre un nouvel éclairage du processus de RSS au Libéria en examinant ce processus au travers des développements législatifs, alors que ce cas est habituellement traité comme un exemple de réforme de la police et de l'armée. De même, Emmanuel Kwesi Aning met l'accent sur l'exemple peu connu de la réémergence du Conseil de police au Ghana, alors que la tendance était de se focaliser sur la réforme de la police dans ce pays. En examinant la transition du régime militaire vers un régime démocratique en Guinée, Dominique Bangoura explique en détail comment les acteurs militaires favorables aux réformes se sont accordés avec des politiciens civils pour réorganiser l'équilibre du pouvoir – de manière formelle et informelle – entre les forces armées et un gouvernement démocratique nouvellement élu.

Les auteurs traitent également d'une deuxième dimension des moments potentiellement transformationnels de la réforme de la gouvernance et du secteur de la sécurité : il s'agit de la nature de la prestation des services de sécurité par l'Etat. Pour qu'il y ait une bonne gouvernance du secteur de la sécurité, l'Etat doit répondre aux besoins de sécurité ressentis par la population en mettant l'accent sur les mandats, la redevabilité, l'efficacité et l'efficience des organisations chargées du recours à la force au nom de l'Etat ; l'Etat doit aussi rendre compte de la manière dont il assume sa responsabilité de surveillance et de contrôle de ce recours à la force. Ces aspects de la réforme sont les plus susceptibles de refléter des changements (pas nécessairement positifs) à court terme, et ce du simple fait que les institutions de sécurité sont souvent un point d'entrée pour les réformes. Dans cette série d'études de cas, E. Remi Aiyede et Zeïni Moulaye montrent comment, respectivement au Nigeria et au Mali, les dysfonctionnements des rapports entre gestion, contrôle et performance des services de sécurité ont contribué aux lacunes opérationnelles des forces de défense. Pour sa part, le général Lamine Cissé offre un point de vue personnel sur la manière dont les forces de défense au Sénégal ont, à ses yeux, pu éviter d'être politisées alors même qu'elles étaient confrontées à la double pression d'une insurrection interne et de la consolidation délicate de la démocratie multipartite. En s'écartant d'autres analyses de ce conflit au Sénégal, en particulier en ce qui concerne le respect des droits humains et le traitement de la population civile, ce chapitre illustre également le fossé qui sépare les perspectives internes et externes sur une situation donnée.

Une autre dimension importante de ces études de cas est qu'elles ne s'attachent pas uniquement aux succès. Plusieurs contributions montrent comment des opportunités de réforme et d'amélioration de la gouvernance ont pu être bloquées, contrecarrées ou sabotées par des intérêts particuliers ou du fait d'événements contingents : Aiyede montre bien comment la corruption et les intérêts particuliers ont étouffé l'élan du processus de réforme de la défense au Nigeria. Zeïni Moulaye montre quant à lui comment, au Mali, la stratégie de réforme exhaustive et globale est restée lettre morte du fait de manœuvres politiques, ce qui a finalement contribué à créer les conditions de la crise nationale qui a éclaté en 2012.

La conclusion de ce volume présente les leçons à tirer en matière de RSS à partir d'une analyse comparative de ces riches études de cas. Elle souligne la pertinence d'appréhender la réforme comme un processus itératif et progressif de transformation de la dynamique de la gouvernance du secteur de la sécurité.

Cette perspective peut révéler, aux niveaux national, sous-national et local, des aspects – aussi bien positifs que négatifs – qui pourraient sinon rester invisibles. Une analyse détaillée de la dynamique de la réforme peut alors permettre d'élaborer des stratégies mieux adaptées au contexte local tout en identifiant des priorités de réforme plus constructives. Cette approche analytique permet également de tirer d'autres leçons des vastes expériences en matière de RSS engrangées en Afrique de l'Ouest et de réfléchir avec une nouvelle optique à la manière de soutenir les réformes qui visent à améliorer la gouvernance du secteur de sécurité.

Tirer des leçons des expériences ouest-africaines en matière de gouvernance du secteur de la sécurité

En réunissant six éminents experts pour rendre compte de divers moments dans la longue trajectoire des processus de réforme dans leur pays respectifs, ce volume offre une vision unique des expériences de réforme dans chacun de ces contextes nationaux. Chacun de ces auteurs s'est focalisé sur des moments spécifiques de mutations politiques qui ont conduit soit à un changement qualitatif dans certains aspects de la gestion, de la surveillance et du contrôle du secteur de la sécurité, soit à un changement dans la nature de la prestation des services de sécurité. Cette approche met particulièrement l'accent sur la manière dont a émergé, dans chacune de ces situations, l'élan qui est venu soutenir ou entraver le processus de réforme.

Le chapitre 2 examine la réémergence du Conseil de police au Ghana en 1992. Le Ghana est souvent cité, dans la région, comme un exemple en matière de consolidation démocratique et de renforcement de la gouvernance du secteur de sécurité, mais les ressorts de cette évolution restent mal compris. Comblant cette lacune dans la connaissance historique de la gouvernance démocratique au Ghana, Aning examine la réémergence du Conseil de la police, en 1992, ainsi que son bilan inégal en tant qu'organe de contrôle démocratique et de gestion de la police avant et depuis ce tournant. En retraçant la genèse de cet organe durant la phase démocratique ayant suivi l'indépendance du Ghana, puis sa marginalisation durant la dictature militaire jusqu'à sa résurrection avec la Constitution de 1992, le chapitre 2 souligne la pertinence d'examiner les avancées en matière de transformation démocratique par le point d'entrée des micro-dynamiques de processus de réforme de plus grande ampleur sur le plus long terme.

Le chapitre 3 examine la transition politique en Guinée. Dans ce pays, l'héritage lourd et tourmenté qu'a laissé le régime militaire donnait peu d'espoir pour l'avenir, lorsqu'un soldat jeune et inexpérimenté a brusquement pris le pouvoir en 2008. Pourtant, ce contexte sombre a, peu à peu, débouché sur une transition démocratique pilotée par un responsable militaire convaincu de la nécessité de procéder à des réformes. Celui-ci a réussi à réduire le fossé entre civils et militaires en instaurant un climat de confiance et en posant les bases d'une nouvelle ère politique. Mettant l'accent sur la phase délicate de transition politique qu'a connu la Guinée au cours de la période 2009–2010, Dominique Bangoura retrace le difficile retour à un gouvernement civil et l'instauration d'un contrôle civil et démocratique sur le secteur de la sécurité.

Le chapitre 4 examine la question négligée de la gouvernance législative de la réforme menée au Libéria après la fin du conflit dans ce pays. Bien que le Libéria ait été dirigé, sans interruption, par un gouvernement civil durant 133 ans, ce pays, qui est l'une des plus anciennes républiques indépendantes de l'Afrique, a néanmoins connu, tout au long de son histoire, de graves déficits démocratiques en matière de gouvernance législative. Après avoir dressé le bilan de deux décennies de régime militaire et d'un conflit dévastateur, Sayndee retrace l'émergence d'un pouvoir législatif libérien et le rôle sans précédent que celui-ci a joué dans la mise en place d'un tout nouveau cadre législatif pour la gouvernance démocratique du secteur de la sécurité dans le contexte du long processus de rétablissement de la paix.

Le chapitre 5 explore le bilan de la réforme au Mali durant sa phase de transition démocratique. Considéré comme un modèle de réforme transformationnelle et de prévention pacifique des conflits dans les années 1990, le Mali a connu soudain, en 2012, un revirement du processus démocratique et a vu émerger des conflits armés qui ont surpris de nombreux observateurs. La focale a surtout été portée sur l'état du secteur de la sécurité au Mali depuis les événements dramatiques de 2012, mais Moulaye opère un retour en arrière pour examiner les processus de réforme exhaustifs menés dans les années 2000, et trouve les racines de la crise ultérieure dans les échecs des efforts visant à remettre en cause le confinement du secteur de la défense à un domaine réservé.

Le chapitre 6 dresse le bilan des promesses suscitées par la transition du Nigéria vers la démocratie, qui semblait augurer une nouvelle ère de gouvernance démocratique du secteur de la sécurité. Pourtant, les forces de sécurité du pays ne se sont pas affranchies des dysfonctionnements et des pratiques de corruption qui ont entraîné des lacunes dramatiques en matière de sécurité et de défense nationale, alors même que le pays se trouve confronté à une insurrection interne aux pratiques particulièrement brutales. Aiyede explique les échecs des processus de RSS durant la période 1999–2007 à la lumière des défis sécuritaires auxquels est confronté le Nigeria, en montrant comment le potentiel de réforme s'est transformé en échec.

Le chapitre 7 présente l'expérience du Sénégal en matière de relations civilo-militaires, qui est unique dans la région. Dans ce pays, la longue tradition de démocratie consolidée et pacifique contraste avec les expériences de nombreux autres Etats de la région. Cela est d'autant plus remarquable que le Sénégal a réussi à consolider sa démocratie tout en préservant son secteur de la sécurité des effets déstabilisateurs des conflits armés internes qui ont affaibli nombre de ses voisins. Cissé présente son point de vue d'initié pour relater la genèse d'un contrôle civil démocratique au Sénégal au moment où la plus ancienne démocratie de l'Afrique de l'Ouest vivait sa première alternance démocratique dans une nouvelle ère de pluralisme politique et alors même que l'un des plus anciens conflits internes du monde se poursuit en Casamance.

Malgré ce large éventail de contextes nationaux, un certain nombre de points communs émergent cependant. Des décennies de gouvernance autoritaire ont laissé en héritage des cultures spécifiques de la sécurité qui présentent des caractéristiques communes dans les six contextes étudiés. Ainsi, dans chacun des pays étudiés, la sécurité est traitée comme un domaine tabou réservé aux professionnels de la sécurité, ou un peu plus largement, à l'élite politique. Cela a également contribué à une culture de rapports conflictuels entre les forces de sécurité et l'exécutif politique, entre l'exécutif politique et d'autres branches du gouvernement et entre le gouvernement et la population telle que représentée par la société civile. En outre, les questions de sécurité sont très rarement discutées au-delà de petits cercles d'initiés. Cela reflète la priorité accordée à la sécurité du régime et la tradition de considérer les institutions de sécurité comme les défenseurs du pouvoir étatique. Ces caractéristiques ont eu plusieurs conséquences directes pour la RSS, qui sont mises en évidence dans l'analyse comparative figurant dans le chapitre 8 qui conclut ce volume.

Après une décennie et demie de soutien externe ciblé et de prescriptions parfois imposantes, le bilan des processus de RSS est, à ce jour, au mieux contrasté et il est clair que ces processus ne se sont pas déroulés comme escompté. Les défis que la RSS cherche à surmonter peuvent se résumer à l'échec des tentatives de lutter contre les modèles dysfonctionnels de gouvernance de la sécurité qui maintiennent le statu quo dans les relations de pouvoir et sapent la légitimité de l'Etat en tant que prestataire de services de sécurité. Si la complexité inhérente à la gouvernance du secteur de la sécurité dans un contexte national donné peut expliquer, en grande partie, pourquoi la RSS n'a pas entraîné des changements transformationnels, la conclusion de ce volume soutient que cet échec découle partiellement de l'absence d'une perspective analytique à même d'identifier les transformations itératives et graduelles de la gouvernance. Les études de cas qui suivent visent à remédier à cette lacune en offrant des analyses détaillées des changements lents et fragiles de la gouvernance du secteur de sécurité qu'a connus l'Afrique de l'Ouest.

Notes

[1] En se focalisant sur les moments de changement et sur l'influence de différents acteurs dans les processus séquentiels de l'évolution institutionnelle, l'approche analytique adoptée dans cet ouvrage se fonde sur les théories historiques et sociologiques de l'institutionnalisme. Pour les références clés

sur cette approche, voir Hall et Taylor (1996); March et Olsen (1983); Peters (2011).

[2] Alors que l'Indonésie et l'Afrique du Sud constituent toutes deux des exemples de leadership national fort, il convient de noter que, dans les deux cas, les acquis de la réforme dans l'ère post-transition ont été, par la suite, remis en cause et considérés comme n'ayant pas pu s'adapter à la notion normative essentielle de la RSS relative aux principes de la bonne gouvernance dans le secteur de la sécurité. Pour des interprétations alternatives sur cette question, consulter Baker (2015); Altbeker (2005).

CHAPITRE 2

La résurrection du conseil de police au Ghana

Kwesi Aning

Directeur, Faculty of Academic Affairs and Research, Kofi Annan
International Peacekeeping Training Centre (KAIPTC), Ghana

Introduction

Depuis 1982, le Ghana a connu sa période de stabilité continue la plus longue depuis son indépendance acquise en 1957.[1] Malgré un périple vers la démocratie interrompu à plusieurs reprises par des invasions militaires (tentatives de coups d'Etat, mutineries et renversements réussis de gouvernements élus démocratiquement), le pays – considéré comme l'Etat ouest-africain le plus mal en point sur les plans économiques et politiques – est devenu après 1981 un véritable modèle de démocratie et de gouvernance du secteur de la sécurité. Dans cette région confrontée à de nombreux défis sécuritaires, certains aspects de cette réussite exemplaire n'ont jamais été traités. La présente étude se propose de remédier à cette lacune en montrant comment les processus de réforme du secteur de la sécurité en ont impacté la dynamique ; elle passe en revue quelques uns des changements survenus dans les institutions clés de pouvoir et de gouvernance qui ont été à l'origine de la transformation du pays. Dans cet esprit, l'auteur étudie les effets du rétablissement du Conseil de police au titre de la Constitution de 1992 ainsi que les dysfonctionnements passés de cette institution, qui ont conduit à la situation actuelle dans l'administration des Services de police du Ghana (*Ghana Police Service* – SPG). Afin de bien comprendre le cheminement logique de cette présentation illustrant les premiers pas vers un vrai contrôle démocratique renforcé du secteur de la sécurité, il est nécessaire d'analyser l'historique des changements graduels qui l'ont engendré.

Comment citer ce chapitre du livre:

Aning, K. 2015. La résurrection du conseil de police au Ghana. Dans : Bryden, A et Chappuis, F (dir. publ.) *Gouvernance du secteur de la Sécurité : Leçons des expériences ouest-africaines*, Pp. 23–40. London: Ubiquity Press. DOI: http://dx.doi.org/10.5334/bav.b. Licence: CC-BY 4.0.

L'histoire politique du Ghana et ses diverses péripéties sécuritaires ont façonné les mécanismes et les processus qui permettent aujourd'hui de gérer son secteur de la sécurité. Pour comprendre comment la transformation du secteur s'est opérée, il faut placer les processus de changement dans le contexte mouvementé de la sphère politique postindépendance et celui des progrès réalisés dans les domaines de la gestion et de la supervision. Les institutions de tutelle concernées ont spontanément et pleinement adopté l'idée d'un contrôle démocratique. En conséquence, les manquements et les insuffisances en matière de gouvernance, si typiques des périodes de régime militaire, ont commencé à s'atténuer, bien qu'ils n'aient pas été totalement éradiqués, comme on peut le constater dans le cas du Conseil de police.

Depuis le début des années 2000, le Ghana a progressivement inversé le processus de militarisation qui caractérisait auparavant la scène politique du pays, instituant à la place des processus de gouvernance du secteur de la sécurité relativement stables, lesquels ont permis la mise en place d'une démocratie solide et à l'écoute de sa population. Cependant, même si plusieurs de ces institutions de contrôle ont été créées avec l'idée de garantir une gestion démocratique du secteur, celles-ci ne donnent pas encore les résultats escomptés : les SPG et le Conseil de police en sont de bons exemples.[2]

Les Services de police du Ghana ont vu le jour à l'époque précoloniale. L'institution a mué plusieurs fois allant d'une « force » à un « service » afin d'améliorer son efficacité et ses résultats. De ce point de vue, la IIe Constitution républicaine de 1969 a reconnu la nécessité de mettre sur pied un Conseil de police, créé pour la première fois en 1970. Pourtant, de l'avis général, les SPG n'ont pas fait preuve de l'efficacité voulue et n'ont jamais pu répondre aux attentes de ceux qu'ils étaient censés servir. Deux raisons majeures expliquent ce mécontentement : leurs ressources humaines sont insuffisantes et leur volonté politique peine à appliquer pleinement le principe du contrôle démocratique par le biais du Conseil de police.[3]

En tant qu'étude de cas, les SPG et le Conseil de police démontrent comment l'idée même du besoin d'un changement est née, et comment elle a été imposée dans la jungle politique et bureaucratique des différents gouvernements militaires et démocratiques qui se sont succédé, soulignant ainsi les défaillances des organes institutionnels créés. L'étude commence par analyser les enjeux stratégiques et historiques durant les changements politiques intervenus dans le secteur de la sécurité au Ghana. Puis, elle entreprend d'examiner les mécanismes qui ont conduit à la résurgence du Conseil de police en 1992, s'attachant plus particulièrement à étudier les principaux acteurs impliqués ainsi que la durabilité de diverses réorientations stratégiques. Pour résumer, le présent chapitre analyse les différentes facettes des cadres juridiques et institutionnels, qui renforcent la gouvernance et permettent le fonctionnement d'un organe majeur du secteur de la sécurité ghanéen, dans le but de définir les meilleures pratiques susceptibles d'inspirer des conceptions élargies de la RSS en Afrique de l'Ouest.

Le contexte de la gouvernance du secteur de la sécurité au Ghana

Juste après l'indépendance, alors que le secteur de la sécurité était dirigé par le président Kwame Nkrumah de 1957 à 1966, il a été décidé de créer une garde présidentielle et d'étendre le contrôle exercé par son parti, le Parti de la convention nationale, à l'ensemble du secteur de la sécurité. Les avis sont partagés quant à savoir si ce dernier a perdu ou gagné en appui politique et en crédibilité au cours des régimes suivants, ceux d'Akwasi Amankwa Afrifa (de 1966 à 1969), d'Ignatius Kutu Acheampong (de 1972 à 1978) et de Jerry Rawlings (du 4 juin au 1er octobre 1979 et de 1982 à 1992) alors que les motivations et les organes de tutelle et de supervision étaient gravement compromis par des ingérences politiques. En fin de compte, les présidents ont « réussi à politiser subrepticement le leadership des institutions de sécurité de l'Etat, renforçant ainsi l'esprit de parti » (Adu-Amanfo 2014 : 99). Ces ingérences dans l'exécution des tâches professionnelles et la prestation de services publics ont atteint leur point culminant avec « l'exigence d'une réciprocité au détriment des seuls mérite et professionnalisme » (Adu-Amanfo 2014 : 100). La « politisation excessive des dirigeants des institutions de sécurité a donc provoqué un schisme virtuel dans les allégeances, accentuant ainsi l'esprit partisan parmi les troupes » (Adu-Amanfo 2014 : 100) et induisant « une ingérence politique injustifiée dans leur travail quotidien d'administration, de planification et d'exécution des opérations » (Adu-Amanfo 2014 : 100–102). Certes, l'immixtion politique ne se limitait pas à l'armée et à la police, elle touchait également les milieux du renseignement (Aning, Birikorang & Lartey 2013 : 199–201). Hutchful (1999 : 97–118) a qualifié ce processus cumulatif de « mécanisme endémique de militarisation ».

Pourtant, malgré les effets néfastes la performance et la cohésion professionnelles, le Ghana a fini par inverser la tendance. Le retournement a pu se faire grâce aux décisions prises par les différents régimes militaires qui se sont succédé entre 1966 et 1992 : le Conseil national de libération, le Conseil de la rédemption nationale, les Conseils militaires suprêmes I & II et le Conseil provisoire de la défense nationale. Bien qu'étant une dictature, ce dernier a promulgué, dix ans après son arrivée au pouvoir, la Constitution de 1992 afin de rétablir les principes démocratiques en réponse aux pressions de la population et de la communauté internationale. Ainsi a été instaurée la IVe République. L'inversion de la militarisation s'est intensifiée au cours de cette période sous l'égide du Congrès national démocratique, qui a gouverné entre 1992 et l'an 2000. Entre 2000 et 2008, sous la tutelle du Nouveau parti patriotique, ces multiples changements ont permis d'améliorer le contrôle ainsi que la reprofessionnalisation du secteur de la sécurité et de renforcer le sentiment d'avoir réussi à mettre en place un véritable contrôle démocratique du secteur de la sécurité (Hutchful 1999 : 109).[4]

La création du Conseil de police

Le Conseil de police a été mis en place après le rétablissement de l'Etat de droit en 1970 : cela a été l'une des premières initiatives du régime du Parti du progrès nouvellement élu et dirigé par Kofi Abrefa Busia. En fait, l'impulsion initiale avait été donnée durant le régime dictatorial du Conseil national de libération juste après le premier coup d'Etat (1966). L'on peut se demander pourquoi un régime noyauté par l'armée et la police, dont les principes démocratiques n'étaient pas enracinés, avait inscrit une telle disposition dans sa Constitution de 1969.

Les causes de la création du Conseil de police sont historiques. Juste après l'indépendance, entre 1957 et 1966, alors que le pays était dirigé par Kwame Nkrumah, en raison du climat de méfiance qui régnait entre le Parti de la convention nationale de Kwame Nkrumah et l'armée, il a tout à coup été décidé d'équiper les « forces de police du Ghana » (leur appellation de l'époque) afin de contrebalancer les forces armées : cette mesure de protection visait à prévenir toute éventuelle tentative de renversement du Parti de la convention nationale par l'un des services du secteur de la sécurité. Mais quand le parti de Kwame Nkrumah s'est fait plus autoritaire, restreignant petit à petit l'espace démocratique, une force composée à la fois de policiers et de militaires s'est entendue pour renverser le Parti de la convention nationale le 24 février 1966. Le Conseil national de libération, dirigé par des officiers de la police et de l'armée, a été établi au lendemain de ce coup d'Etat.[5]

L'une des premières initiatives du Conseil national de libération a été de mettre sur pied une campagne pour rappeler à la population ses droits civiques et ses responsabilités. Entre 1966 et l'avènement de la IIe République en 1969, Busia a organisé plusieurs campagnes de sensibilisation dans tout le pays. Par exemple, le Forum d'éducation civique, tribune de la société civile créée par le régime du Conseil national de libération et dirigée par lui-même dans le but d'inculquer des valeurs de bon citoyen à la société ghanéenne. Ce rôle stratégique lui a permis de constater le fossé profond existant entre la création/disponibilité d'institutions et leur capacité opérationnelle. Par la suite, Busia est devenu premier ministre (1969–1972). C'est grâce à son charisme et son idéalisme que le Conseil de police a pu voir le jour. Il n'était pas seulement un érudit, il était aussi un homme politique : au début de sa carrière, il avait écrit un ouvrage précurseur sur la difficulté de choisir un chef dans la société ghanéenne (Busia, 1951), insistant sur l'importance de maintenir un équilibre dans tous les processus et procédures institutionnels. Parce qu'il avait eu l'expérience du pouvoir politique, il a cherché à joindre la théorie à la pratique en prônant la création d'une institution consacrée à la supervision du travail de la police. La mise en place du conseil a donc été une mesure innovante dont le but n'était pas seulement de contrôler les institutions, mais aussi de tenir le parlement au courant des activités de la police par le biais d'un rapport annuel rédigé par le conseil et débattu au sein du parlement.

Mettant à profit ses liens étroits avec le régime du Conseil national de libération, lorsque le processus de réintroduction de la politique démocratique a été enclenché en 1968, Busia et ses acolytes ont formé le Parti du progrès, qui a par la suite remporté les élections de 1969. Après leur entrée en fonction sous l'appellation « IIe République », l'une de leur réorientation politique la plus remarquable a été l'adoption de la loi de 1970 sur les services de police (loi no 350) inspirée de la Constitution de 1969. C'est l'instrument législatif le plus important qui régit le secteur de la sécurité, notamment les SPG, avec leur système de séparation des pouvoirs, leur réglementation et leurs codes de fonctionnement complexes.[6] La loi no 350 a été promulguée en vue d'améliorer l'efficacité et la supervision de l'ensemble des services de police et de permettre au parlement d'exercer un contrôle démocratique. Elle comporte à cet effet toute une série de dispositions et de règlements décrivant en détail les différents volets de ses fonctions de gestion et de supervision. Lorsque le Conseil de police a été formé en 1970, il était composé de dix membres et était l'organe constitutionnel chargé de conseiller le président à propos des questions stratégiques relatives à la sécurité intérieure, y compris le rôle et la capacité opérationnelle des SPG.[7] Cette initiative a marqué une évolution importante et novatrice, sans doute imputée en partie au fait que les dirigeants de la IIe République avaient travaillé en étroite collaboration avec la direction militaro-policière du Conseil national de libération, ce qui fait qu'ils comprenaient particulièrement bien l'importance d'instituer un contrôle et savaient aussi comment en faire accepter l'idée par le secteur de la sécurité et par la population en général.

La loi no 350 comporte plusieurs articles importants. En premier lieu, elle stipule que l'inspecteur général de la police et, par extension, les SPG doivent soumettre des rapports annuels au parlement par l'intermédiaire du Conseil de police :

> Aussitôt que possible après le 30 juin de chaque année, l'inspecteur général de la police devra préparer un rapport décrivant en détail l'activité de ce service… au cours des douze mois écoulés. Le rapport sera soumis au ministre qui le présentera à l'assemblée nationale.[8]

En vertu de la loi no 350, les fonctions du Conseil de police en tant qu'organe consultatif statuant sur les nominations, le bien-être, la discipline, le recrutement, la formation, les relations entre la police et la population ainsi que sur les décisions relatives aux recours en appel disciplinaire émanant de militaires en activité.[9] Outre l'obligation légale de présenter un rapport au parlement, le conseil devra :

- réviser les obligations de contrôle constitutionnelles et légales des services de police ;
- évaluer dans quelle mesure les missions ont été menées à bien ;
- présenter les raisons expliquant leurs succès et leurs échecs ;

- déterminer les mesures à mettre en place pour remédier aux défaillances opérationnelles des services ; et
- convenir de mesures pragmatiques, de programmes et d'activités visant à renforcer le rôle de supervision du conseil.

Avec l'aval du président, le conseil peut également proposer des dispositions réglementaires susceptibles d'améliorer l'administration des services de police.[10]

L'atrophie sous les dictatures militaires

Malgré l'établissement du Conseil de police par le régime du Parti du progrès, l'obligation formelle de tenir le parlement informé au moyen de rapports annuels n'a jamais été respectée. D'aucuns pourraient avancer, qu'à l'époque, le conseil n'avait que peu de chances d'arriver à mettre au point et instituer ses procédures de travail avant qu'un régime militaire ne réapparaisse. L'armée est revenue au pouvoir en 1972 après un coup d'Etat orchestré par Ignatius Kutu Acheampong, qui a alors créé le Conseil de la rédemption nationale, lui-même suivi en 1978–1979 du second Conseil suprême militaire de Frederick William Kwasi Akuffo. Bien qu'Acheampong et Akuffo aient tous deux été des officiers de l'armée, il semble qu'ils aient eu une certaine affinité avec la police, ce qui explique que cette dernière a bénéficié d'un soutien logistique et d'autres avantages en équipements bien plus importants que ceux attribués aux forces armées. Plusieurs services de la police ont été constitués, et les SPG ont été renommées « forces de police du Ghana ». Ce changement d'appellation de « services » en « forces » était la preuve que les nouveaux dirigeants militaires avaient l'intention de doter l'institution policière de la puissance nécessaire pour à la fois contenir la population en cas de troubles et contrer les velléités des militaires.

Qui plus est, en 1974, le décret (amendement) no 303 sur les forces de police (NRCD 303) a apporté des modifications à certains articles de la loi no350. Ce changement était primordial car les SPG ont été dispensés du contrôle administratif et bureaucratique de la Commission des services publics. Autre changement majeur : l'inspecteur général de la police a été habilité à présider son propre Conseil de police et élevé au rang de ministre. Une mesure aussi radicale signifiait que le juge devenait partie, empêchant ainsi tout contrôle efficace et accordant une autorité pratiquement sans limites à l'inspecteur général de la police.

Ainsi, entre le coup d'Etat de 1972 et 1992, il y a eu un vide démocratique, les institutions démocratiques du pays étant phagocytées par un dictateur après l'autre. La création du Conseil de police a été l'exception, sans doute parce qu'il était le fruit des convictions idéalistes d'un érudit. Cependant, les interventions récurrentes de l'armée dans la politique interrompaient sans cesse le travail du conseil. Pour comprendre ces événements, il faut savoir que le secteur de la sécurité ghanéen a été régi depuis toujours par un réseau complexe de réglementations, dont certaines étaient parfois temporairement abandonnées, tandis que d'autres étaient négligées, abrogées ou laissées en attente au gré du régime de l'époque. Lorsque le cadre juridique régissant le pays a été mis en suspens après les coups d'Etat qui ont donné naissance à de nouvelles institutions coercitives, celles qui étaient déjà actives dans le secteur de la sécurité n'ont pas osé contester le nouveau régime, pour le moins parce qu'elles n'étaient pas certaines de connaître à quel niveau de la chaîne de commandement les nouveaux ordres avaient été donnés. Le problème s'est surtout posé lorsque de nouvelles modalités de prise de décision élaborées lors de régimes militaires cherchaient à saper le bon fonctionnement des institutions existantes.[11] Ainsi, pendant ces périodes, lorsque la constitution en vigueur était en suspens, les forces armées et les SPG ont continué à respecter leurs règlements et procédures administratives ou disciplinaires internes. Il faut cependant noter qu'ils ont été maintenus non seulement pour des impératifs de hiérarchie et de contrôle mais aussi, dans le cas des SPG, pour donner une impression de continuité. Le Conseil de police – organe normalement responsable de l'application de ces règlements intérieurs conformément aux exigences en matière de contrôle démocratique et d'obligation de rendre compte – a été laissé à l'abandon et s'est affaibli. Ce n'est qu'au terme d'une longue parenthèse, entre 1979 et 1992, quand la règle constitutionnelle a été rétablie, qu'il a connu un renouveau sous la IVᵉ République.

Si le Conseil de police est devenu ce qu'il est aujourd'hui, c'est parce que l'espace politique s'est progressivement ouvert et que d'autres institutions non conventionnelles dites « sécurocratiques » s'y sont elles aussi invitées pour aider à refondre le secteur (Aning 2008b). Petit à petit, le secteur de la sécurité du Ghana s'est mis à adopter des processus de gouvernance plus participatifs et plus transparents. L'on a ainsi :

> une bonne idée de ce qu'est la gouvernance du secteur de la sécurité en Afrique de l'Ouest, ne serait-ce que parce qu'un processus de militarisation apparemment endémique semble avoir été stoppé et même inversé vers la fin des années 80 et des années 90, facilitant une transition vers une démocratie relativement stable. Et s'il est vrai qu'à certains égards le cas du Ghana est représentatif d'un grand nombre de transitions à partir d'un autoritarisme militaire vers une démocratie électorale en Afrique de l'Ouest et qu'il a en commun avec elles maintes contraintes et ambigüités, il se démarque cependant par son véritable élan démocratique. L'évolution régulière de la gouvernance du secteur de la sécurité en a été un élément essentiel (Hutchful 2004 : 1–2)

Dans son analyse, Hutchful montre pourquoi la transition réussie du pays à partir de régimes militaires principalement autocratiques juste après l'indépendance en 1957 vers l'instauration de la IVᵉ République en 1992 est si extraordinaire. Malgré la diversité des gouvernements en place durant cette période et malgré le nombre de changements et de programmes qui ont façonné le secteur de la sécurité, les styles de direction et de gestion ont généralement été marqués par un certain pragmatisme. Avant la IIe République en 1970, il y avait déjà eu des tentatives pour réformer, approfondir et renforcer les systèmes ghanéens de gouvernance démocratique en matière de sécurité, et des mécanismes de contrôle institutionnels de plus en plus efficaces se sont graduellement imposés.

Pour comprendre comment fonctionne le secteur de la sécurité au Ghana, il faut considérer conjointement les attentes de la population pour une réforme sectorielle et le rôle des institutions bilatérales et multilatérales. En fait, la réforme permettait à la plupart de ces institutions internationales de «fournir un minimum de services publics au moindre coût»: d'importants efforts ont donc été déployés pour renforcer l'efficacité et l'obligation de rendre compte dans les ministères, les services gouvernementaux et les agences officielles, étape essentielle vers une amélioration globale dans le secteur public (Brzoska 2002:1). Malgré l'insistance des partenaires internationaux pour réformer le secteur de la sécurité dans le cadre général des réformes du secteur public, entre 1982 et 1992, l'administration Rawlings s'est montrée réticente à coopérer tout au long de la série des refontes entamées au début des années 80. Ces réformes du secteur public, qui ont bénéficié d'un financement considérable de la part de la communauté internationale, ont abouti à la création du Programme national pour le renouveau institutionnel, mais excluaient la plupart des institutions de sécurité.[12] Ce n'est que depuis 1996 que l'idée de devoir procéder à une réforme complète des institutions du secteur de la sécurité a gagné du terrain. Elles en ont peut-être encore plus besoin que le reste du secteur public.

La résurgence du Conseil de police

En 1992, après une longue période de troubles en vue de réinstaurer la gouvernance démocratique, il a été décidé d'entreprendre une révision de la constitution. De ce fait, l'espace politique s'est ouvert et une assemblée constituante a été chargée d'élaborer un nouveau texte. Après la mise en place de mécanismes de gouvernance démocratique à l'occasion de la création de la IVe République, l'idée d'un Conseil de police a été réintégrée. Ainsi, la IVe Constitution républicaine de 1992 a imposé la réintroduction du Conseil de police en vertu de l'article 203, afin de conseiller le président sur les sujets relatifs à la sécurité intérieure, y compris les conditions de travail du personnel des services de police, budgétisation, retraites, salaires et allocation des fonds pour une gestion efficace et rationnelle des SPG.[13]

Ainsi, de même que dans la première mouture, le Conseil de police reconstitué est, de par la loi, un organe consultatif à la disposition du président. Bien que les SPG soient à l'heure actuelle considérés comme étant sous la responsabilité administrative du ministre de l'Intérieur (ils font à présent partie du conseil), le Conseil de police lui-même est un organe indépendant. Au niveau du siège, il comporte deux bureaux consultatifs : le Conseil consultatif de la police pour les nominations et les promotions et le Conseil d'administration de la police.[14] Tandis que le premier formule des recommandations de nominations et de promotions à tous les niveaux, le second est chargé des grandes questions et décisions relatives à l'administration générale des services et aux opérations. Tous deux dépendent du Conseil de police ; par conséquent toutes les activités des SPG relèvent de sa compétence et de sa responsabilité. Reste à déterminer si ces organes ont assez d'autorité pour s'acquitter correctement de leurs fonctions. Malgré ces problèmes, tous les observateurs enclins à critiquer le secteur de la sécurité au Ghana s'accordent à penser que le Conseil de police doit continuer à exister et que sa contribution est la bienvenue.[15]

La nouvelle constitution a apporté des changements particulièrement importants dans la composition du Conseil de police, intronisant le vice-président au conseil puis le chargeant de diriger les débats.[16] Conformément aux nouvelles dispositions, le Conseil de police se compose à présent des membres suivants :

1. le vice-président, qui présidera les séances ;
2. le ministre de l'Intérieur ;
3. l'inspecteur général de police ;
4. le procureur général ou son représentant ;
5. un avocat désigné par l'Ordre des avocats du Ghana ;
6. un représentant de l'Association des hauts-fonctionnaires de police à la retraite ;
7. deux membres des services de police, nommés par le président, travaillant en coordination avec le Conseil d'Etat, dont l'un sera de rang subalterne ;
8. deux autres membres désignés par le président.

Ces changements ont été révélateurs d'autres plus importants encore dans le pays en général et dans les SPG en particulier. D'abord, la décision d'intégrer au conseil des membres de l'Association des hauts-fonctionnaires de police à la retraite, a rendu ainsi hommage à leur immense savoir-faire et a montré combien leur contribution était précieuse. Ensuite, l'initiative de faire participer un officier de police de rang subalterne afin de mettre en avant les problèmes rencontrés à ce niveau. Cependant, il n'est pas certain que cette dernière ait eu l'effet escompté car la nature même de la hiérarchie et la tradition militaire font qu'il est pratiquement impossible pour un officier subalterne d'exposer les préoccupations de ses collègues sans craindre des répercussions.[17] Ce geste symbolique peut être vu comme un héritage de la Révolution de 1981, durant laquelle les subalternes ont brièvement pris le contrôle du gouvernement.

La création de comités de police régionaux a également été prévue dans la nouvelle législation afin de reproduire certaines des fonctions consultatives du Conseil de police à une moindre échelle. Mais ces organes n'ont jamais vu le jour officiellement. En fait, tous les changements relatifs au Conseil de police survenus depuis les progrès accomplis par Busia ne sont que des réglages et ajouts techniques.

Malgré son potentiel et les bonnes intentions qui ont inspiré sa création, le Conseil de police continue à souffrir d'un long passé d'assujettissement au contrôle présidentiel. Par exemple, le poste de vice-président agissant en qualité de président de séance a été révoqué au lendemain de la crise qui aurait pu dégénérer entre le président Jerry Rawlings et feu le vice-président Ekow Nkensen Arkaah.[18] Bien que la situation se soit un peu améliorée dans la mesure où ledit poste a été rétabli depuis lors,[19] même en ces temps démocratiques, la composition du Conseil de police continue de favoriser le pouvoir exécutif et n'est toujours pas indépendante. Sur dix membres, huit sont désignés par le président, à l'exception du membre de l'Ordre des avocats et du représentant des hauts-fonctionnaires de police à la retraite. Idéalement, les trois branches du gouvernement devraient être représentées et il devrait également y avoir une représentation de la société civile de façon à mieux prendre en compte les attentes de la population. Au lieu de cela, les membres du conseil sont généralement perçus comme étant sous la coupe du président. En outre, depuis 1970, la plupart des conseils travaillent et prennent leurs décisions par consensus, ne laissant que très rarement le contenu de leurs délibérations parvenir jusqu'au public.

Le Conseil de police est généralement perçu de l'extérieur – surtout par les membres des SPG – comme une entité dont les membres sont très préoccupés par les « promotions, les rétrogradations et les licenciements ».[20] Pourtant, et bien que ce commentaire soit volontairement dérogatoire, ces mécanismes sont indispensables pour faire respecter l'obligation de rendre compte et garantir un certain sérieux professionnel. Ainsi, la crédibilité du conseil a été mise en cause, notamment à l'occasion de promotions apparemment injustifiées ayant provoqué de la rancœur parmi les troupes. Durant ces vingt dernières années, il est parfois arrivé qu'il prenne des décisions arbitraires. Par exemple, à l'époque du gouvernement Kufuor en 2001, un grand nombre de hauts-fonctionnaires de police (y compris l'inspecteur général d'alors) qui avaient atteint l'âge officiel de la retraite ont été priés de partir. Ils occupaient encore des postes élevés car certains avaient vu leur contrat reconduit par le gouvernement, et d'autres étaient restés pour diverses raisons. Bien que cette décision ait été conforme à la loi, ainsi qu'à la réglementation et aux procédures en vigueur dans les SPG, beaucoup étaient mécontents.[21] A première vue, cette décision semblait être une démonstration de force de la part du conseil, mais ce dernier a fini par s'incliner devant le pouvoir exécutif. De même, en 2003, à l'instigation du conseil, un haut-fonctionnaire de la police avait été promu de préférence à de nombreux officiers supérieurs, ce qui a provoqué une certaine agitation dans les rangs des SPG. Ceci n'est qu'un cas parmi tant d'autres, de promotions et nominations surprenantes. Il y a aussi eu la nomination d'un officier à la retraite au poste d'inspecteur général de la police alors que la candidature d'officiers d'active n'avait même pas été envisagée. Le Conseil consultatif chargé des nominations et des promotions prétend qu'il n'a pas été systématiquement consulté.[22] Si c'est le cas, il faut se poser la question de savoir qui influence le conseil et comment ces décisions sont prises.

Juste après l'inauguration du Conseil de police en novembre 2013, le vice-président Kwesi Bekoe Amissah-Arthur chargé d'en diriger les débats, a déclaré qu'une nouvelle procédure serait mise en place pour la nomination des inspecteurs généraux de police afin d'éviter les dissensions qui avaient surgi auparavant à ces occasions : la raison en était surtout les querelles politiques au sein des SPG qui entraînaient des tensions dans toute la hiérarchie (Joy Online 2013a). Mais quelques semaines avant la déclaration publique du vice-président, le président a renouvelé le mandat de l'inspecteur général en place sans consulter le conseil, provoquant la consternation dans les services de police (Joy Online 2013b).

A l'heure actuelle, il existe deux obstacles à l'amélioration de la situation et tous deux trouvent leur origine dans la constitution. En premier lieu, les modalités de nomination s'appliquant à l'inspecteur général et aux membres du Conseil de police soumettent les SPG aux caprices du pouvoir exécutif sans qu'il y ait de véritable contrôle démocratique. Les travaux du conseil ne peuvent être perçus comme placés sous la supervision de l'exécutif car ils risqueraient d'être détournés à des fins politiques. Les SPG sont censés être au service de la population qui doit pouvoir se faire une idée précise de la façon dont les services sont organisés et contrôlés. En second lieu, la fonction d'inspecteur général de police est considérée comme très importante en terme d'influence. Alors que ce poste, perçu comme bénéficiant du soutien tacite de l'exécutif, existe principalement pour des raisons opérationnelles, un Conseil de police faible sera incapable de garantir la séparation des pouvoirs, surtout quand les SPG fonctionnent en tant qu'institution unifiée dans la chaîne de commandement. Dans la pratique, le bureau de l'inspecteur général décide de ce que le Conseil de police doit savoir et des décisions qu'il pourra prendre : tant que le conseil a l'impression que le pouvoir exécutif avalise son action, toutes les propositions seront adoptées, même s'il y a opposition. En fin de compte, l'activité du conseil dépend totalement de l'exécutif, d'autant plus que c'est lui qui nomme la majorité de ses membres. Tous les officiers connaissent les faiblesses et les difficultés qui entravent l'action des SPG, mais peu font entendre leur voix pour dénoncer ces insuffisances flagrantes. Jadis, il y avait davantage de plaintes, alors que la situation était bien meilleure qu'à présent.

Pour un changement durable

Dans le cas du Ghana, les grands changements politiques relatifs au Conseil de la police avaient été initiés par plusieurs intervenants influents. Busia, à la fois un universitaire, un défenseur des droits de l'homme et un chef de l'opposition de longue date, a su tirer profit de son étiquette de démocrate pour institutionnaliser des processus plus transparents. Bien qu'il ait été l'origine du Conseil de police, il n'a pu en assurer le bon fonctionnement, le gouvernement l'en ayant empêché et ayant fait valoir ses attentes.[23] Depuis l'avènement de la IVe République, les contraintes habituelles auxquelles le Conseil de police était confronté – notamment le manque de ressources humaines et financières et l'absence de contrôle de l'exécutif – ont été compensées par les opportunités, de plus en plus fréquentes, d'élargir le savoir-faire de la société civile et de renforcer sa participation au sein du secteur de la sécurité, même si ces opportunités sont encore trop souvent contradictoires. Toutefois, les progrès accomplis dans ce domaine ont permis d'améliorer les capacités et de stimuler l'intérêt de partis politiques et de membres du parlement pour les questions sécuritaires. Juste après la période autoritaire, en 1992, les relations entre le parlement/les partis politiques et le secteur de la sécurité étaient profondément marquées par la méfiance,[24] mais l'on constate que, depuis le début de la IVe République, des efforts ont été déployés afin d'élargir la portée de la réforme, y compris en matière de sécurité.

Si l'on étudie l'efficacité du Conseil de police du point de vue de sa mission, on constate qu'il existe une étroite corrélation entre l'efficacité/l'obligation de rendre compte des SPG considérés dans leur ensemble et les résultats obtenus par le conseil. Dès lors que le conseil est perçu comme étant un organe de terrain travaillant en étroite collaboration avec l'inspecteur général et l'équipe de gestion administrative basée au siège, la performance, l'efficacité et la prestation de services des SPG s'améliorent (Salia 2015).

Dans l'ensemble, il reste encore du chemin à parcourir si l'on veut améliorer les prestations et le fonctionnement des SPG et du Conseil de police. Pour aller de l'avant, les SPG doivent se fixer des objectifs clairs et établir des normes ; ils doivent décider d'un programme indiquant les grands thèmes à traiter en priorité ainsi que les procédures opérationnelles permanentes à mettre en place sur les plans de la gestion et du fonctionnement. Il existe des stratégies, mais leur mise en œuvre manque de cohérence, y compris pour les critères d'admissibilité pour le recrutement. Officiellement, la police respecte ces exigences, mais l'on a pu constater ces derniers temps une tendance au « protocolisme » de la part de personnalités influentes telles que des membres du gouvernement, qui ont commencé à diffuser une certaine incompétence à travers toutes les institutions étatiques ghanéennes. Les réglementations et les lois doivent être renforcées par le Conseil de police ainsi que le prévoit l'article 203(2) de la Constitution de 1992 de façon à pouvoir être appliquées à l'ensemble des SPG. Le conseil doit donner du poids aux réglementations, aux lois et procédures pertinentes pour éviter que les progrès accomplis ne perdent de leur légitimité. De même, si les nominations au conseil gagnent en transparence sans être assorties des améliorations correspondantes dans les SPG, tout ceci ne serait qu'une façade : les deux termes de l'équation sont interconnectés et entremêlés à tous égards.

La transparence est primordiale en ce qui concerne les questions budgétaires. Le gouvernement actuel semble concentrer ses efforts sur la création d'unités de police constituées : des équipements ont été reçus et 170 officiers seront bientôt envoyés en mission au Soudan du Sud.[25] Néanmoins, le Conseil d'administration de la police lui-même ignore la source du financement de ces équipements. Si lui, qui est censé aider le Conseil de police à prendre les décisions stratégiques, n'est pas au courant, alors qui le sera ? C'est d'autant plus important que lorsque les moyens manquent, les capacités des SPG s'en ressentent fortement. Les véhicules ne sont pas entretenus et certaines unités ou postes ne disposent pas des effectifs requis ni de l'équipement nécessaire pour s'acquitter des tâches. La stratégie en vogue, privilégiant la mise en place d'agents de police là où ils sont bien visibles, a éloigné de leurs postes des officiers compétents pour les placer aux carrefours, tandis que d'autres missions essentielles sont mal exécutées, voire pas du tout. Ne serait-ce qu'à Accra, on estime qu'environ 1000 officiers sont affectés quotidiennement à ces tâches alors qu'il manque des inspecteurs et des officiers pour remplir les fonctions de première nécessité. Cela a des répercussions dans tous les quartiers, départements et régions.[26] Le faible nombre de cas résolus en proportion du nombre élevé des cas faisant l'objet d'une enquête signifie que les prisons du pays sont pleines d'individus en détention préventive. Si le Conseil de police insistait davantage auprès de l'inspecteur général et de l'équipe chargée des enquêtes criminelles, ce problème pourrait être atténué.[27]

Un autre échec imputable au conseil est la nomination de l'inspecteur général de la police et d'autres membres importants du personnel de l'administration centrale. Les descriptions de postes et les instructions telles qu'elles existent aujourd'hui devront être revues de façon à permettre la supervision et l'évaluation de ces personnes en fonction de critères précis. Ce serait là une façon de garantir non seulement l'application des lois, procédures et protocoles pertinents, mais aussi la conformité avec les exigences à satisfaire. D'ailleurs à ce sujet, il faudra sensibiliser les troupes à la culture des SPG, qu'ils ne comprennent pas. Etant donné que ces derniers transmettent leurs décisions aux commandements, aux unités et aux troupes par le biais d'ordres de mission, d'instructions, de signaux et de circulaires, les Conseils d'administration de la police pourraient utiliser ces mêmes canaux pour expliquer les énoncés de mission et la doctrine des SPG. Le système existant serait ainsi mis à profit pour diffuser des informations et documents pertinents depuis le haut de la chaîne de commandement vers le bas, ce qui permettrait d'établir une cohérence et de bonnes bases pour évaluer l'efficacité de l'ensemble des SPG.

Pour résumer, la réintégration du Conseil de police durant la IVe République a représenté un changement de politique majeur et durable en ce qu'il a permis de rétablir le contrôle des SPG. Le conseil continue d'être considéré comme une institution nécessaire dont les perspectives à long terme permettent d'espérer une amélioration de l'efficacité des SPG, même s'il reste encore beaucoup à faire.

Conclusion

Inscrire ces événements dans une perspective historique permet de mieux comprendre la situation particulièrement délicate du Conseil de police, dont l'analyse reste fragmentaire, ainsi que les conséquences plus générales sur la gouvernance du secteur de la sécurité. Dans l'ensemble, le contrôle démocratique de ce secteur au Ghana s'est amélioré depuis les années 90. Néanmoins, l'héritage du contrôle militaire se fait encore sentir. Ainsi, le pouvoir du parlement reste limité par rapport à celui de l'exécutif. Il faudra renforcer sa capacité institutionnelle afin de rétablir l'équilibre et lui permettre d'exercer ses fonctions de supervision prescrites par la loi : il faudra également lui allouer les ressources nécessaires pour mettre en œuvre ces changements de manière durable. En outre, certains volets de la législation en vigueur, adoptés pour réglementer les activités et les prestations des principales institutions du secteur de la sécurité, ont fini par restreindre le contrôle démocratique au lieu de l'encourager : il faudra les réviser et les modifier. Les mutations fréquentes de personnel et la « politicisation » excessive des grandes institutions de supervision et de contrôle ont affaibli une capacité en ressources humaines déjà mal en point. Même si toutes ces questions étaient résolues, pour être véritablement efficaces, les activités des institutions de contrôle telles que le Conseil de police devraient être complétées par une participation plus étoffée de la part de la société civile. La société civile ghanéenne doit jouer un rôle plus actif dans les réseaux, les débats et les campagnes de sensibilisation si le pays veut élargir son espace démocratique, que ce soit au niveau du secteur de la sécurité ou à un niveau plus global.

Ce n'est qu'à partir de 1992, que les processus parlementaires ont commencé à avoir un impact sur le secteur de la sécurité. L'incapacité chronique du parlement à exiger un rapport annuel de la part du Conseil de police montre qu'il y a encore beaucoup à faire, même si des progrès considérables ont été accomplis en ce qui concerne la législation et les dispositions constitutionnelles régissant le secteur de la sécurité. Les efforts déployés par les différents parlements qui se sont succédé ont été entravés par la rareté des études disponibles sur le thème de la sécurité, par l'influence des partis et par le renouvellement des membres du parlement du fait des élections. Un Conseil de police efficace et opérationnel, assorti d'un contrôle parlementaire approprié, doit être guidé par le pragmatisme et le réalisme politique plutôt que par les intérêts de partis ou d'individus. Malgré le très faible nombre d'études traitant du Conseil de police et des services de sécurité au Ghana, on peut tirer plusieurs conclusions générales. Tout d'abord, il faut s'efforcer de mieux concilier la théorie avec la pratique. Même si les textes de loi reconnaissent explicitement le rôle que le conseil peut jouer, ce rôle vidé de sa substance est néanmoins mis en exergue à chaque déclaration officielle quand il s'agit de porter les valeurs institutionnelles devant la société civile et le reste du monde. Ensuite, alors qu'il est investi d'importantes responsabilités stratégiques et de tâches à accomplir, le conseil n'a généralement rien fait d'autre que d'écouter les griefs des officiers, esquivant les missions plus délicates comme celle de formuler des recommandations stratégiques ainsi qu'il est stipulé dans la constitution. Nonobstant sa faiblesse actuelle, la scène politique et la société civile du Ghana conviennent du fait que, s'il est bien dirigé et dispose de suffisamment de moyens, le conseil peut être (et sera) utile dans le cadre des fonctions de supervision et de réglementation, comme cela a été prévu par les rédacteurs de la Constitution de 1969 et la loi sur les services de police de 1970. Cependant, pour que les progrès soient durables, il faudra renforcer les fonctions et pouvoir officiels du Conseil de police de façon à ce que les décisions ne puissent pas être annulées par l'exécutif ou du fait du remplacement de ses membres.

Quelles sont les conséquences de tout ceci pour les réformes axées sur la gouvernance en Afrique de l'Ouest ? Au Ghana, la rhétorique n'est pas toujours étayée par le comportement des institutions, à savoir leur indépendance, leur motivation et leur efficacité ; la capacité du pays à lancer des réformes axées sur la gouvernance et à les faire durer s'en trouve entravée. Plus grave encore, on constate dans toute la région ouest-africaine que l'enthousiasme et l'optimisme initiaux du début des années 2000 pour mettre en place des réformes se sont transformés en léthargie, et que parfois même il y a eu un retour en arrière par rapport aux progrès accomplis.

Trois questions restent en suspens. Premièrement, comment favoriser des changements politiques de façon à améliorer l'efficacité du Conseil de police ? Deuxièmement, comment faire perdurer ces changements ? Troisièmement, comment renforcer de manière plus efficace et durable la capacité en ressources humaines afin de stimuler l'intérêt des intellectuels et de la société civile ? Les universitaires, en particulier, ont un rôle à jour non seulement pour créer du savoir, mais aussi pour en encourager l'accès à d'autres parties prenantes et permettre l'expression d'opinions autres que celles des SPG. Cependant, à l'heure actuelle, il est difficile d'étudier les travaux du Conseil de police et d'en discuter car, excepté quelques brefs messages communiqués à la sortie de réunions officielles, il n'existe aucun document écrit qui fasse état de ses processus de prise de décision ni de la nature des débats. Pour améliorer le dialogue entre la société civile et le conseil, il faudra des initiatives originales allant puiser à l'extérieur les compétences requises pour enrichir et renforcer la base de connaissances.

Le cadre institutionnel et législatif du Ghana s'efforce de créer un environnement propice à la gouvernance démocratique, notamment au sein du secteur de la sécurité. Mais, étant donné que les lois sont de moins en moins respectées, dans l'attente d'élections controversées, peut-être même violentes, en 2016, l'avenir est incertain. Pour garantir la pérennité des processus démocratiques, il est urgent de raviver l'ethos qui a inspiré la création du Conseil de police et de se concentrer sur la mise en place de services policiers dynamiques et à l'écoute, capables de résister dans un contexte de plus en plus hostile. Plus les processus et mécanismes démocratiques se renforcent au Ghana, plus les travaux du conseil se révéleront utiles : son orientation stratégique peut et doit jouer un rôle crucial tandis que les SPG luttent pour répondre aux attentes de la population.

S'il reste des défis à relever, cela ne diminue en rien le mérite du pays d'avoir surmonté l'instabilité politique des années 70 et 80 et d'avoir réinstauré ses institutions démocratiques, dont le Conseil de police fait partie. Le Ghana aura au moins réussi à mettre en place un semblant de contrôle des services de police, et c'est là une réussite remarquable et pleine de promesses.

Notes

[1] Je tiens à remercier mes collègues, et en particulier Nana Bemma Nti et Paul Avuyi, de la faculté des affaires académiques et de la recherche du Centre international Kofi Annan de formation aux opérations de maintien de la paix pour m'avoir aidé de leurs précieux conseils lors de la rédaction des premières versions de cette étude. Toute ma gratitude va à Alan Bryden ainsi qu'à ses collègues du DCAF pour leurs remarques pertinentes et leur soutien rédactionnel. Enfin, merci à tous les officiers de police de haut rang grâce à qui j'ai pu préciser ma pensée. Je leur suis très reconnaissant.

[2] Voir par exemple, la polémique au sujet de la politique de recrutement des SPG : ceux-ci ont convaincu le Conseil de police de leur capacité à enquêter sur eux-mêmes en créant une équipe spéciale (Salia 2015 : 32–33). Voir également le Daily Graphic (2015a; 2015b; 2015c).

[3] Pour une discussion sur l'évolution historique des SPG, voir Aning (2002).

[4] Voir aussi Aning (2008a).

[5] Le Conseil national de libération, administré conjointement par des militaires et des policiers, était dirigé par le lieutenant-général Joseph Ankrah. Faisaient également parti du conseil : le commissaire de police JWK Harley, le directeur adjoint colonel EK Kotoka, l'officier général commandant les forces armées ghanéennes BA Yakubu, le commissaire colonel AK Ocran, le sous-commissaire JEO Nunoo, le major AA Afrifa et le commissaire adjoint AK Deku (Barker 1979 : 177–179).

[6] D'autres règlementations qui ont régi les SPG sont par exemple : la loi de 1963 sur les services de sécurité (loi no 202), la loi de 1965 sur les services de police (loi no 284), le chapitre XIII de la Constitution de 1969 de la République du Ghana, la loi de 1970 sur les services de police (loi no 350), le décret (amendement) de 1974 sur les forces de police, le chapitre XVII, art. 172–175 de la Constitution de 1979 de la République of Ghana et la IVe Constitution républicaine de 1992.

[7] Voir à ce propos les dispositions pertinentes figurant dans la Constitution de la République of Ghana (1992 : art. 203[10]).

[8] Loi sur les services de police (1970 : art. 36[1]).

[9] Voir à ce propos la loi sur les services de police (1970 : art. 10–16). Boyes (1971 : 241–243) se réfère à cet article dans son rapport de 1971.

[10] Voir l'article 203 (2–3) de la Constitution de 1992. Voir également la loi no 350, 3e partie, art. 10–16. Pour comprendre le lien avec le rapport Boyes de 1971, voir Boyes (1971 : 24–26). L'article 201 de la Constitution de 1992 place le vice-président à la tête des Conseils de police, des forces armées et des prisons. Cependant, la Constitution de 1992 a été amendée en 1996 par la loi no 527 afin d'anticiper la situation dans laquelle un président et un vice-président issus de partis différents et réunis dans un même gouvernement ne pourraient pas résoudre leurs désaccords (Quantson 2000 : 292–308).

[11] Lors de plusieurs entretiens avec des officiers de police de haut rang, il a été fait mention d'une personnalité nommée pour des raisons politiques pendant l'époque révolutionnaire (1981–1992) qui a contribué à saper la légitimité des procédures de recrutement en plaçant à certains postes des membres de son parti. Entretien avec l'auteur à Accra, le 7 mars 2015.

[12] Pour une discussion approfondie de ces processus, voir Aning et Lartey (2008). Ces réformes ont été appelées « réforme du secteur public », « renouveau institutionnel national », « réforme pour l'ordre public » ou encore « réforme pour l'Etat de droit ». Elles ont eu lieu dans les années 80 dans le contexte du Programme pour le redressement économique et du Programme de redressement structurel. Le sous-programme « Renouveau institutionnel national » a été configuré pour mettre en œuvre la réforme de plusieurs institutions ghanéennes. Voir également Atuguba (2007).

[13] Ces obligations sont bien connues, excepté en ce qui concerne le contrôle disciplinaire : elles peuvent être considérées comme un renforcement des devoirs du Conseil de police de 1969, comportant un élargissement du mandat initial.

[14] Cette institution a été créée dans le cadre de la Règlementation des services de police (2012 : rég. 8, 10).

[15] Entretien avec un officier supérieur de police, Accra, le 10 mars 2015.

[16] Voir à ce propos l'article correspondant de la Constitution de la République du Ghana (1979 : Ch. XVII, art. 173[1a]).

[17] Voir, par exemple, Avuyi (1995) : officier d'état-major adjoint (1990). Voir aussi l'entrevue du 11 mars 2015 à Accra. D'après l'officier interviewé, le subalterne avait été nommé au conseil pour « compléter l'effectif ».

[18] Lors d'un entretien avec l'ancien vice-président, puis président, John Attah-Mills, il a expliqué en détail pourquoi la scission entre le président Rawlings et son vice-président avait posé des problèmes si délicats : ce dernier avait quitté officiellement la coalition gouvernementale pour diriger une autre faction du parti, tout en conservant son statut de vice-président.

[19] Voir Ghana Web (2013). D'après le rapport, « le lundi 11 novembre 2013, le président John Dramani Mahama a nommé le vice-président Paa Kwesi

Bekoe Amissah-Arthur à la tête d'un nouveau Conseil de police. Les membres sont : le ministre de l'Intérieur Kwesi Ahwoi, l'inspecteur général de police Mohammed Alhassan, le procureur général adjoint Dominic Ayine, la commissaire Rose Atinga Bio, le commissaire Kwasi Nkansah (Rtd.), l'inspecteur Charles Obiri Yeboah, Nancy Amarteifio, le révérend Lartey Lawson et Alhaji Salifu Osman. »

[20] Entretiens avec plusieurs intervenants de janvier à septembre 2014 et de janvier à mars 2015.

[21] Pendant les recherches qui ont abouti à la rédaction de ce chapitre, l'un des problèmes les plus épineux a été l'ingérence constante du pouvoir exécutif dans le fonctionnement du Conseil de police. Comme l'a rétorqué un officier « vérifiez si un nouveau Conseil de police avait été formé par le président Kufuor (2000–2008) avant l'annulation de la reconduction des contrats. Si la réponse est non, le conseil a-t-il bien réfléchi avant d'avaliser ces soi-disant reconductions, que le président lui-même a dû invalider ? Il y a eu une autre incohérence de la part des dirigeants politiques car le gouvernement Kufuor a prolongé l'affectation de certains officiers sous couvert de contrats. Bien entendu, ces contrats ont été résiliés ou non reconduits lorsque le président John Mills (2009–2012) a accédé à la présidence. ». Entretien téléphonique, Accra, le 10 mars 2015.

[22] Entretien, Accra, le 8 mars 2015.

[23] Pour un autre point de vue, voir Assamoah (2104).

[24] Entretien, Accra, le 13 décembre 2015.

[25] Voir le « Daily Guide News », édition du mardi 23 octobre 2014.

[26] Il faudrait mandater une étude pour évaluer l'impact et l'efficacité de cette stratégie ostensible afin d'en examiner les conséquences. Le taux de criminalité a-t-il diminué ? La police est-elle devenue plus efficace pour autant ? Les moyens nécessaires pour atteindre ce niveau de présence pourraient-ils être alloués à des postes ou à des circonscriptions chargés de maintenir la sécurité sur leur propre territoire ? Que font les équipes déployées dans les rues que les postes (s'ils sont bien équipés) ne puissent pas faire ? Une personne interrogée à ce sujet a déclaré « qu'il ne s'agissait pas d'abus ni d'un désir de gagner la sympathie du public mais plutôt d'un manque de ressources » Entretien du 15 mars 2015 à Accra.

[27] Entretien avec un officier supérieur de police, Accra, le 8 mars 2015.

CHAPITRE 3

La transition vers une Gouvernance démocratique en Guinée

Dominique Bangoura

Professeur au Centre d'Etudes Diplomatiques et Stratégiques à Paris et
enseignant-chercheur HDR à l'université d'Abidjan

Introduction

La gouvernance du secteur de la sécurité est un domaine mal connu en Guinée. Sur le terrain, ce sujet est encore tabou car largement réservé aux militaires, aux policiers, aux hommes en uniforme et au chef de l'Etat. Les raisons qui permettent d'expliquer cette situation sont historiques et politiques : elles sont liées aux différents régimes qui se sont succédé en Guinée : la dictature civile de Sékou Touré qui a dirigé le pays de l'indépendance du pays à sa mort (1958 à 1984) ; le régime militaire (1984 à 1990) puis autoritaire (1990 à 2008) du général-président Lansana Conté ; et enfin la dictature militaire du capitaine Moussa Dadis Camara, qui a pris le pouvoir le 23 décembre 2008 et l'a exercé jusqu'au 3 décembre 2009, date d'une tentative d'assassinat qui l'a écarté du pouvoir.

Dans ce contexte, les conditions de changement sont difficiles à réunir, tant au plan institutionnel que non-gouvernemental. Il faut attendre début 2010 avec l'accession au pouvoir du général Sékouba Konaté, pour qu'un cadre politique plus favorable apparaisse et pour que les premières mesures politiques et sécuritaires soient prises en matière de gouvernance et de réforme du secteur de la sécurité. Pour la première fois également, le poids et les revendications de la société civile sont pris en compte dans ce processus.

Cependant, ce n'est qu'après la fin de la transition marquée par l'élection du président Alpha Condé en novembre 2010 que la gouvernance du secteur de

Comment citer ce chapitre du livre:
Bangoura, D. 2015. La transition vers une Gouvernance démocratique en Guinée.
   Dans: Bryden, A et Chappuis, F (dir. publ.) *Gouvernance du secteur de la
   Sécurité : Leçons des expériences ouest-africaines*, Pp. 41–63. London: Ubiquity
   Press. DOI: http://dx.doi.org/10.5334/bav.c. Licence: CC-BY 4.0.

la sécurité prend tout son sens, d'autant plus qu'il existe une volonté politique forte au sommet de l'Etat et une grande motivation de poursuivre ces efforts de la part des différents acteurs étatiques et non-étatiques. La question qui se pose maintenant est de savoir si ces promesses seront tenues durant le mandat de l'actuel président.

Contexte de la gouvernance du secteur de la sécurité en Guinée

La place et le rôle de l'armée et des forces de sécurité ont varié d'un régime à l'autre. Sékou Touré, qui est un leader civil, instaure et développe un autoritarisme dur teinté d'idéologie marxiste en utilisant et en instrumentalisant l'armée dont il se méfie : il préfère s'appuyer sur la Milice, la branche armée du parti unique, totalement acquise à sa cause. Lansana Conté, qui est un chef militaire avant tout, fait de l'armée l'un des principaux piliers de son accès et de son maintien au pouvoir. Moussa Dadis Camara, qui arrive au pouvoir par un coup d'Etat militaire, utilise très rapidement les forces armées pour asseoir son régime et mater l'opposition politique ainsi que les civils.

La gouvernance du secteur de la sécurité sous Sékou Touré (1958–1984)

La Guinée est le premier pays francophone d'Afrique de l'Ouest à obtenir son indépendance dès le 2 octobre 1958, quelques jours après le «non» historique au référendum du 28 septembre proposé par le général de Gaulle.[1]

L'armée, une force mal lotie et politisée. L'armée guinéenne est créée le 1er novembre 1958. Elle est constituée de volontaires issus de l'armée coloniale (Horoya 1993a; 1993b). Toutefois, tous les soldats guinéens ne sont pas autorisés à entrer dans la jeune armée nationale : une partie se voit refuser l'intégration pour des raisons politiques (Bah 2009).[2] A ses débuts, l'armée guinéenne se fait connaître sur le continent africain par son contingent qui intègre les Casques bleus onusiens au Congo et par son engagement aux côtés des mouvements de libération nationale (Angola, Mozambique,[2] etc.) (Soumah 2004 : 162). Toutefois, sous Sékou Touré, l'armée guinéenne manque de moyens, de formation et d'équipement; certains sous-officiers et officiers sont formés dans les pays d'Europe de l'Est et à Cuba. L'armée reçoit du matériel soviétique, mais elle est mal lotie et mal organisée.

Deux raisons expliquent les difficultés auxquelles est exposée l'armée. Tout d'abord, Sékou Touré se méfie des militaires, responsables sur le continent africain de coups d'Etat qui ont renversé plusieurs chefs d'Etat civils.[3] Le premier président guinéen préfère concentrer tous les moyens au profit du parti unique qu'il a créé, le Parti démocratique de Guinée (PDG). Selon le journaliste et homme politique guinéen, Siradiou Diallo, «le parti, conçu comme l'institution dirigeante, le centre moteur et l'instrument de contrôle de la vie nationale, est placé au-dessus de la pyramide étatique. Toutes les autres institutions, en l'occurrence l'armée et la milice lui sont subordonnées et ne représentent que des organes d'exécution, des instruments au service du parti. » (Diallo 1986). C'est ainsi que le PDG est qualifié de parti-Etat, ce qui illustre sa logique omniprésente (Bah 2009) et totalitaire (Camara 1998 : 64).[4]

Le régime au pouvoir surveille donc étroitement l'armée.[5] En outre, l'armée est fortement soumise au parti, le PDG. Cette conception de l'armée est lourde de conséquences. La politisation de l'armée entraîne l'indiscipline car elle permet à un simple caporal politisé, zélé et proche du pouvoir, de discuter l'ordre d'un supérieur hiérarchique, voire de l'humilier. Ce non-respect de la hiérarchie est source de dysfonctionnements car il banalise le commandement militaire aux yeux des subordonnés. De plus, la politisation de l'armée aura des conséquences par la suite : elle encouragera les militaires à prendre le pouvoir (coups d'Etat de 1984 et de 2008) et à le contester (tentatives de contre-coups d'Etat et mutineries à répétition sous Lansana Conté, tentative d'assassinat de Moussa Dadis Camara).

La Milice, une force de contrôle au-dessus de l'armée. Sous Sékou Touré, la milice populaire est une force paramilitaire puissante, au-dessus de l'armée. Elle est conçue comme un bouclier de protection, de sécurité rapprochée du chef de l'Etat. Elle relève directement de son autorité et elle est, avec le parti unique, l'un des principaux instruments de domination. Elle a théoriquement pour mission d'assurer le maintien de l'ordre aux côtés de la police mais, en réalité, elle est chargée de surveiller l'armée et de contrôler la population. C'est une police politique armée qui excelle dans la filature, la délation et les arrestations arbitraires. Les grades dans la milice sont les mêmes que dans l'armée. Les miliciens commettent fréquemment des exactions à l'encontre des policiers, gendarmes et militaires. Cette structure parallèle provoque l'hostilité des militaires de carrière qui réagissent en paroles, parfois en actes, mais sans pouvoir la remettre en cause. Vers la fin de sa vie, le président Sékou Touré dispose d'une milice dont les effectifs contrebalancent ceux de l'armée : 10 000 hommes de chaque côté. Cependant, la milice est bien mieux considérée.

Dans un tel régime, aucune force sociale ou politique ne peut exercer la moindre surveillance ou le moindre contrôle en dehors des structures du PDG. Sékou Touré meurt brutalement, le 26 mars 1984, d'une attaque cardiovasculaire, laissant le pays exsangue et des prisons surpeuplées, sans oublier les innombrables morts décédés sous la torture et les disparus. Le nombre exact des victimes de son régime n'a jamais été officiellement connu, faute de recensement et d'enquête indépendante. Quelques jours plus tard, le 3 avril 1984, l'armée prend le pouvoir avec à sa tête Lansana Conté. Après 26 ans de dictature civile, le pays entre dans l'ère de la dictature militaire.

La gouvernance du secteur de la sécurité sous Lansana Conté
(1984–2008)

Le Général Lansana Conté se maintient 24 ans au pouvoir. Ainsi, de 1958 à 2008, la Guinée ne connaîtra que deux chefs d'Etat, l'un civil, l'autre militaire, mais tous deux ont en commun de gouverner par la force et la violence.

Les trois périodes de la gouvernance de Lansana Conté. On peut distinguer trois périodes dans l'exercice du pouvoir par Lansana Conté. La première, de 1984 à 1990, est celle du régime militaire. Celui-ci procède à la dissolution du parti unique (PDG) et suspend la Constitution de 1982, mais n'engage aucune réforme. C'est un régime d'exception. La deuxième, qui dure de 1990 à 1995, est celle de l'instauration d'un Etat de droit avec l'adoption de la Constitution de décembre 1990 par référendum. C'est la période de libéralisation du régime avec l'adoption du multipartisme et une ouverture sur les libertés publiques. Néanmoins, cette période est de courte durée. Des élections présidentielle (1993) et législatives (1995) sont organisées et remportées par le pouvoir en place ; mais ces scrutins provoquent de vives contestations du fait de fraudes massives. La troisième période est celle qui s'étend de 1996 à 2008. En février 1996, Lansana Conté est menacé de renversement, à l'occasion d'une mutinerie qui éclate dans l'armée pour des raisons corporatistes ; le chef de l'Etat y met un terme en acceptant toutes les revendications, mais il fait arrêter de nombreux militaires. A partir de là, le régime sombre dans la restauration autoritaire. En novembre 2001, un référendum constitutionnel supprime la limitation des mandats présidentiels et permet ainsi à Lansana Conté de se représenter indéfiniment. De fait, en 1998, le président est candidat à sa propre succession (tandis que le principal candidat de l'opposition, Alpha Condé, est arrêté et emprisonné). Il en est de même en 2003. Lors de ces deux élections, le chef de l'Etat remporte le scrutin tandis que l'opposition crie à la fraude. Quelques mois auparavant, en 2002, dans des circonstances similaires, les législatives sont remportées par la majorité au pouvoir, l'opposition ayant choisi de les boycotter, à l'exception de trois partis.

Dans un tel contexte, il n'y a pas ou très peu de place pour des forces démocratiques de surveillance ou de contrôle. L'Assemblée nationale est considérée comme une chambre d'enregistrement, acquise à la cause du régime en place. Sur le plan sociopolitique, le pouvoir n'hésite pas à recourir à une répression sanglante pour mater à plusieurs reprises les revendications sociales et politiques des syndicats et des forces vives qui revendiquent le changement (février–mars et juin 2006, janvier 2007).

Les divisions dans l'armée et la rivalité avec les forces de sécurité. L'armée est divisée. Elle souffre de conflits de génération, de tensions ethniques et de rivalités personnelles, si bien que les différents groupes d'officiers se neutralisent les uns les autres. Elle recrute sur des critères politiques et ethniques et elle est peu formée, mal entraînée ; les promotions militaires sont accordées non pas selon la compétence mais en fonction de l'allégeance au pouvoir. Elle présente d'énormes disparités entre la haute hiérarchie proche du chef de l'Etat qui évolue dans l'opulence et la troupe qui vit dans la misère. De ce fait, l'indiscipline, qui avait commencé sous Sékou Touré, continue de régner dans les casernes.

De plus, un climat de rivalité et de méfiance règne entre forces de défense et forces de sécurité. C'est le cas entre l'armée et la police car sous Sékou Touré, l'armée était contrôlée par la milice, la police politique. En tant que militaire, Lansana Conté accorde plus d'attention et de moyens à la gendarmerie qu'à la police, une force de sécurité chargée théoriquement de la protection des personnes et des biens. Le rôle et le statut des forces de police restent marginaux et, à plusieurs reprises, notamment en juin 2008, la mauvaise perception de la police par l'armée et la gendarmerie aboutit même à la destruction d'un commissariat de police et à des affrontements. Ainsi, le 17 juin 2008, des militaires répriment dans le sang des policiers qui revendiquent une hausse de salaire et des primes.

La gouvernance du secteur de la sécurité sous Moussa Dadis Camara (2008–2009)

Le président Conté est officiellement décédé dans la soirée du 22 décembre 2008. L'annonce a été faite sur les ondes de la télévision nationale vers une heure du matin par Aboubacar Somparé, le président de l'Assemblée nationale ; cette information est relayée par le premier ministre Souaré et le chef d'état-major des armées, le général Diarra Camara. Cette procédure a laissé penser durant quelques heures que le processus de succession constitutionnelle, prévu par l'article 34 de la Constitution, était amorcé. Cependant, dès le lendemain matin, le 23 décembre vers 7h30, des putschistes lisent à la radio guinéenne leur première déclaration.[6] Le porte-parole, le capitaine Moussa Dadis Camara, annonce la suspension de la constitution, des institutions de l'Etat, de la vie politique et syndicale ainsi que la création d'un comité militaire, le Conseil national pour le développement et la démocratie (CNDD). Le 24 au soir, il s'autoproclame président de la République.

Le capitaine Camara ouvre de lui-même une transition politique, dont les enjeux sont théoriquement clairs : réunir les conditions permettant à la Guinée d'organiser des élections libres et transparentes en vue de se doter d'un régime politique démocratique via une alternance (Bangoura, Bangoura & Diop 2006). Il promet qu'il ne sera pas candidat à sa propre succession.

Cependant, dans les faits, la situation ne tarde pas à susciter des craintes. Le gouvernement, nommé par décret le 14 janvier 2009, est largement dominé par les militaires.[7] Le discours-programme du 14 janvier 2009 s'apparente à un vaste chantier ; or, la transition ne doit durer que quelques mois. Le capitaine Camara n'a ni le temps ni la légitimé pour mener une action d'une telle envergure d'autant plus que les bailleurs de fonds ont condamné le putsch.

La gouvernance du chef de la junte est faite de voltefaces, de signaux contradictoires, de populisme, de colères au cours desquelles il destitue des cadres en public et s'en prend à un diplomate occidental. Aucune institution de la transition n'est mise en place. Cette période de transition reçoit le coup de grâce lors de la sixième session du Groupe international de contact pour la Guinée (GIC-G), les 3 et 4 septembre 2009 à Conakry. A cette date, revenant à la charge et faisant voler en éclats tout espoir d'apaisement, Moussa Dadis Camara rompt son serment. En aparté, il glisse aux diplomates présents : « Je vais me présenter parce que tout le peuple me le demande ».

Cette première période de transition est un échec. Elle se termine par les massacres perpétrés au stade de Conakry, le 28 septembre 2009, par les forces de défense et de sécurité du régime contre des militants des partis politiques qui réclament un processus électoral ouvert et démocratique. Autre fait grave : le 3 décembre 2009, le capitaine Camara est lui-même victime d'une tentative d'assassinat par le chef de sa garde rapprochée. Cet acte est consécutif au refus de Toumba Diakité d'aller répondre, comme le lui demande le président, à l'interrogatoire de la Commission internationale d'enquête de l'ONU sur les massacres perpétrés le 28 septembre 2009. Toumba Diakité a-t-il agi par crainte de poursuites judiciaires ou parce que, par principe, il estimait que la responsabilité de ces actes relevait du chef de l'Etat ? Cette situation montre une fois encore jusqu'où peut aller la violence et l'indiscipline au sein des forces armées et de sécurité en Guinée.

En conclusion, force est de constater qu'en Guinée, depuis l'indépendance, l'armée, la gendarmerie et la police (y compris la milice sous Sékou Touré) se sont illustrées par des actes de violence et des exactions répétées contre les populations civiles et contre les citoyens. Ces forces laissent apparaître de profonds dysfonctionnements, une forte politisation et un manque de discipline récurrents. Cette situation s'explique principalement par la nature des régimes politiques au pouvoir : de 1958 à 2010, la Guinée n'a connu aucun régime démocratique. Dans un tel contexte, il est indispensable de pouvoir procéder à des réformes en profondeur de la gouvernance et du secteur de la sécurité. Dans cette perspective, il importe d'identifier les conditions permettant un tel changement ; les défis à relever ou les obstacles à surmonter ; les efforts à encourager ; ou les dynamiques de transformation à soutenir.

Les conditions du changement

Quelles sont les conditions pour que la situation politique, militaire et sécuritaire change ? Quels sont les freins et les facteurs favorables ?

L'état des systèmes administratif, législatif et judiciaire

La question qui se pose est celle du rôle potentiel ou réel du système administratif, du pouvoir législatif et du pouvoir judiciaire dans la transformation ou le changement dans la gouvernance du secteur de la sécurité. Quelles sont les possibilités à exploiter pour que la séparation des pouvoirs soit effective et pour que la justice devienne indépendante ?

En Guinée, il est bien connu que l'administration est un rouage de l'Etat et en particulier un pilier du régime au pouvoir. Cela s'est vérifié sous chaque gouvernement, depuis l'indépendance du pays. L'administration n'est pas un corps neutre ; elle est au service du pouvoir exécutif. Par exemple, sous Lansana Conté, les élections étaient organisées par le gouvernement, en particulier par les ministères concernés (Administration du territoire et de la Décentralisation, Intérieur) en concertation avec la Commission nationale électorale (1993), le Haut-Conseil chargé des affaires électorales (1998) ou la Commission électorale nationale autonome (2005), qui n'étaient pas des organes indépendants. Il a fallu attendre mai 2007 pour qu'un projet de loi portant création d'une Commission électorale nationale indépendante (CENI) soit voté par l'Assemblée nationale (Bangoura 2007 : 97). Cette CENI était un facteur positif de changement parce que, sur la forme, elle avait été le fruit d'un long et difficile dialogue entre les partis politiques (de la mouvance présidentielle et de l'opposition) et le gouvernement. Sur le fond, la CENI était une nouvelle institution censée pouvoir organiser et réguler le futur processus électoral.

A vrai dire, la création de la CENI par l'Assemblée nationale peut être considérée comme un exploit car, à cette période, la composition de l'Assemblée nationale ne reflétait pas l'ensemble de la classe politique. Pour mémoire, des élections législatives avaient eu lieu en 2002, mais elles avaient été boycottées par la plupart des partis de l'opposition, mis à part l'Union pour le Progrès et le Renouveau, l'Union pour le Progrès de la Guinée, et le Parti du Peuple de Guinée. Concomitamment à la création de la CENI, l'Assemblée avait voté, lors de sa première session en mai 2007, la loi portant modification du code électoral, la loi de financement des partis politiques et la loi portant statut des partis de l'opposition. Elle avait également voté la loi portant création de la Commission nationale d'enquête sur les massacres de juin 2006 et de janvier-février 2007.[8] Les facteurs ayant contribué à ce vote étaient sans doute, en amont, le poids des revendications démocratiques portées par la société civile et les syndicats au cours des événements de 2006 et de 2007, revendications qui ont abouti à l'Accord tripartite du 27 janvier 2007, et à la nomination d'un premier ministre de consensus, Lasana Kouyaté, chef de gouvernement en application de cet accord.[9]

Cependant, en dehors de ces lois qui ont été très importantes pour le processus démocratique, l'Assemblée nationale n'a pas été en mesure, dans les sessions ultérieures de septembre 2007 et de 2008, de se pencher sur les questions de défense et de sécurité, qui étaient encore des domaines réservés du chef de l'Etat, le général Lansana Conté. Bien que la Constitution (article 59) et le Règlement intérieur de l'Assemblée nationale le permettent, cette dernière ne jouissait pas encore d'une culture démocratique et d'une indépendance suffisantes pour exercer un contrôle sur le gouvernement.

La justice n'est pas davantage indépendante. Selon l'avocat guinéen maître Thidiane Kaba, sous Lansana Conté, « l'asservissement du système judiciaire au pouvoir exécutif ne permet pas d'assurer une bonne administration de la justice » (Kaba 2007 : 119), d'autant plus que ce secteur est miné par la corruption. Le problème n'est pas l'absence de cadre institutionnel car la loi fondamentale de décembre 1990 prévoit un Etat de droit démocratique, y compris l'indépendance et le bon fonctionnement de la justice. Les carences résident principalement dans la non-application de la constitution, le premier à violer la loi fondamentale étant souvent le chef de l'Etat, comme, par exemple, lorsqu'il décide d'aller en personne libérer son ami, le richissime homme d'affaires Mamadou Sylla, incarcéré pour détournement de fonds publics.

Les mêmes difficultés se retrouvent sous Moussa Dadis Camara qui concentre tous les pouvoirs entre ses mains : les ministères clés, dont celui de la Justice, sont tenus par des militaires. Pour ce qui est du ministère de la Défense, le principe de subordination des militaires à l'autorité civile n'est pas appliqué puisque la junte est au pouvoir. Quant à l'Assemblée nationale, elle a été dissoute au moment du coup d'Etat. Le capitaine Camara a confié ce rôle au secrétariat permanent du CNDD, chargé de la révision des lois organiques et de la loi fondamentale, de la réforme de la justice et de l'appui à la réforme des forces de défense et de sécurité. Ce secrétariat rattaché à la junte est tenu par un colonel ayant rang de ministre.

Il faut attendre les revendications et les propositions du Forum des Forces vives de Guinée (société civile et partis politiques), réunies au palais du peuple à Conakry le 12 mars 2009, pour pouvoir obtenir, non sans difficulté et à l'issue de longues négociations, le principe d'un parlement de transition dénommé Conseil national de transition (CNT). Concrètement, la mise en place de cet organe pose problème. Un projet d'ordonnance est présenté par une délégation du CNDD en visite à Bruxelles le 24 avril 2009. Ce projet est contesté par les Forces vives pour son manque d'indépendance envers la junte. Une nouvelle version est proposée par le ministre secrétaire permanent du CNDD le 27 avril. C'est sur cette base que les Forces vives négocient avec le CNDD, début mai, un projet de création du CNT précisant son mandat et la répartition de ses membres dont le nombre est fixé à 163. Cependant, par la suite, le texte est modifié unilatéralement par la junte qui porte le nombre de membres à 244 pour y ajouter des individus totalement acquis à sa cause. C'est seulement sous la gouvernance du général Sékouba Konaté, parvenu au pouvoir suite à la nouvelle donne politique (Accord de Ouagadougou), que le CNT sera installé en tant qu'institution de la transition et pourra jouer son rôle.

Dans ces conditions, on comprend que les systèmes de gouvernance sous Lansana Conté et Moussa Dadis Camara ont constitué des obstacles au changement.

Des mécanismes de surveillance déterminés mais limités

Néanmoins, sous Lansana Conté, des mécanismes d'observation, de surveillance et de contrôle ont été mis en place grâce, d'une part, à la création en 2008, de l'Observatoire national des droits de l'homme (ONDH) et d'autre part, au rôle croissant des organisations de la société civile.

De l'ONDH à la CNDH. En juin 2008, la Guinée s'est dotée d'un Observatoire national des droits de l'homme, rattaché à la primature. La présidence de cette institution a été confiée à Aliou Barry, docteur en droit international public et professionnel des questions de défense et de sécurité, qui a été nommé par le premier ministre sur la base de ses compétences. La création de l'ONDH intervient quelques mois après les violences de 2006 et de 2007 au cours desquelles les manifestations des syndicats et de la société civile ont été réprimées dans le sang. L'ONDH, chargée de la promotion et du respect des droits de l'homme, bénéficie du soutien des Nations Unies. Cependant, la mise sur pied de cet observatoire n'a pas empêché de nouvelles violations des droits humains et le président de cette institution a lui-même été grièvement blessé par des éléments de l'armée et de la garde présidentielle dans l'exercice de ses fonctions (Conakryka 2010).[10] Le régime au pouvoir n'a donc pas permis à l'ONDH d'assumer pleinement ses fonctions.

Il a fallu attendre mai 2010 et l'adoption de la nouvelle Constitution de la République de Guinée par le CNT, pour voir l'inscription de l'« Institution nationale indépendante des droits humains » au titre XVI de la loi fondamentale (Guinée 2010 : articles 146, 148).[11] Dans ce prolongement, le président Alpha Condé nouvellement élu a, par décret du 17 mars 2011, créé la Commission nationale des droits de l'homme (CNDH).[12] Mamady Kaba, issu de la société civile et précédemment président de la section guinéenne de la Rencontre africaine pour la défense des droits de l'homme a été nommé président de cette commission. Puis, le CNT a voté, le 14 juillet 2011, la loi portant organisation et fonctionnement de de l'« Institution nationale indépendante des droits humains ». Ce processus institutionnel en vue d'améliorer la situation des droits de l'homme est un grand pas en avant, du moins sur le plan formel.

Le rôle croissant des organisations de la société civile. La création de la CNDH n'aurait pas été possible sans le rôle soutenu de la société civile qui a mené, en amont, un long plaidoyer. Son action a pu être relayée par les médias. La société civile s'est peu à peu structurée, depuis 2002, pour se fédérer en un Conseil national des organisations de la société civile de Guinée (CNOSCG). Elle s'est distinguée par ses mobilisations de revendications en faveur du changement social et politique en 2006 et 2007. Depuis, elle n'a cessé de lutter contre l'impunité et pour le respect des droits de l'homme. Elle a joué un rôle prépondérant de soutien aux victimes des massacres commis en 2006–2007 et en septembre 2009. Elle a permis de réunir des témoignages et des preuves des exactions qui ont été commises et elle coopère avec les organisations internationales (Haut-Commissariat des Nations Unies aux droits de l'homme, Commission internationale d'enquête de l'ONU, Cour pénale internationale, etc.) et les ONG internationales (Fédération internationale des droits de l'homme, Human Rights Watch, Amnesty International, International Crisis Group…) qui œuvrent dans ce domaine.

En conclusion, une dynamique de changement en faveur de la gouvernance du secteur de la sécurité a été rendue possible grâce à l'élaboration et au vote de nouvelles lois ; à l'instauration d'une Commission de surveillance et de promotion des droits de l'homme ; à la contribution de la société civile au suivi de l'action et du comportement des forces de défense et de sécurité ; et au partenariat entre les organisations nationales et internationales de la société civile.

Il apparaît que les efforts de la CNDH et des organisations non-gouvernementales et de la société civile sont à encourager car elles représentent une forme de contre-pouvoir ; elles apportent un autre éclairage, une analyse différente des problèmes d'insécurité, d'injustice et de violations des droits de l'homme. Souvent, c'est par le dialogue et par le débat d'idées, les consultations, l'échange contradictoire, le suivi et l'observation qu'elles réussissent à se faire entendre, à devenir une force de proposition. Malgré des faiblesses en termes de moyens de fonctionnement et parfois de représentativité, ces organisations ont tendance à renforcer leurs capacités et leur professionnalisme, ce qui est une garantie de leur durée et de leur efficacité. A titre d'exemple, la société civile est associée à la mise en œuvre d'un projet financé par le Peace Building Fund visant à assurer un contrôle civil et démocratique des forces de défense et de sécurité ; ce projet comprend un volet de renforcement des capacités des organisations de la société civile.[13]

Néanmoins, cette dynamique globale n'est pas optimale en raison de plusieurs obstacles dus, d'une part, à la violence politique qui sévit au sommet de l'Etat depuis plus de cinquante ans et d'autre part, au manque de volonté politique de régler pacifiquement le contentieux électoral lié à la préparation des élections législatives. Ces dernières ont été reportées à plusieurs reprises avant de pouvoir se tenir le 28 septembre 2013. De plus, jusqu'à présent, malgré des progrès dans les relations civilo militaires, la méfiance est encore grande entre les forces de défense et de sécurité (FDS) et la population civile.

Un cadre politique favorable au changement sous la transition du général Sékouba Konaté

La gouvernance du secteur de la sécurité a connu des améliorations très importantes à partir de janvier 2010. Le contexte de l'époque permet d'en comprendre les raisons. La fin de l'année 2009 avait été particulièrement éprouvante pour les Guinéens. Les massacres et viols collectifs commis dans la matinée du 28 septembre 2009 par les forces du régime de Moussa Dadis Camara et la tentative d'assassinat du chef de l'Etat par le commandant de la garde présidentielle le 3 décembre suivant avaient tiré toutes les sonnettes d'alarme. Tant les gouvernés que le principal gouvernant avaient été touchés. Le paroxysme de la violence avait été atteint. Le dysfonctionnement des forces de défense et de sécurité était à son comble.

Tandis que les Forces vives de Guinée pleuraient leurs morts et soignaient les blessés, la Commission internationale d'enquête de l'ONU cherchait à connaître la vérité sur les massacres du 28 septembre 2009 et à en situer les responsabilités en vue de rendre la justice. Les Forces vives demandèrent la protection de la communauté internationale par le biais d'une force neutre venant s'interposer entre elles et les FDS; elles exigeaient également une réforme en profondeur de l'armée et de la police.

La Déclaration conjointe de Ouagadougou (15 janvier 2010). Un nouveau cadre pour la gouvernance et pour la réforme du secteur de la sécurité (RSS): En l'absence de Moussa Dadis Camara, hospitalisé au Maroc, c'est le n° 2 de la junte qui gère les affaires courantes à la tête de l'Etat. Il s'agit du général Sékouba Konaté, ministre de la Défense.[14] Ce dernier décide d'aller rencontrer Moussa Dadis Camara, dès son arrivée en convalescence au Burkina Faso, après l'attentat qui a failli lui coûter la vie.[15] Les deux hommes se retrouvent les 13 et 14 janvier en compagnie du médiateur, le président burkinabè Blaise Compaoré. A l'issue de leurs entretiens, ils signent la Déclaration conjointe de Ouagadougou, le 15 janvier 2010, par laquelle le général Sékouba Konaté se voit confier officiellement par M. D. Camara l'intérim du pouvoir, pour mener à terme la transition. Cette signature est obtenue sous la pression des Forces vives de Guinée, qui se disent favorables au texte final, bien qu'elles ne l'aient pas paraphé.

Cet accord crucial comprend trois points: il règle la succession au pouvoir; il fixe les principes et la feuille de route de la transition (une transition de six mois en vue d'organiser une élection présidentielle à laquelle les dirigeants et anciens dirigeants ne seront pas candidats); il fixe la réforme des forces de défense et de sécurité comme une priorité. C'est la première condition réunie pour un début de transformation de la gouvernance du secteur de la sécurité. A partir de là, d'autres facteurs de changement interviennent.

La responsabilisation des FDS par le général Sékouba Konaté. L'une des premières actions du général Sékouba Konaté est de s'adresser aux FDS pour condamner leurs actes de violence et de barbarie perpétrés contre la population et contre leur chef, en l'occurrence le capitaine Moussa Dadis Camara alors chef suprême des armées et aussi pour saluer la mémoire de toutes les victimes.[16] Son discours du 23 décembre 2009 et ses rencontres dans les casernes sont largement médiatisés et cette campagne de sensibilisation et de responsabilisation des troupes et des officiers est ressentie comme un acte d'ouverture de la part du général et comme une sorte de soulagement dans le pays.

L'évaluation du secteur de la sécurité par la mission conjointe CEDEAO-ONU-UA.[17] Le comportement du président de la transition est salué par la communauté internationale, qui propose alors d'accompagner la Guinée dans les réformes souhaitées par tous. La première est celle de l'évaluation du secteur de la sécurité, par catégories d'acteurs, et aussi dans son ensemble. Ce travail est entrepris et réalisé entre le 1er février et le 30 avril 2010 par une mission conjointe placée sous la direction du général Lamine Cissé, un officier sénégalais de grande notoriété tant dans son pays qu'au sein de la communauté internationale. L'évaluation, qu'il mène avec beaucoup de tact et d'expérience professionnelle, est le point de départ de toute réforme puisqu'elle dresse l'état des lieux du secteur de la sécurité, jusque-là inconnu.

Le rapport d'évaluation permet d'établir que le secteur guinéen de la sécurité se trouve dans un état de déliquescence inquiétant et ne respecte aucune norme depuis plusieurs décennies : désorganisation totale des forces de défense et de sécurité ; immixtion des militaires dans le domaine politique ; absence de contrôle civil ; dysfonctionnement du système judiciaire ; existence d'acteurs non-étatiques de la sécurité (milices, entreprises privées). Le rapport mentionne la problématique de la circulation des armes légères et de petit calibre dans la région d'Afrique de l'Ouest ainsi que des questions transversales telles que le genre. Il formule ensuite des séries de recommandations sur chacun de ces points, à l'issue d'un processus participatif mené à Conakry et dans plusieurs villes de l'intérieur du pays.

Le rapport est officiellement remis par le chef de la mission conjointe au général Sékouba Konaté, le 4 mai 2010, lors d'une cérémonie au Palais du peuple qui regroupe les principaux acteurs de la vie sociopolitique guinéenne : le gouvernement, le CNT, les partis politiques, la société civile, les acteurs de la sécurité ainsi que les partenaires extérieurs. C'est ce rapport qui, après l'élection d'Alpha Condé, servira de document de référence pour la préparation du processus de RSS dans le pays.

Les premières mesures de restructuration des FDS et la différence entre restructuration et réforme. Dès janvier 2010, après la signature de l'Accord de Ouagadougou, le général Sékouba Konaté commence un processus de vaste restructuration : imposition de la discipline et du respect de la hiérarchie militaire ; lancement de grands chantiers de construction de casernes ; fermeture du camp d'instruction de Kaléah (Forécariah) où se trouvent des miliciens ; nouvelles nominations par décrets à la tête du haut commandement militaire ; recrutement de 8000 élèves-gendarmes afin de sécuriser les frontières et le processus électoral.

Cette restructuration est nécessaire et elle est perçue positivement dans le pays mais elle ne représente qu'un premier pas en avant. Ces mesures d'ordre technique et professionnel visent à améliorer le fonctionnement, mais elles ne touchent pas encore aux causes des dysfonctionnements. Elles ont pour effet de montrer que la volonté politique est effective et que celle-ci va dans le sens de l'amélioration des conditions de vie et de travail des forces de défense et de sécurité, mais elles ne remettent pas en question le système. Par ailleurs, elles sont prises isolément au sein de la haute hiérarchie, sans tenir compte de l'équilibre global des effectifs et sans processus participatif de la société civile.

Or, la réforme du secteur de la sécurité se définit comme une démarche à la fois politique et holistique. Elle a pour objectif l'instauration d'institutions de défense et de sécurité performantes, placées sous le contrôle d'organes légalement prévus par la constitution. Elle vise également l'établissement d'une justice indépendante et forte. En principe, elle doit évoluer dans le cadre d'une concertation nationale. C'est ce type de réforme que le président Alpha Condé va tenter d'initier à son arrivée au pouvoir.

La mise en place et le rôle du CNT. L'ordonnance portant création du Conseil national de transition (CNT) est signée par le général Sékouba Konaté le 9 février 2010. Le président de la transition nomme Hadja Rabiatou Serah Diallo, une responsable syndicale, à la tête de cette institution, sur proposition des Forces vives. Le 17 février, il lui adresse une lettre de mission dans laquelle il rappelle le délai de six mois à respecter pour l'organisation de l'élection présidentielle. A cet effet, la présidente du CNT est invitée à procéder sans tarder à la composition de l'organe législatif de la transition (101 membres), dont le général indique les quotas par catégories.[18] La liste des membres du CNT, nommés par décret présidentiel, est publiée le 7 mars.[19]

Finalement, la mise en place du CNT a lieu lors d'une cérémonie officielle d'installation, ponctuée du discours solennel du président de la transition (L'Observateur 2010: 2). Le CNT ne tarde pas à se mettre au travail. Une semaine après sa nomination, cet organe décide de créer neuf commissions réparties par domaines: révision constitutionnelle, relecture des textes électoraux, finances, traités et lois, évaluation de l'action gouvernementale, évaluation et suivi de la CENI, réconciliation nationale, défense et sécurité, communication. L'une des premières tâches du CNT est ainsi de procéder à la révision de la loi fondamentale et du code électoral pour permettre au pays d'aller aux élections avec une constitution et des textes adéquats.

La sécurisation du processus électoral. Contrairement à son prédécesseur, le général Sékouba Konaté a réussi, en tant que président de la transition, à mettre rapidement en place toutes les institutions nécessaires: le premier ministre de transition (Jean-Marie Doré, un leader de l'opposition), le gouvernement d'union nationale de transition, le Conseil national de transition et la CENI (présidée par Ben Sékou Sylla, l'ancien président du CNOSCG).[20] Le général Sékouba Konaté a pris officiellement ses fonctions à la mi-janvier 2010 et le premier tour de l'élection présidentielle a eu lieu six mois plus tard, le 27 juin. De plus, le président de la transition a assuré la sécurisation du processus électoral, avec la création par décret du 18 mai 2010 d'une force mixte, la Force spéciale de sécurisation du processus électoral (FOSSEPEL), commandée par l'état-major mais placée sous l'autorité de la CENI.

L'établissement du CNT et la sécurisation de l'élection présidentielle ont abouti à un succès majeur et à une grande première en Guinée depuis l'indépendance : le premier tour d'une élection présidentielle démocratique, ouverte et transparente à laquelle aucun membre des institutions de la transition ne s'était porté candidat.

Malheureusement, le second tour du scrutin ne s'est tenu que le 7 novembre 2010. Il a été retardé par la composition d'alliances politiques autour des deux candidats restés en lice et par des calculs politiciens. L'entre-deux-tours a fait resurgir les « vieux démons » de l'exclusion et de la haine basés sur les appartenances ethniques et a donné lieu à des dérapages, de vives tensions et des violences. Le président de la transition, le général Sékouba Konaté, a même menacé de démissionner le 6 juillet 2010 face à des accusations de fraudes venant de l'Union des forces républicaines. L'incident a pu être réglé à temps. A l'issue de l'élection, c'est Alpha Condé qui a remporté le scrutin.

L'objectif principal de la transition, qui consistait à mettre en place une gouvernance politique capable d'assurer le retour à l'ordre constitutionnel a été atteint. Pour y parvenir, le général Sékouba Konaté a dû faire preuve d'une volonté politique ferme et il a su tenir le cap. Cependant, le climat politique conflictuel qui a régné entre les deux tours de l'élection présidentielle a laissé des traces profondes, qui vont avoir une incidence sur la gouvernance du nouveau chef de l'Etat.

Le processus de changement depuis l'élection d'Alpha Condé

Existence d'une volonté politique forte et d'une large consultation

Dans son discours d'investiture, le 21 décembre 2010, le président Alpha Condé a fait de la réforme du secteur de la sécurité une des priorités de son programme de gouvernement et il a demandé l'appui des Nations Unies. A cet effet, dès janvier 2011, une mission de l'ONU dirigée par le général Lamine Cissé a élaboré les premiers documents techniques dans le prolongement des recommandations de l'évaluation réalisée en 2010 ; d'autres experts du Bureau de prévention des crises et du relèvement du Programme des Nations Unies pour le développement (PNUD), du Centre pour le contrôle démocratique des forces armées – Genève, du Bureau des Nations Unies pour l'Afrique de l'Ouest et du Département des operations de maintien de la paix des Nations Unies ont été déployés pour fournir une assistance technique au comité chargé d'organiser le future séminaire national sur la RSS.[21]

Le nouveau chef de l'Etat, qui est également chef des armées et ministre de la Défense, a confirmé sa volonté politique en inaugurant (et en clôturant), du 28 au 31 mars 2011, le Séminaire national sur la réforme du secteur de la sécurité. Un autre facteur important de réussite de ce séminaire a été la composition et le nombre élevé de participants qui ont réuni : le président de la République, le gouvernement, des institutions de l'Etat, des diplomates, des organisations internationales (en particulier l'ONU, l'UA, la CEDEAO), des organisations de la société civile, des pays invités, des commandements des régions militaires et des grandes unités de Conakry. Durant cette rencontre, les participants ont identifié les actions prioritaires et les séquences de mise en œuvre de la RSS à court (2011), moyen (2012) et long terme (2013–2015), secteur par secteur. Ces travaux ont fait l'objet d'un rapport qui a été publié.

Parallèlement, des états généraux de la justice, placés sous le haut patronage du président de la République, se sont tenus à Conakry du 28 au 30 mars 2011. Le rapport de synthèse a établi le diagnostic de la justice et a fixé trois objectifs : tout d'abord, l'indépendance de la justice par le biais de la réforme du Conseil supérieur de la magistrature (création d'organes disciplinaires, gestion du plan de carrière des magistrats, revalorisation salariale, statuts des greffes) ; ensuite, la construction et l'équipement de cours et tribunaux ; enfin, la révision de la carte judiciaire (pour un meilleur accès à la justice) et de la carte pénitentiaire.

Le 14 avril 2011, le président de la République a signé le décret portant création du Comité national de pilotage de la RSS. Placé sous son autorité, il est chargé de la supervision, de l'orientation politico-stratégique et du suivi de la mise en œuvre de la réforme. Il comprend : une Unité de gestion du programme, une Commission d'orientation stratégique, une Commission technique de suivi et des Comités techniques sectoriels. Il s'agit là du premier pas franchi en vue de la mise en application de la réforme. Ce comité bénéficie du soutien de l'Etat guinéen et de l'appui du système des Nations Unies dans ce pays.

Objectifs partagés de la RSS. La réforme met l'accent sur la nouvelle conception de la défense et de la sécurité dans une approche globale, inclusive, consensuelle et participative qui repose sur l'implication de l'ensemble des acteurs et sur une appropriation nationale à tous les niveaux. Cette réforme s'inscrit au départ dans un élan de renouveau démocratique, d'instauration d'un véritable Etat de droit et vise à mettre en place un système judiciaire indépendant, impartial, compétent et accessible.

L'objectif principal de la RSS est d'établir un cadre institutionnel approprié, de doter l'appareil judiciaire et les forces de défense et de sécurité (armée, gendarmerie, police-renseignement, protection civile, douane, eaux et forêts, environnement) de capacités professionnelles et opérationnelles, de rapprocher ces services de la population, de permettre un contrôle civil et de garantir le respect des droits de l'homme. La réforme a également pour objectif de contribuer de manière transversale à la lutte contre la criminalité transnationale et contre la circulation des armes légères dans la région. Ces objectifs sont largement partagés par la population guinéenne.

Mise en œuvre de la RSS et rapprochement civilo-militaire. Les premiers pas de la réforme ont d'ailleurs été salués par les citoyens. Il s'est agi d'abord de sécuriser les populations civiles par le renforcement de la discipline au sein de l'armée, l'amélioration du comportement des militaires, le démantèlement des barrages et la démilitarisation de la capitale. Puis, des mesures de restructuration des forces en fonction d'impératifs de défense ont suivi : création de nouvelles unités, redéploiement et dispersion des militaires de l'ancienne garde présidentielle et du bataillon des troupes aéroportées (BATA) ou « bérets rouges ». Enfin, des mesures de rapprochement entre FDS et citoyens ont été prises : redynamisation du Comité civilo-militaire et création du Service civique d'action pour le développement. En outre, les documents de base de la réforme, notamment les textes faisant partie du cadre juridique (textes législatifs tels que le code de justice militaire, le statut général et les statuts particuliers des militaires) et du cadre organisationnel des forces (attributions, emploi) ont été élaborés ou révisés par les services concernés.

La seconde phase de la réforme a consisté à définir un Plan d'action national pour la RSS. La méthode retenue a veillé à faire travailler chaque ministère, secteur par secteur, au niveau des cinq comités techniques sectoriels (défense, sécurité, justice, douane, environnement). A la mi-2012, ce travail a pu être réalisé : chaque secteur disposait d'un plan d'action sectoriel ; depuis, les politiques sectorielles ont été validées par les différents ministres. Il reste à harmoniser et à consolider ce plan dans son ensemble, mais cette étape n'a pas encore eu lieu.

La RSS s'est développée en 2012 par la mise en œuvre de trois projets : recensement biométrique des militaires ; mise à la retraite de 4000 militaires ; et renforcement du contrôle démocratique civil des forces de défense et de sécurité. A cet effet, le PNUD a recruté trois experts chargés d'apporter des appuis techniques ponctuels. Ces projets ont été financés par le Fonds de la Commission de consolidation de la paix des Nations Unies (PBC 2012).

Vers une Politique nationale de défense et de sécurité?

Le 23 août 2013, c'est par la voix du ministre délégué à la Défense, maître Kabélé, que la Guinée a amorcé une nouvelle étape dans la RSS à travers le lancement d'une consultation nationale dans les régions, préfectures et communes du pays, en vue d'associer toutes les franges de la population à l'élaboration de la future Politique nationale de défense et de sécurité. Ce processus est initié du bas vers le haut.

Entre-temps, le système des Nations Unies et les partenaires techniques et financiers continuent d'appuyer le processus de la RSS. L'Union européenne (UE) soutient, par le biais du 10e Fonds européen de développement, trois projets pilotes en faveur de la police de proximité, l'objectif étant de rapprocher les policiers et la population, de garantir un accès plus rapide des personnes à la sécurité, et de sensibiliser, sur le plan institutionnel, au contrôle et à la redevabilité de la police. De plus, l'UE appuie la protection civile (à travers la brigade des sapeurs-pompiers à Conakry) et le corps des gardes-forestiers dans les zones à risques (parc de Haute-Guinée, forêt classée de Ziama et aire protégée du Mont Nimba).[22]

Ces différents éléments montrent que, dans un premier temps, en 2011–2012, la RSS a pris un vrai départ et s'est développée avec succès du fait d'un consensus national sur ces questions. Mais cet élan va-t-il se maintenir ?

Le rôle des différents acteurs

Différents types d'acteurs, internes et externes, institutionnels et plus rarement à titre individuel, jouent un rôle moteur en matière de RSS. Néanmoins, dans certains cas, la vigilance est de mise, car de grands défis restent à relever.

Le gouvernement face au défi du dialogue politique et du respect des droits de l'homme

Le pouvoir exécutif issu de l'élection présidentielle de novembre 2010 a fait preuve de volonté et d'ouverture face à la nécessaire réforme du secteur de la sécurité. Les jalons politiques pour une bonne gouvernance du secteur de la sécurité ont été posés.

Cependant, dans le contexte de la Guinée, une véritable RSS ne peut réussir que dans le cadre d'un Etat de droit démocratique qui n'est pas encore restauré dans ce pays. L'Etat de droit a été malmené par plus d'un demi-siècle de mauvaises pratiques. Bien que les institutions soient en place, leur fonctionnement laisse encore à désirer et le climat politique demeure tendu du fait de la manipulation ethnique et de la contestation des résultats de l'élection présidentielle de 2010.

L'un des plus grands défis à relever pour ce gouvernement est le dialogue politique avec l'opposition. La méfiance reste forte entre les deux camps en raison des élections présidentielle et législatives passées.[23] Ce n'est que le 28 septembre 2013, soit avec beaucoup de retard, que ce deuxième scrutin a pu avoir lieu. Aucune confiance ne règne entre les dirigeants au pouvoir et les leaders de l'opposition. Dès lors, le gouvernement actuel ne parvient pas à empêcher l'usage de la force en cas de manifestation, comme en témoigne, la mort d'un jeune élève survenue le 25 novembre 2013 au cours d'une marche de l'opposition qui contestait les résultats des législatives proclamés par la Cour suprême.

Du CNT à l'Assemblée nationale : finalisation de la transition et défis démocratiques

L'élection des députés de l'Assemblée nationale est un grand pas en avant. Cette nouvelle assemblée élue démocratiquement va remplacer le CNT. Les résultats définitifs ont été proclamés par la Cour suprême le 25 novembre 2013 : ils confirment les résultats provisoires qui avaient été publiés par la CENI le 18 octobre : sur les 114 sièges de l'Assemblée nationale, le parti d'Alpha Condé en remporte 53 et ses alliés 5 contre 56 pour l'opposition. La majorité au pouvoir l'emporte, néanmoins l'opposition est bien représentée.

Avec cette nouvelle assemblée, l'enjeu politique est de tourner la page de la période douloureuse de la transition, puisque le CNT était la dernière institution de la transition encore en vigueur après l'élection d'Alpha Condé. Il s'agit également pour la Guinée de se doter d'un véritable organe législatif ayant compétence pour contrôler l'action gouvernementale. En ce qui concerne la RSS, les nouveaux élus devront être sensibilisés ou formés au contrôle démocratique civil de l'action du gouvernement.

Une Commission Réconciliation sans Vérité ni Justice

Une Commission provisoire chargée de la réconciliation nationale a été créée par décret présidentiel le 15 août 2011 et deux hautes personnalités religieuses ont été nommées pour la coprésider.[24] Néanmoins, la société civile ne semble pas avoir été suffisamment consultée au sujet de son mandat, de ses pouvoirs ni de sa composition. Alors que son rôle semble axé sur la réconciliation, qu'en est-il du volet « vérité » et du volet « justice », qui sont présents dans bon nombre de commissions vérité et réconciliation en Afrique et ailleurs dans le monde ? La société civile souhaiterait que cette commission s'attaque à l'impunité et formule des recommandations en termes de poursuites judiciaires contre les auteurs présumés d'exactions.

Le programme d'action de cette commission provisoire comporte cinq étapes : la prière ; l'écoute ; la réflexion basée sur les résultats du travail au niveau local, communal, préfectoral, national ; la définition des orientations ; et enfin la création d'un organe ou d'une institution chargé(e) de la réconciliation nationale.

En principe, après des consultations nationales et internationales, les coprésidents de la Commission provisoire chargée de la réconciliation nationale devraient faire des propositions en vue de la création d'une véritable commission vérité et réconciliation en Guinée. C'est ce que la société civile et certains leaders de l'opposition appellent de leurs vœux.

Le médiateur de la République : un organe essentiel mais une personnalité controversée

La Constitution de 2010 élaborée et adoptée par le CNT prévoit, en son titre XI, la création de la fonction de médiateur de la République. Aux termes de l'article 127, le médiateur est « un organe intercesseur, gracieux et indépendant, entre l'administration et les administrés. Il reçoit dans les conditions fixées par

la loi, les réclamations des administrés dans leurs relations avec les adminis-
trations de l'Etat, les circonscriptions territoriales, les collectivités locales, les
établissements publics ainsi que tout organisme investi d'une mission de service public ». Les modalités de saisine, d'intervention et de fonctionnement du
médiateur de la République sont fixées par la loi.

Si la création de cette institution est à saluer, en revanche, il convient de s'interroger sur la personne choisie pour l'incarner. En effet, en janvier 2011, le
président Alpha Condé a nommé comme médiateur de la République le général Faciné Touré. Ce dernier n'a pu prendre ses fonctions qu'en juillet, en raison d'une polémique soulevée par des propos qu'il a tenus et qui sont jugés
inopportuns car porteurs de divisions sur des bases ethniques. Il importe de
noter, de plus, que ce général est un ancien membre du Comité militaire de
redressement national, le comité militaire au pouvoir au lendemain du coup
d'Etat de Lansana Conté.

Il apparaît qu'une personnalité consensuelle, faisant preuve de neutralité et
d'objectivité, n'ayant pas eu à exercer de fonction politique au cours des précédents régimes autoritaires et choisie pour ses compétences en matière de
défense des droits de l'homme serait plus indiquée pour exercer une telle fonction. De tels profils existent dans la société civile.

Le rôle des acteurs extérieurs

Des acteurs extérieurs tels que le Groupe international de contact pour la Guinée (GIC-G) ont joué un rôle politique et diplomatique très important d'accom-
pagnement de la transition en Guinée, tandis que d'autres, à titre individuel,
comme le général Lamine Cissé ou encore les différents partenaires techniques
et financiers, ont joué un rôle déterminant de conseil et d'assistance à la RSS.

Le GIC-G s'est illustré par sa capacité à soutenir les acteurs de la transition,
mais aussi à recadrer la feuille de route de la transition et à prendre des sanctions
lorsqu'il constatait des dangers pour la paix et la sécurité du pays et des risques
de violations des droits de l'homme. Ce groupe a été créé par la communauté
internationale en janvier 2009 à Addis Abeba, en marge d'une réunion de l'Union
africaine.[25] Il s'est réuni régulièrement, à 17 reprises, durant deux ans entre
février 2009 et février 2011. La dernière réunion, qui a mis fin à son mandat et
ouvert la possibilité de la création d'un groupe des amis de la Guinée, a eu lieu à
Conakry le 10 février 2011, quelques semaines après la prise de fonctions du
nouveau président élu.

Le général Lamine Cissé est un officier sénégalais à la retraite, qui est intervenu avec succès en Guinée plusieurs fois à partir de 2010 pour conseiller,
initier, coordonner et faire le suivi de la RSS. Il jouit d'une grande notoriété,
en tant notamment qu'ancien ministre de l'Intérieur dans son pays mais aussi
en tant qu'ancien représentant du Secrétaire général des Nations Unies et chef
du Bureau de l'Organisation des Nations Unies en République centrafricaine.

Sa longue expérience, son sens du contact et son excellente connaissance du milieu ouest-africain ont été des atouts pour sa mission.

Les partenaires techniques et financiers sont les principaux partenaires bila- téraux et multilatéraux au développement de la Guinée qui appuient la RSS. Il s'agit notamment de la France, des Etats-Unis, de l'Union européenne et de l'Or- ganisation internationale de la Francophonie. Ces acteurs extérieurs envoient sur place des experts civils et/ou militaires afin de soutenir, respectivement : le Service civique d'action de développement, le renforcement des capacités insti- tutionnelles en matière de sécurité et de RSS, la réforme de la justice, la forma- tion de cadres militaires en matière de respect des droits de l'homme.

Conclusion

La question qui se pose à présent est de savoir si le changement va se pour- suivre. On se souvient que la RSS était devenue une impérieuse nécessité en Guinée en raison d'une gouvernance conflictuelle et violente depuis l'indépen- dance. Cependant, la RSS n'avait pas été possible sous Lansana Conté car ce dernier empêchait toute velléité de réforme. Il en a été de même sous Moussa Dadis Camara. Les premiers changements annonciateurs d'une transforma- tion de la gouvernance du secteur de la sécurité et d'une RSS ont été introduits par le général Sékouba Konaté. Dans un contexte politique favorable, celui-ci fait preuve d'une volonté politique sans faille pour initier la restructuration de l'armée, donner son accord à l'évaluation du secteur de la sécurité et mener à terme le processus électoral permettant un retour à l'ordre constitutionnel. Ces conditions, indispensables pour lancer un véritable processus de RSS, ont été réunies à ce moment-là.

Les deux premières années de la gouvernance d'Alpha Condé ont été très pro- metteuses en matière de gouvernance du secteur de la sécurité et de reforme. La volonté politique forte, la recherche d'ouverture et de consensus national, l'appropriation et la mise en œuvre qui ont suivi, du début de l'année 2011 à fin 2012, ont été les premiers pas d'une véritable transformation.

Cependant, tout au long de l'année 2013, ce processus n'a pas avancé. La prin- cipale raison de ce blocage est le climat politique conflictuel entre la mouvance présidentielle et l'opposition et les violences qui ont émaillé la préparation, la tenue et la proclamation des résultats des élections législatives. En outre, le fait de commencer la réflexion sur la Politique nationale de défense et de sécurité par une consultation au niveau local et préfectoral peut aussi être interprété comme une manière de vouloir temporiser et gagner du temps. L'immobi- lisme est peut-être une option gouvernementale, en attendant de reprendre la réforme là où elle s'est, semble-t-il, arrêtée.

L'engouement du départ est donc retombé. Le risque serait de ne plus accor- der par la suite d'attention suffisante à la réforme du secteur de la sécurité. Or, la réforme, et en l'occurrence le Plan d'action national pour la RSS, est encore à adopter, à programmer, à chiffrer et à mettre en œuvre. Tout un programme...

Notes

[1] Après la rupture avec la France, le président Sékou Touré se tourne vers le bloc soviétique et entame une coopération civile et militaire avec Moscou et d'autres alliés des pays de l'Est.

[2] « Sékou Touré voulait une armée docile, au service de son pouvoir, prête à exécuter ses ordres sans état d'âme. Pour lui, l'armée, le parti, tout ce qui existe en Guinée devait contribuer à son rayonnement personnel » (Bah 2009 : 421).

[3] Sékou Touré retire à l'armée le Deuxième Bureau (renseignements), préférant confier les Services spéciaux à son frère Siaka Touré.

[4] Selon CAMARA Kaba 41 (1998 : 64), la prison appelée « camp Boiro » a été construite en 1961-62 par les Tchèques sous l'égide de Keita Fodéba, ministre de l'Intérieur et de la Sécurité et en même temps ministre de l'Armée populaire guinéenne.

[5] Malgré sa soumission au pouvoir, l'armée n'échappera pas à la tyrannie : « contrainte d'obéir aveuglément aux ordres d'un seul homme, l'armée a servi la volonté de puissance... du leader du PDG tout au long des vingt-six ans de la révolution. » Toutefois, « les chefs militaires subiront le même sort que les victimes qu'ils avaient torturées et tuées avant leur disgrâce » (Bah 2009 : 153).

[6] L'article 34 de la Constitution stipule que : « En cas de vacance de la fonction de président de la République consécutive au décès ou à la démission du président de la République..., la suppléance est assurée par le président de l'Assemblée nationale ou, en cas d'empêchement de celui-ci, par l'un des vice-présidents. La vacance est constatée par la Cour suprême, saisie par le président de l'Assemblée nationale... ».

[7] Adopté le 14 janvier 2009, ce décret nomme les membres du gouvernement (Guinée 2009).

[8] Cette loi ne faisait pas l'unanimité car les défenseurs des droits de l'homme et les représentants des victimes réclamaient une Commission d'enquête indépendante, si possible internationale.

[9] Accord signé le 27 janvier 2007 par les syndicats, le patronat et le gouvernement intitulé : Procès-verbal de négociations suite à la grève générale de l'Inter centrale syndicale CNTG-USTG élargie à l'ONSLG et à l'UDTG déclenchée le 10 janvier 2007.

[10] Après le premier tour de l'élection présidentielle de juin 2010.

[11] Selon l'article 146 : « L'Institution nationale indépendante des droits humains est chargée de la promotion et de la protection des droits humains ». Selon

l'article 148 : « Une loi organique fixe la composition, l'organisation et le fonctionnement de l'institution ».

[12] Ces appellations rappellent les institutions françaises : en France, « la Commission nationale consultative des droits de l'homme est l'Institution nationale des droits de l'homme créée en 1947 ». En Afrique, les institutions nationales indépendantes des droits humains sont des organes statutaires établis par les gouvernements ; ils ont la responsabilité de promouvoir et protéger les droits de l'homme dans leurs pays respectifs. La création et le fonctionnement de ces institutions doivent être conformes aux Principes des Nations Unies pour la protection et la promotion des droits de l'homme (Principes de Paris). Les institutions nationales indépendantes des droits humains sont également tenues d'assister la Commission africaine des droits de l'homme et des peuples. En Afrique, plusieurs Etats (Afrique du Sud, Cameroun, Mali, Maurice, Mauritanie, Niger, Rwanda, Sierra Leone, Togo ...) disposent d'une CNDH (CADHP 2015).

[13] Le Peace Building Fund est un fonds de consolidation de la paix qui finance les projets de la Commission de consolidation de la paix des Nations Unies (New York).

[14] Le coup d'Etat de décembre 2008 a été perpétré par le capitaine Moussa Dadis Camara, alors en poste au Service des carburants de l'armée, et le colonel Sékouba Konaté, commandant du BATA, une unité d'élite. M. D. Camara a également servi dans le BATA auparavant. Les deux hommes se connaissent bien et s'apprécient. M.D. Camara nomme Sékouba Konaté au grade de général en janvier 2009.

[15] Moussa Dadis Camara a d'abord été évacué et soigné au Maroc. Puis, dans la soirée du 12 janvier 2010, il est arrivé au Burkina Faso, où se trouve le médiateur de la crise guinéenne, pour poursuivre son rétablissement.

[16] Le général Sékouba Konaté peut se permettre cette condamnation car, au moment des faits, le 28 septembre 2009, il était en mission à l'étranger. Il n'a donc pas pris part aux massacres.

[17] Ont également pris part à cette mission conjointe : les partenaires bilatéraux et internationaux tels que la France et les Etats-Unis, l'Union européenne et l'Organisation internationale de la Francophonie.

[18] Le nombre de 101 membres est prévu par la Déclaration conjointe de Ouagadougou. Le détail, fixé dans la Lettre de mission, est le suivant : 30 (partis), 15 (syndicats), 9 (société civile), 8 (extérieur), 3 (ordres professionnels), 4 (coordinations régionales), 10 (forces de défense et de sécurité), 2 (droits de l'homme), 4 (jeunes), 3 (patronat), 3 (médias privés), 4 (femmes), 2 (org. paysannes), 2 (org. artisanales), 2 (congrégations religieuses).

[19] C'est avec surprise que les citoyens guinéens constatent un dépassement du nombre des membres, qui est passé de 101 à 155 (Guinée 2010b).

[20] Jean-Marie Doré a été nommé premier ministre par décret du général Sékouba Konaté le 19 janvier 2010 et il a pris ses fonctions le 26 janvier à

l'issue d'une cérémonie de passation de pouvoir avec Kabiné Komara. Dans un bref discours, le nouveau premier ministre a indiqué que ses deux missions fondamentales concerneront les élections et la refonte de l'armée, une façon de montrer qu'il a bien compris le sens de son devoir à la tête du nouveau gouvernement de transition.

[21] Le séminaire national sur la RSS est organisé sur financement du PNUD avec l'appui technique et logistique du système des Nations Unies en Guinée.

[22] Voir, par exemple, le communiqué de presse de la Délégation de l'Union européenne en Guinée (2013).

[23] Plusieurs forums de dialogue politique ont été organisés avec le soutien de la communauté internationale (ONU-CEDEAO-l'Organisation internationale de la Francophonie-UE-France-Etats-Unis) : le Dialogue politique inclusif qui s'est tenu à Conakry du 27 décembre 2011 au 22 février 2012 ; puis le Dialogue inter-guinéen qui s'est tenu à Conakry du 5 au 9 juin 2013 puis les 2 et 3 juillet 2013 en vue de trouver un accord pour la préparation et la tenue des élections législatives.

[24] Il s'agit de Mgr Vincent Koulibaly, archevêque de Conakry et d'El Hadj Mamadou Saliou Camara, Imam de la mosquée Fayçal à Conakry.

[25] Le GIC-G comprenait : les Nations Unies, l'Union africaine, l'Union européenne, l'Organisation internationale de la Francophonie, la Communauté économique des Etats de l'Afrique de l'Ouest (CEDEAO), l'Union des Etats du Fleuve Mano, l'Organisation de la Conférence islamique, la Communauté des Etats sahélo-sahéliens, la Banque mondiale, l'Angola (pour la présidence du Conseil de paix et de sécurité de l'Union africaine), le Nigéria (en qualité de président de la CEDEAO), ainsi que des Etats africains (le Burkina Faso chargé de la médiation) et des membres permanents du Conseil de sécurité des Nations Unies (le Royaume-Uni, la France, la Russie et les Etats-Unis d'Amérique), l'Espagne, puis le Maroc (janvier 2010). La Côte d'Ivoire, le Ghana, la Guinée-Bissau, le Mali et le Sénégal ont également pris part à ce groupe.

CHAPITRE 4

L'évolution du contrôle législatif au Libéria

T. Debey Sayndee

Professeur agrégé et directeur, Kofi Annan Institute for Conflict
Transformation, University of Liberia

Introduction

Vers la fin de 1989, la situation au Libéria a dégénéré pour s'enliser dans une
guerre civile. Aucune unité des forces de sécurité n'était au service de la population. Bien que les combats armés, qui avaient duré 14 ans, aient finalement cessé
en 2003, la réconciliation et la justice restent des objectifs lointains. Ce conflit
civil violent ayant fait des troupes militaires une faction armée, mettre en place
une force de sécurité républicaine axée vers le bien public est la première étape
à franchir pour pouvoir reconstruire et faire prospérer le pays après le conflit.
Le Libéria n'a plus confiance en ses forces de l'ordre et a besoin d'un secteur de
la sécurité professionnel réglementé par un gouvernement démocratiquement
élu et relativement indépendant du président. Autrement dit, il est temps de
prévoir une transformation des forces de sécurité de l'Etat : au lieu de servir le
régime en place, elles se préoccuperont désormais de la sécurité des citoyens.

Avec un passé de conflits et de régimes autoritaires tel que celui du Libéria,
tout programme de réforme sérieux devrait intégrer la gouvernance démocratique de la sécurité comme principe fondamental. Le pays n'est pas encore
devenu une société ouverte dans laquelle tout un chacun a la possibilité de
s'exprimer, mais le processus de transition qui a commencé avec la fin de la
guerre en 2003 est à présent bel et bien engagé.

Le présent chapitre prend la mesure des progrès réalisés par le Libéria en vue
de transformer la dynamique de la gouvernance dans le secteur de la sécurité

Comment citer ce chapitre du livre :
Debey Sayndee, T. 2015. L'évolution du contrôle législatif au Libéria. Dans: Bryden, A
et Chappuis, F (dir. publ.) *Gouvernance du secteur de la Sécurité : Leçons des expériences ouest-africaines*, Pp. 65–83. London: Ubiquity Press. DOI: http://dx.doi.
org/10.5334/bav.d. Licence: CC-BY 4.0.

entre 2003 et 2013 à travers le prisme des événements qui ont déterminé l'évolution du cadre législatif de ce secteur. Avec la réforme dans son ensemble en toile de fond, il avance l'hypothèse qu'en se concentrant uniquement sur la formation et les équipements, les forces de sécurité libériennes n'ont pas soldé l'héritage d'années de conflit ni l'historique des contextes sécuritaires influencés par les différents régimes. En revanche, on imagine facilement que renforcer le contrôle du secteur de la sécurité dans le pays et instaurer une obligation de rendre compte aiderait à venir à bout de ces maux ancrés si profondément. Plus précisément, le chapitre examine l'importance du contrôle parlementaire pour encourager la gouvernance démocratique de la sécurité et sert de référence pour évaluer ce qu'il reste à faire par le Liberia dans ce domaine.

La première partie commence par une étude exploratoire des circonstances qui sous-tendent la dynamique de la gouvernance du secteur de la sécurité. Il présente l'historique des réformes, ce qui permet de mieux comprendre les changements déjà opérés dans l'organisation de la gouvernance de la sécurité au Libéria et de se familiariser avec les différents intervenants. La partie suivante traite des insuffisances liées à la gouvernance dans le processus de réforme et explique comment l'on pourrait commencer à mettre en place un contrôle public et législatif du secteur de la sécurité en partant d'un nouveau cadre législatif. La troisième partie analyse dans quelle mesure ces premiers pas sont un progrès vers une gouvernance démocratique plus durable. Pour finir, l'auteur explique les principaux enseignements tirés et quelles mesures adopter pour mettre en place une réforme du secteur de la sécurité.

Les méthodes utilisées

Cette partie porte sur deux approches à prendre en considération pour comprendre la réforme du secteur de la sécurité (RSS) au Libéria. La première est le contexte historique de la gouvernance politique dans le pays. La seconde est l'idée que la communauté internationale se fait de la RSS et la hiérarchie des priorités parmi les différentes activités concernées.

L'historique de la gouvernance de la sécurité au Libéria

Le Libéria a entamé une transition d'un régime autoritaire à une démocratie. Tous les efforts déployés par la communauté internationale sous l'égide des Etats-Unis ont abouti à la signature d'un Accord de paix global (*Comprehensive peace agreement, Accra, 18 August 2003* – APG entre les différentes factions belligérantes en août 2003. L'événement a représenté un tournant décisif dans l'histoire du Libéria car il a mis un terme à un style de gouvernance autoritaire qui s'était enraciné depuis la création du pays en 1847.[1] L'APG a été une victoire difficile à remporter car elle avait été précédée d'au moins 12 tentatives manquées pour désarmer les factions avant qu'une feuille de route n'ait été adoptée en vue d'instaurer la paix. En fin de compte, l'APG a marqué la fin du mandat de Charles Taylor en tant que président du Libéria et le début d'une ère nouvelle vers l'avènement d'une véritable démocratie. Après deux années d'un gouvernement provisoire entre 2003 et 2005, le pays a tenu ses toutes premières élections libres et honnêtes, qui ont amené au pouvoir la première femme présidente d'Afrique élue à l'occasion de la 52e législature du pays. Cette nouvelle tradition d'élections libres et honnêtes a perduré comme en témoigne la tenue d'une seconde série d'élections présidentielle et législatives après la guerre vers la fin 2011 lorsque la 53e législature est entrée en vigueur.

Cette transition de l'autoritarisme à la démocratie a également impacté le secteur de la sécurité. A cet égard il est important de comprendre comment le processus a démarré. Autrefois, le secteur de la sécurité était placé sous la responsabilité du cabinet du président de la République. Le président avait toujours exercé ses fonctions de manière autoritaire, voire même arbitraire, depuis l'époque des premiers colons et du parti libéral True Whig. Par exemple, le 18e président du Libéria William V. S. Tubman (1944–1971) a établi les règles du secteur de la sécurité, déclarant que « l'armée avait trois fonctions : obéir, obéir et obéir encore » (Bright 2002; cité dans Kieh 2008 : 51).[2] Son successeur était William R. Tolbert, Jr. (1913–1980), qui avait été le vice-président de Tubman pendant 19 ans et est devenu le 20e président du Libéria de 1971 jusqu'en 1980, année où il a été assassiné lors d'un coup d'Etat. Un événement important, les émeutes de la faim (*Rice Riots*) au début de 1979, provoquées par une tentative d'augmentation du prix du riz, produit alimentaire de base au Libéria, a contribué à renverser son gouvernement. Deux mille manifestants se sont regroupés pour une marche pacifique vers le palais présidentiel, mais la situation a dégénéré en émeute lorsqu'ils ont été rejoints par tout un groupe de « *backstreet boys* » – des jeunes sans abri, toxicomanes pour la plupart, vivant dans les rues de Monrovia. Le pillage généralisé qui a suivi a été jugulé grâce à un contingent de soldats venus de la Guinée voisine à la demande du président Tolbert. Ceci a provoqué un tollé au sein du secteur de la sécurité libérien, et fut l'élément déclencheur du coup d'état qui suivit.

Sous les régimes de Tubman, de Tolbert et de leurs prédécesseurs en remontant jusqu'en 1847, la politique de sécurité était élaborée puis appliquée par une instance centralisée œuvrant depuis le cabinet du président. On ne saurait trop insister sur le fait que la conception de la sécurité nationale en devenir au Libéria, guidée par des mesures législatives démocratiques et un contrôle du même type, se démarque totalement des politiques et des processus précédents. Pourtant, il reste des problèmes à régler en matière de gouvernance du secteur de la sécurité, notamment ceux liés à l'héritage d'un style patriarcal. Ce type de gouvernance dictatorial était en partie à l'origine des problèmes du secteur de la sécurité qui ont fait leur apparition plus tard, tels que la corruption et les menaces physiques envers les citoyens.

L'existence de réseaux de corruption profondément ancrés et les clivages ethniques ont été les causes principales de l'effondrement du secteur de la sécurité
durant la guerre civile et de la montée de la violence qui s'ensuivit. Les Libériens ont cherché à se distancier de ce passé pour évoluer vers une forme de
gouvernance transparente et responsable qui placerait les droits des citoyens
avant les intérêts personnels des détenteurs du pouvoir. Néanmoins, on trouve
encore des institutions politiques et économiques défaillantes vestiges de l'ancien modèle à tous les niveaux de la société, y compris au gouvernement.

On constate tout de même quelques progrès, quoique lents et irréguliers,
dans la mise en œuvre du processus de réforme. Par exemple, l'International
Contact Group et le gouvernement ont imposé le Programme d'aide à la gouvernance et à la gestion économique en septembre 2005. Le Libéria a été le
premier Etat à se conformer aux règles de l'Initiative pour la transparence dans
les industries extractives et le premier pays d'Afrique de l'Ouest à voter une loi
sur la liberté de l'information pour encourager une gouvernance plus transparente (Glencourse 2013). Récemment, le gouvernement a rejoint le Partenariat
pour un gouvernement ouvert et s'est engagé à poursuivre une série d'objectifs
ambitieux visant à obtenir une redevabilité accrue. Un grand nombre de ces
mesures ont abouti grâce au président Sirleaf, mais le président précédent, le
professeur Amos Sawyer qui a soutenu la cause de la gouvernance, a émis un
doute sur la validité du raisonnement selon lequel «élire une «bonne» personne à la présidence suffirait à régler les problèmes (institutionnels)» (Sawyer
2002). Selon lui, le risque élevé et permanent d'abus de pouvoir est dû au fait
que les problèmes des institutions politiques défaillantes n'ont jamais été abordés, notamment celui de la centralisation du pouvoir par la présidence.

Une réforme de la sécurité sous l'égide de la communauté internationale

La tentative guidée par la communauté internationale de refonder le secteur de
la sécurité après la fin de la guerre a fourni l'occasion de promouvoir la gouvernance démocratique de la sécurité et de prévenir toute nouvelle déstabilisation.
Les organisations onusiennes ont très vite compris que la réforme du secteur de
la sécurité était une priorité. Selon un rapport du Conseil de sécurité de l'ONU
«l'une des raisons pour laquelle le pays est retombé dans la violence après la fin
de la première guerre civile et les élections présidentielles de 1997 est qu'il n'y
a pas eu de réforme des forces armées et de sécurité» (Conseil de sécurité des
Nations Unies 2005a: par. 33; 2006: par. 6). Malgré des efforts considérables pour
réformer la police et l'armée, il n'a jamais été envisagé de s'engager sur la voie de
la RSS. Cela explique en partie pourquoi les programmes de RSS ont été extrêmement ambitieux mais n'ont obtenu que des résultats mitigés (Malan 2008). Dix
ans après avoir signé l'APG et malgré le soutien de nombreuses parties prenantes

dans la région et au-delà, les perspectives d'un gouvernement légitime fondé sur les droits sont fortement menacées et la réforme, trop axée sur la police et les forces armées, s'écarte de son objectif, à savoir la gouvernance démocratique du secteur dans son ensemble.

La RSS a commencé en 2004 avec la première initiative de réforme de la Police nationale libérienne (*Liberia National Police* – PNL) visant à former 1 800 nouvelles recrues en prévision des élections de 2005, lancée par la Mission de maintien de la paix de l'ONU au Libéria (Mission des Nations Unies au Libéria – MINUL) à l'époque du gouvernement national de transition (Conseil de sécurité des Nations Unies 2005b : par. 30). Dix ans d'efforts pour réformer la PNL ont rendu les forces de police plus opérationnelles. Cependant, les comportements abusifs, la banalisation de l'impunité et la corruption endémique, dénoncés par Human Rights Watch dans son rapport d'août 2013, continuent d'éroder la confiance du public (HRW 2013). Actuellement, les citoyens ont de sérieux doutes quant à la compétence et à l'intégrité de la police (IRIN 2013). Tant que ces doutes subsisteront, notamment la suspicion de la participation de la police dans des actes criminels, la PNL ne pourra pas bénéficier des appuis dont elle a besoin pour être efficace, et l'autorité de l'Etat risque d'être minée par les tentatives des citoyens de se protéger eux-mêmes de la criminalité et de la violence, par exemple en organisant des milices.

Conformément aux termes de l'APG, la réforme des forces armées du Libéria (*Armed Forces of Liberia* – FAL) a été fortement soutenue par les Etats-Unis. Pour mettre en route cette réforme, un contrat de sous-traitance a été passé avec la société de sécurité américaine DynCorp International, remplacé en 2010 par un accord de coopération avec l'armée américaine pour former et équiper les nouvelles forces armées. La Communauté économique des Etats d'Afrique de l'Ouest, le Ghana et le Nigéria ont également soutenu la formation de l'état-major des FAL. De ce fait, presque 2000 hommes triés sur le volet et bien entraînés sont venus grossir les rangs de l'armée libérienne (ICG 2009 : 23). Parmi eux, seulement 5 % étaient issus des anciennes FAL et en 2008 aucun groupe ethnique ne dépassait 15 % (Malan 2008 : 83). Le processus de vérification s'est particulièrement bien passé ; deux experts qui y ont participé ont déclaré ne pas avoir vu de meilleure pratique dans le monde (ICG 2009 : 12). Mais, même si les FAL avaient été établies sur de bonnes bases, le Secrétaire général des Nations Unies a signalé dans son rapport en 2009 « de sérieuses carences en matière de capacité » (Conseil de sécurité des Nations Unies 2009). Néanmoins, en 2013, la nouvelle armée libérienne a été jugée apte à participer à sa première opération de maintien de la paix au Mali et y a détaché une compagnie de 54 hommes. Depuis lors, cette opération a été renouvelée et même élargie. La mise sur pied au sein de l'armée d'un noyau central capable de gérer et de diriger les troupes est un processus interne qui doit être encouragé à la fois par le gouvernement et ses partenaires internationaux. Ainsi, malgré quelques faux-pas initiaux, il semble que les réformes de l'armée donnent de bons résultats.

Traiter les lacunes de la gouvernance

Malgré ces maigres succès et même si les forces de la police et de l'armée se sont étoffées, aucun plan global pour instaurer la RSS n'a été mis en œuvre au Libéria. L'APG et les interventions extérieures qui ont suivi représentent une transition de la guerre vers une paix négative sans violence : Celle-ci est négative parce que, tandis que quelque chose d'indésirable a cessé d'exister, le résultat souhaité d'une plus grande justice sociale et d'un meilleur bien être social n'a pas été atteint (Galtung 1964 : 1–4). Pour aller de l'avant, les Libériens ont dû se mettre d'accord sur les défis à relever et établir leurs propres priorités s'agissant de la réforme. Suite à cette prise de conscience, une série de débats publics a été organisée sur le thème de la sécurité nationale et un soutien a été apporté aux instances législatives durant la période d'après-guerre. Cette partie du chapitre rend compte des délibérations publiques sur la sécurité nationale et des efforts déployés pour renforcer la capacité législative en vue d'instaurer un contrôle du secteur de la sécurité en 2005–06, efforts qui préparé le terrain pour les modifications législatives des années suivantes dans le secteur de la sécurité.

Les débats publics au sujet de la sécurité nationale

En août 2005, et à nouveau en 2006, le ministère de la Justice et la MINUL ont animé conjointement des débats nationaux sur le secteur de la sécurité (DCAF 2005). Etant donné le passé autocratique de la gouvernance du secteur de la sécurité au Libéria, il n'y avait jamais eu de telles discussions en public avec une participation aussi diverse. L'idée à l'origine de cette nouvelle tendance était que débattre des besoins et des exigences de la RSS permettrait d'élargir le cercle des parties prenantes motivées pour créer une vision collective de la sécurité. Les participants étaient des Libériens issus d'horizons très divers et qui n'avaient pas joué de rôle dans l'élaboration de la politique de sécurité nationale (notamment la législature provisoire, la sphère judiciaire et la société civile), de même que les ministères concernés, les organisations chargées de mettre en œuvre la réforme et des intervenants internationaux comme les Nations Unies. Ces débats ouverts et sincères ont permis aux Libériens de mieux définir les défis à surmonter pour instaurer la RSS dans le pays :[3]

- En ce qui concerne l'architecture du système de sécurité, la saturation de celui-ci vu le grand nombre d'instances de sécurité gouvernementales, de fonctionnaires, mais aussi de missions se chevauchant. A cela s'ajoutait le niveau douteux des compétences du personnel et la pratique du recrutement par favoritisme plutôt qu'en fonction de l'expérience ;
- La nécessité de doter chaque institution du secteur de sécurité d'une mission claire et de faire en sorte que tous les groupes ethniques et religieux y soient représentés. Parallèlement, il faudrait veiller à ce que les personnels

de ces organisations soient qualifiés, bien formés et recrutés selon une procédure transparente ;

- Les violations flagrantes des droits de l'homme commises par des agents de sécurité et souvent restées impunies, par exemple des actes de torture, des arrestations arbitraires et des abus de pouvoirs à des fins d'enrichissement personnel. En l'absence d'une surveillance efficace, ces pratiques se sont généralisées. Il y avait plusieurs raisons à cela, notamment les pouvoirs excessifs du président ou le manque d'un véritable contrôle parlementaire. Les rémunérations insuffisantes ne faisaient qu'aggraver les choses car les personnels étaient obligés de recourir à la petite corruption et aux abus de pouvoir afin de subvenir à leurs besoins ;
- L'importance de sécuriser les frontières du pays ainsi que le patrimoine de ressources naturelles, et la capacité à réagir impératifs de sécurité dans les provinces ;
- Dernier point mais non des moindres, la nécessité d'adapter le coût du secteur de la sécurité aux moyens financiers dont le pays dispose, même si une aide internationale a été accordée au début.

Dans cet esprit, les Débats nationaux ont insisté sur le respect des lois et des droits humains. La participation de la société civile a été la bienvenue. La réforme de la constitution a également été évoquée. A cet égard, il était urgent de la réviser dans deux domaines : i) clarifier les rôles de toutes les instances gouvernementales afin d'éliminer les doublons en terme d'institutions de sécurité, et ii) éviter les éventuels abus d'autorité de la part du président qui, aux termes de la constitution, est investi du pouvoir de nommer pratiquement tous les dirigeants de l'appareil sécuritaire. En conclusion, bien que la communauté internationale soit prête à aider à mettre en place la RSS, la responsabilité principale de réformer le secteur de la sécurité et d'entamer le processus de reconstruction au lendemain des conflits incombe aux Libériens eux-mêmes. Cette prise de conscience s'est avérée prémonitoire car le degré d'appropriation locale de la RSS allait par la suite être contesté par la société civile et la législature, surtout s'agissant du soutien apporté par les Etats-Unis à la reforme de la défense.

Le soutien à la législature

Après les élections de 2005, il est rapidement devenu évident que la 52e législature était composée de 75 % de novices (membres élus pour la première fois). Un groupe comprenant l'auteur de ces lignes a été créé pour renforcer les capacités de cette législature, notamment celles des Comités sur la sécurité et la défense de la chambre haute et de la chambre basse. Il a travaillé en collaboration avec le Réseau africain pour la réforme du secteur de la sécurité (*African Security Sector Network*), le Groupe conflit, sécurité et développement (*Conflict Security and Development Group*), le Centre pour la démocratie et le développement (*Center for Democracy and Development*), le Centre pour le contrôle démocratique des forces armées – Genève et d'autres encore. Il s'agissait de proposer une assistance holistique axée sur les besoins par des séances de travail, des travaux de recherche et du partage de connaissances (Jaye 2009 : 7).

Ainsi, les membres des différents comités ont pu rencontrer des législateurs au Ghana et au Royaume-Uni et profiter de l'expérience de vétérans de la profession venus d'autres pays. Ces sessions ont permis aux législateurs libériens de mieux comprendre le processus du contrôle démocratique civil et comment rendre le secteur de la sécurité plus responsable. Les thèmes traités les plus importants étaient la mise en place d'un appareil sécuritaire à la fois unifié et différencié qui encourage l'entraide et évite le chevauchement des tâches sévissant dans les institutions existantes. L'accent était mis sur la séparation des rôles et des fonctions dans les diverses agences chargées de soutenir le secteur de la sécurité.

Exposer ces législateurs débutants à de nouveaux concepts et leur donner des conseils sur la manière de s'acquitter de leurs obligations a contribué à améliorer la fonction législative, surtout dans un contexte où l'eau, l'électricité et même le papier étaient rares. Il existe une corrélation évidente entre ces efforts pour améliorer la capacité de ces novices et les changements législatifs survenus par la suite dans le secteur de la sécurité. La loi de 2008 sur la défense nationale, rédigée par ces néophytes, s'est révélée être un pilier de la RSS. Cet instrument fondamental a également posé les jalons de la loi de 2011 sur la réforme de la sécurité nationale et sur le renseignement, laquelle est allée plus loin en établissant les principes de base pour les diverses institutions de sécurité au Libéria.

La nouvelle loi sur la défense nationale

En ce qui concerne la nouvelle loi de 2008 sur la défense nationale, le plus dur a été de définir les principaux rôles et responsabilités des FAL. Il s'agissait de démêler l'enchevêtrement des missions des nombreuses institutions de sécurité au Libéria. Déterminer le rôle de chacun des secteurs a été une tâche particulièrement ardue. Aucune des grandes institutions de sécurité ne disposait d'un énoncé de ses rôles et responsabilités, entre autres les FAL, la PNL, la police portuaire, la force d'intervention rapide, le service spécial de sécurité (appelé à présent service de protection des personnalités) et le bureau de l'immigration et de la naturalisation. Ce travail, entamé avec la rédaction d'une stratégie de sécurité nationale, n'a pu être finalisé qu'à partir de fin novembre 2007 (Conseil de sécurité des Nations Unies 2007 : par. 134).

Le processus législatif a été achevé et la nouvelle loi sur la défense nationale a été adoptée en 2008. Elle remplaçait la précédente qui datait de 1956 et prévoyait une force professionnelle triée sur le volet et bien entraînée, mandatée spécifiquement pour assurer la protection de la souveraineté libérienne. A l'inverse, la loi de 1956 était inspirée d'une disposition obsolète du droit militaire américain imposant à tous les hommes un service militaire obligatoire et à tous les officiers une formation spécialisée. Le nombre de soldats n'était limité que par la capacité du gouvernement à « fournir un abri, des moyens de subsistance, un uniforme [sic], des armes et des munitions, et des soins hospitaliers ». Ce modèle de service militaire a contribué à mettre sur pied une armée imposante qui a été par la suite démobilisée dans le cadre du processus de réforme. Cependant, aucun dispositif d'assistance adapté n'a été prévu pour les anciens combattants, comme on va le voir ci-dessous.

A l'occasion de la révision de son concept du service militaire et de la gestion des effectifs, la nouvelle loi de 2008 sur la défense nationale a ajouté des dispositions selon lesquelles le pays devrait travailler avec les Etats-Unis afin de développer son secteur de la sécurité et de bénéficier de l'aide apportée par d'autres partenaires internationaux aussi bien d'Afrique que d'ailleurs. Jusqu'à présent ceci a permis au Libéria d'obtenir l'appui de pays comme le Ghana, le Nigéria et la Chine, qui se sont chargés de former des cadres moyens et supérieurs. Cette réorientation a une incidence sur tous les secteurs de l'appareil sécuritaire. Des personnels de niveaux supérieur et intermédiaire ont été choisis pour suivre une formation dans ces pays et ont commencé à intégrer les meilleures pratiques dans les méthodes opérationnelles. Grâce à ces efforts collectifs, le Libéria a au moins pu tirer quelques avantages d'une coopération Sud-Sud et d'un partage des expériences. Cette initiative pour élargir la formation des personnels de sécurité libériens en les envoyant à l'étranger représente un tournant radical par rapport à l'utilisation exclusive de méthodes de formation américaines particulièrement après 2003 et en général depuis la création de la république.

D'après la loi de 2008 sur la défense nationale, la mission première des FAL est de protéger la souveraineté du pays ainsi que son intégrité territoriale. Outre ce mandat, les FAL doivent aussi mener des opérations de maintien de la paix et apporter un soutien humanitaire aux autorités civiles en cas de catastrophe. L'article 2.3 e) stipule que les FAL sont tenues de venir en aide aux services de maintien de l'ordre lorsque la situation l'exige et que le président a donné son aval. Mais, elle stipule aussi qu'en temps de paix, les FAL ne doivent pas participer aux activités de police et qu'elles ne peuvent intervenir qu'en dernier ressort, quand la menace dépasse les capacités de réaction des services d'ordre. A l'article 2.5, il est stipulé que les FAL doivent exercer leurs obligations de façon impartiale. Toutes ces dispositions ont été formulées pour pallier les difficultés que les FAL ont connues durant le conflit civil lorsqu'elles se sont trouvées embourbées dans la guerre.

Toutefois, la loi de 2008 sur la défense nationale n'a pas réglé certains problèmes inhérents au passé récent des FAL. Ainsi, l'échec de l'action en justice intentée par plus de 200 soldats à la retraite et les veuves de soldats morts au combat est la preuve que les mauvaises relations entre les civils et les militaires sont toujours d'actualité. Les plaignants arguaient dans cette requête, rejetée par la cour en novembre 2013, que le gouvernement avait dissous les FAL en violation de la constitution et n'avait pas accordé de prestations de retraite (Parley 2013; Gbelewala 2013). Les anciens combattants soutenaient qu'au lieu de réorganiser les FAL, comme prévu dans l'APG, le gouvernement avait dissous l'armée sans aucun régime de retraite. De tels litiges montrent bien les faiblesses du processus de désarmement, démobilisation et réinsertion au Libéria.

Malgré ces insuffisances, la loi de 2008 sur la défense nationale a tout de même permis d'établir de nouvelles bases législatives pour la séparation du maintien de l'ordre et de la défense nationale dans le cadre d'un contrôle démocratique civil, de l'Etat de droit et du respect des droits humains. Une fois les rôles et responsabilités des forces de défense clairement inscrits dans la loi, élargir ce raisonnement à d'autres secteurs de la sécurité est devenu possible. C'est d'ailleurs ce que la loi sur la Réforme de la sécurité nationale et sur le renseignement (*National Security Reform and Intelligence Act 2011* – loi RSNR), adoptée en 2011, a cherché à faire.

La loi de 2011 sur la réforme de la sécurité nationale et sur le renseignement

La loi RSNR tant attendue a été très controversée car elle a entraîné la fermeture de nombreuses institutions du secteur de la sécurité afin de répartir les services de sécurité nationale entre un nombre d'organismes plus petit et plus facilement gérable. La loi a été soumise à l'approbation du président le 30 août 2011 et a fait l'objet de nombreux allers-retours avant d'aboutir à deux amendements. Par exemple, le ministère de la Sécurité nationale a été supprimé dans la première version, mais rétabli ensuite par un amendement. Réduire le nombre des institutions de sécurité était en quelque sorte considéré comme un moyen de réduire les coûts et la complexité et de se débarrasser du modèle de gouvernance autocratique hérité du passé, dans lequel les intérêts des institutions de sécurité s'opposaient à l'avantage du président. Pour d'autres en revanche, cela revenait à placer trop de pouvoir entre les mains de quelques rares institutions incontournables tout en surchargeant les institutions émergentes encore fragiles d'un surcroît de tâches, laissant la nation incapable de faire face à de nouvelles menaces. De nombreux groupes de pression se sont manifestés pour éliminer les institutions réputées avoir servi les intérêts d'élites politiques rivales. Les opinions restaient très partagées quant à la façon de percevoir ces institutions. Plusieurs séances réunissant à la fois des membres du pouvoir exécutif et du pouvoir législatif ont tenté d'aboutir à un compromis. La loi RSNR n'a été finalisée qu'en mai 2013, mais semble encore être « en cours d'élaboration » eu égard aux nombreux obstacles à surmonter et aux problèmes à résoudre encore en suspens (Libéria 2011).

La loi RSNR de 2011 s'est en effet avérée être « en cours d'élaboration ». En 2013, plusieurs amendements importants ont été ajoutés, visant à revoir l'appareil de sécurité initialement établi.[4] La loi de départ s'est enrichie de deux nouveaux chapitres rétablissant le ministère pour la Sécurité nationale (*Ministry of National Security* – MSN) et réactivant le bureau national des enquêtes (*National Bureau of Investigations* – BNE). Les institutions de sécurité reconnues par la dernière mouture de la loi RSNR comme faisant partie intégrale de l'appareil de sécurité nationale sont :

- la police nationale du Libéria ;
- le bureau de l'administration pénitentiaire et de la réinsertion (ministère de la Justice) ;
- le ministère de la Sécurité nationale ;
- le bureau de l'immigration et de la naturalisation ;
- le service de la répression du trafic de stupéfiants ;
- le bureau des douanes et des droits indirects ;
- le bureau national des enquêtes ;
- le service national de lutte contre les incendies ;
- l'agence pour la sécurité nationale ;
- le service de protection des personnalités (appelé auparavant service spécial de sécurité).

Le MSN et le BNE ont récupéré quelques unes de leurs anciennes fonctions et responsabilités précédemment assignées à la PNL et l'agence pour la sécurité nationale par la loi RSNR de 2011. Le MSN était chargé d'organiser et de valider des données fournies au gouvernement par différents services du secteur de la sécurité puis de les coordonner et de les partager avec les agences concernées, telles que l'agence pour la sécurité nationale. La lutte contre la cybercriminalité et d'autres activités criminelles *high tech* font aussi partie des attributions du MSN, qui informe également le président au sujet des activités des autres agences de sécurité. Quant au BNE, il enquête sur les crimes graves comme les meurtres, les incendies criminels, les entrées illégales au Libéria et le vol des biens de l'Etat. C'est le BNE qui conserve et tient à jour le fichier des criminels connus et communique les renseignements à la PNL et d'autres agences concernées.

Ces amendements à la loi RSNR initiale de 2011 témoignent des défis auxquels les services de sécurité et de renseignement doivent faire face aujourd'hui. Alors que les obligations de ceux qui font partie du cercle fermé des initiés aux « secrets d'Etat » sont clairement mentionnées, il n'existe aucun mécanisme précis (à part la supervision générale de la législature, du président et de l'exécutif) empêchant le MSN, le BNE et l'agence pour la sécurité nationale d'outrepasser leurs pouvoirs. Ceci est dû au fait que le rôle du système judiciaire n'est pas mentionné dans la loi RSNR initiale ni dans ses amendements. Toute personne qui se considère accusée à tort d'un délit n'a aucun moyen de faire appel et ne dispose d'aucun recours.

Ainsi, bien que le contrôle civil soit un principe fondateur de la loi RSNR, il n'a pas été concrétisé dans des mécanismes spécifiques (PBC 2012 : par. 35). De même, les personnes concernées par cette loi ne sont pas suffisamment outillées pour s'acquitter de leurs tâches et ont besoin d'une formation plus approfondie. Il faut faire un effort supplémentaire pour améliorer le contrôle civil, resserrer les liens avec la communauté, réduire la corruption et se doter des ressources nécessaires, sans quoi les plans tels qu'ils sont actuellement décrits dans la loi RSNR pourraient être contrariés (PBC 2012 : par. 35).

Les progrès accomplis et les défis à relever

Ce qui précède montre que la législature libérienne est au cœur du processus de RSS et que, pour la première fois, elle participe activement à la mise en œuvre de la gouvernance du secteur de la sécurité durant la transition vers la démocratie. Comme l'a déclaré Thomas Jaye, pour garantir l'efficacité de la réforme du secteur de la sécurité au Libéria, il faut renforcer le contrôle législatif dans trois domaines : l'autorité, la capacité et l'état d'esprit (Jaye 2009, 9). De ce point de vue, il reste encore de nombreux problèmes à traiter tels que la suprématie de l'exécutif, le manque d'intégrité chez certains législateurs et la corruption.

Il existe bien un cadre fonctionnel régissant le contrôle législatif même si le président détient une grande partie des pouvoirs constitutionnels : l'article 43 de la Constitution libérienne confère au Parlement des pouvoirs étendus pour traiter toutes les questions de sécurité (Ebo 2005 : 23). De plus, la législature opère de telle façon qu'elle permet la création de comités sur la sécurité et la défense, qui pourraient superviser le secteur de la sécurité par le biais d'audiences et par la convocation de témoins. Le processus de sélection des membres des comités ayant été élargi, ils ne sont plus nommés par le seul président de l'assemblée. La législature fait ainsi preuve de davantage d'ouverture et se prépare mieux à faire du bon travail.

Les efforts déployés en faveur de la transparence, comme l'*Open Budget Initiative,* ont renforcé davantage l'influence du corps législatif sur la gouvernance du secteur de la sécurité, en rendant publiques les crédits accordés à l'armée et aux autres institutions de sécurité. Soumettre le budget de la sécurité à l'examen du public est une mesure susceptible d'accroître sa confiance, laquelle ne pourra qu'augmenter en présence d'un contrôle plus strict. Cependant, l'inconvénient de ce système est le déficit budgétaire permanent autorisant l'exécutif à réallouer des fonds sans l'aval du législatif. Ce dysfonctionnement est encore plus grave en situation d'urgence et de menace sécuritaire.

Toutefois, l'autorité n'est pas la seule variable déterminant le contrôle législatif. Encore faut-il que les législateurs puissent être en mesure d'utiliser les pouvoirs à leur disposition. La complexité et surtout le culte du secret, habituel dans les milieux de la sécurité, représentent de sérieux obstacles. Les responsables se retranchent souvent derrière le soi-disant « intérêt de sécurité national » afin

de limiter l'influence des législateurs. Une autre complication est le renouvellement du personnel. Le temps que les législateurs se familiarisent avec les questions de défense, de sécurité et de renseignement et acquièrent de l'expérience,
ils sont affectés à un autre comité ou alors leur mandat se termine. Pour finir, il
y a le problème du niveau d'éducation généralement bas parmi les législateurs.

La capacité, la confidentialité et le renouvellement du personnel sont des
facteurs étroitement liés. La capacité concerne non seulement le niveau d'éducation mais aussi l'intégrité personnelle. La culture du secret est, au Libéria,
une variable culturelle négociable, autorisant tous les compromis. Enfin, avec
le temps, il est probable que le renouvellement diminuera au fur et à mesure
que les électeurs feront confiance aux représentants choisis par eux et qu'ils les
éliront à nouveau dans d'autres scrutins sur la base de cette confiance plutôt
que de s'en remettre au « choix officiel ». Un défi de taille lors des prochaines
élections sera de renforcer le rôle et la participation de la population dans ce
processus.

Le dernier facteur permettant de renforcer l'efficacité du contrôle du secteur
de la sécurité est l'état d'esprit. Dans le passé, la législature libérienne a toujours cédé aux exigences de l'exécutif, mais la situation a changé. Les comités
concernés revendiquent leur utilité s'agissant de la sécurité et n'hésitent pas à
demander aux ministres de s'expliquer. Ainsi, ce tout nouveau rôle du corps
législatif devrait conférer une légitimité à l'appareil sécuritaire de l'Etat tout en
renforçant la position de la législature vis-à-vis de l'exécutif.

La question de l'état d'esprit ne se retrouve pas seulement dans le contrôle
de la législature. L'exécutif doit lui aussi respecter le rôle des législateurs pour
garantir la gouvernance démocratique du secteur de la sécurité, ce qui n'a pas
toujours été le cas au Libéria. Depuis l'indépendance, la volonté et l'engagement
du pouvoir législatif à assumer ses fonctions de supervision ont été entravés
par le régime du parti unique et par le style souverain de la présidence. A cause
de ces deux facteurs, la législature s'est toujours pliée à la volonté de l'exécutif,
et la loyauté politique a miné l'indépendance du Sénat et de la Chambre des
représentants. Mais la situation est en train de changer. Même si le président
est investi de pouvoirs considérables par la constitution, le corps législatif a
commencé à se prévaloir de son autorité prévue par la loi pour discuter des
décisions entérinées auparavant sans discussion par ses prédécesseurs.

Pour un changement durable du secteur de la sécurité au Libéria

Elargir davantage les débats publics, établir un nouveau fondement légal pour
la sécurité nationale et renforcer la capacité législative représentent des changements sans précédent dans la gouvernance du secteur de la sécurité au Libéria.
Pourtant, ces initiatives ne sont que les prémices d'un long cheminement vers
une véritable gouvernance démocratique. Elles s'inscrivaient dans le contexte

plus large des efforts déployés par la communauté internationale pour régler les aspects techniques de la réforme, mais elles n'ont pas assez tenu compte des questions spécifiques à la gouvernance. Il s'agit donc d'évaluer dans ces lignes dans quelle mesure la RSS a le pouvoir de changer le paradigme actuel du Libéria en un modèle durable, centré sur ce même processus de RSS.

L'équilibre entre l'appropriation locale et l'intervention de la communauté internationale

Le processus de RSS s'articule autour de plusieurs intervenants. Le Libéria étant un Etat failli, l'implication de la communauté internationale était – et est toujours – considérée comme nécessaire pour renforcer la capacité des institutions de sécurité. Le pays a donc été obligé d'entreprendre sa RSS en acceptant une aide extérieure conséquente, dont la portée considérable s'appliquait exclusivement à l'exécutif. Ainsi, eu égard à l'appropriation locale et la participation démocratique, toutes les parties prenantes à l'exception de l'exécutif ont été écartées du processus de RSS, notamment au début (Onoma 2014; Ebo 2008; Loden 2007).

L'exemple le plus flagrant est l'accord que les Etats-Unis ont passé avec une entreprise privée afin de mettre en œuvre les réformes de défense pour le compte du Département d'Etat américain. La société en question, DynCorp, a refusé de rendre des comptes au Parlement libérien concernant la refonte des FAL, invoquant des obligations contractuelles envers ce même département. Du fait que la réforme était sous-traitée, il était extrêmement difficile pour le corps législatif et la société civile d'exercer un contrôle quelconque et encore moins de participer au processus. Les caractéristiques, la composition et les spécificités des nouvelles forces armées du Libéria ont donc été déterminées sans l'avis du Parlement ni celui de la société civile, ce qui montre à quel point ils sont exclus du processus de RSS. Des représentants du gouvernement et des groupes de la société civile ont exprimé leur inquiétude à ce sujet et ont demandé que le processus soit « libérianisé ».

La société civile devrait jouer un rôle de premier plan dans le nouveau secteur de la sécurité comme cela a été souligné lors des débats nationaux et du processus d'élaboration législatif qui s'est ensuivi. Renforcer ses fonctions de supervision encouragerait également l'adhésion de la population. Dans le passé, la société civile était tenue informée, mais non consultée. Il va falloir élargir son rôle au-delà des quelques actions précédemment citées. La société civile était explicitement mentionnée à l'article VII (3) dans la section de l'APG relative au renforcement du contrôle civil et à la participation locale dans la RSS au Libéria. Grâce aux processus de gouvernance élargis, elle a pu disposer d'une première tribune limitée. Plusieurs équipes œuvrant dans des domaines liés à la sécurité se sont mobilisées pour former un Groupe de travail sur la RSS, qui est devenu particulièrement actif à partir de 2008. Des forums communautaires ont été organisés afin d'encourager la participation de la société civile et du public dans les activités policières, bien que cette initiative ait connu plusieurs déboires avant d'être finalement relancée en 2011 pour devenir le programme patrouilles de quartiers.

Bien que la participation de la société civile soit plus importante aujourd'hui qu'à aucun autre moment dans l'histoire du Libéria, ces initiatives n'ont qu'un impact limité. Ceci est dû au fait que la société civile n'a pas participé au processus de réforme depuis le début. Sa mise à l'écart montre à quel point il est courant de penser qu'efficacité ne va pas forcément de pair avec légalité, transparence et responsabilité (Bendix et Stanley 2008: 27). Ce manque d'implication a sans doute aussi été à l'origine de la décision des Américains de couper leurs liens avec DynCorp pour se charger directement de la formation des FAL par le biais de l'opération *Onward Liberty*, un programme d'une durée de cinq ans. Cet accord de coopération a permis de «libérianiser» le commandement par le biais de promotions rapides et finalement la nomination en 2014 d'un chef d'état-major libérien en remplacement d'un général nigérian qui avait occupé ce poste par intérim.

Nouvelles opportunités de contrôle démocratique

Après la promulgation de la loi de 2008 sur la défense nationale, une autre initiative a été la Commission de réforme de la gouvernance (*Governance Reform Commission* – CRG), devenue permanente en 2009 sous le nom plus simple de Commission pour la gouvernance. La CRG a été initialement créée conformément aux dispositions de l'APG en tant qu'organe provisoire mandaté pour dispenser ses conseils concernant les questions de bonne gouvernance. Elle a donc participé activement à l'élaboration des premières réformes et a joué un rôle de premier plan dans les débats nationaux depuis 2006 pour se voir finalement confier la tâche de rédiger des projets de réforme par le président.[5] Celui-ci avait d'ailleurs déjà eu recours à ses conseils et son influence pour des questions d'intérêt national comme la sécurité avant d'officialiser ses fonctions en 2009 (Libéria 2006). La CRG a réalisé une évaluation du secteur de la sécurité et a revu la législation existante. Elle est arrivée à la conclusion que le processus de RSS «se déroulait dans un contexte (interne et externe) très instable, incertain et fragile» (Jaye 2006). Selon elle, la centralisation du pouvoir entre les mains du président, l'absence d'un système judiciaire indépendant et la règle du parti unique qui prédominait antérieurement étaient autant d'obstacles à surmonter. La loi RSNR de 2011 a représenté un pas important vers l'instauration du type de RSS souhaité par la CRG (Jaye 2009).

D'autres organismes indépendants mis en place pour renforcer le fonctionnement de la RSS sont: i) la Commission anticorruption créée en août 2008 aux termes d'une loi permettant de mener des enquêtes, poursuivre les responsables, prévenir la corruption, sensibiliser le public à ce fléau et aux bienfaits de son éradication (Conseil de sécurité des Nations Unies 2009 : par. 2) ; et ii) la Commission nationale indépendante sur les droits de l'homme, telle qu'exigée par l'article XII de l'APG et créée par la Commission Vérité et réconciliation en vue de mettre en œuvre ses recommandations (ICTJ 2015). Ces deux initiatives sont positives et porteuses de promesses, mais leur importance à long terme dépend de la façon dont elles sont mises en œuvre car les résultats sont pour l'instant mitigés.

Ces dix dernières années, le monstre à plusieurs têtes truffé de redondances qu'était l'appareil sécuritaire libérien s'est mué en un dispositif cohérent dans lequel les limites des attributions et des responsabilités sont clairement définies. Ceci est en partie dû aux efforts mentionnés précédemment et déployés pour renforcer la capacité législative, ainsi qu'au cadre légal, résultat de ces efforts. L'élaboration de ce cadre est pratiquement terminée avec la promulgation en 2011 de la loi RSNR et celle de ses amendements en 2013.

Pour mettre en place la RSS, il reste encore à introduire plusieurs textes de loi : une loi sur la police, une réforme de l'agence de lutte contre le trafic de stupéfiants, la loi sur la stratégie de défense nationale et le contrôle des armes à feu. En outre, d'autres sujets doivent être abordés comme la relation entre la sphère sécuritaire et la sphère politique, qui doit être plus claire de façon à éviter la politisation de la sécurité, ou les modalités de nomination des hauts fonctionnaires, qu'ils soient politiques ou non.

La réforme de la police

La confiance du public ayant été gravement entamée par suite de l'inefficacité chronique des forces de l'ordre, il semble urgent de promulguer une nouvelle loi sur la police. Certes, comme l'a déclaré Thomas Nah du Centre libérien pour la transparence et la redevabilité (Stroehlein 2013), « même si les armes se sont tues ces dix dernières années, cela ne veut pas dire que tout va bien ici ». D'après lui, « le Libéria ne pourra pas avancer tant que la police ne changera pas » (Stroehlein 2013). Même si l'on admet que la corruption est généralisée dans toutes les institutions du pays, les abus constatés dans la PNL sont particulièrement flagrants car comme le dit Cecil Griffiths, président de l'Association pour le maintien de l'ordre au Libéria, elle est censée représenter l'Etat ».[6] Etant donné ses ressources et sa complexité, il est indispensable de la contrôler (Gompert, Davis et Stearns Lawson 2009 ; Gompert et al. 2007).

Récemment, un service de contrôle interne de la PNL a été créé, la Division des normes professionnelles (*Professional Standards Division*). Depuis qu'il est opérationnel, les officiers de la PNL sont plus enclins à dénoncer les comportements abusifs des autres officiers. Cependant, Human Rights Watch et d'autres organismes similaires ont insisté pour que le gouvernement et la PNL mettent en place un comité de supervision civil indépendant destiné à traiter les plaintes relatives à des comportements répréhensibles.

Il est évident qu'il va falloir prévoir une nouvelle loi sur la police et qu'elle devra être strictement appliquée. Il existe plusieurs possibilités à cet égard. Bien que cela soit difficile à mettre en œuvre, elle pourrait faire partie d'un ensemble fourre-tout sur la sécurité. Une autre solution serait d'actualiser le décret relatif à la PNL de 1975 (Jaye 2008 : 169). Les dispositions à prévoir devraient concerner les procédures d'arrestation et de détention. En l'absence d'un système efficace, équitable et transparent pour réglementer les arrestations, les procès et les incarcérations, les personnes inculpées pourraient se retrouver en prison sans avoir été jugées ou au contraire être remises en liberté sans qu'il y ait eu de poursuites (Gompert et al : 57). Ceci est, malheureusement, la réalité au Libéria aujourd'hui. Aux termes d'une telle loi, la PNL serait subordonnée à l'autorité et au contrôle du ministère de la Justice et les services de police auxiliaires seraient incorporés à la PNL (Gompert et al : 77).

Cette loi exhaustive sur la police viendrait compléter la loi de 2008 sur la défense nationale en ce qui concerne les FAL, et permettrait à la PNL de redorer son blason et de remplir sa mission. C'est une pierre angulaire de l'édifice libérien de la sécurité nationale, composante dont l'absence rappelle les responsabilités cruciales que le législatif devra endosser relativement à la RSS.

Conclusion

La lente descente dans la crise, puis les 14 années de guerre civile intermittente qui ont suivi, ont été dévastatrices pour le pays et sa population. Faire renaître du chaos un secteur de la sécurité viable a été une tâche titanesque. Pourtant, en dix ans depuis la signature de l'APL, le Libéria a réussi à reconstruire son armée et à mettre sur pied une nouvelle force de police fondée sur des bases techniques plus solides et mieux outillée pour protéger ses citoyens, les frontières du pays, et même participer à des opérations de maintien de la paix.

Cette initiative lancée par la communauté internationale pour améliorer l'efficacité du secteur de la sécurité a cependant échoué dans ses efforts pour rallier la sphère publique au processus de réforme. Le Libéria n'a pas su récolter les fruits des améliorations qu'il a apportées au secteur de la sécurité, car il ne s'est pas préoccupé de renforcer parallèlement la redevabilité démocratique. Comme le montre ce chapitre, les incohérences et «les pièces manquantes» du cadre légal libérien pour la sécurité nationale restent des obstacles. La suprématie de l'exécutif a ébranlé l'appareil sécuritaire national, empêchant la législature et d'autres organismes gouvernementaux d'exercer un contrôle plus efficace sur le secteur de la sécurité. C'est ainsi que les vieilles habitudes de favoritisme perdurent au sein de l'élite politique, entravant la bonne gouvernance et perpétuant la corruption. Les carences internes rendent la sécurité inopérante, exposant les citoyens à la petite corruption et aux abus de pouvoirs. Même si au niveau stratégique la politique s'est ouverte à la diversité, la société civile n'est toujours pas prise en compte et les corps législatif et judiciaire demeurent assujettis à l'exécutif. A moins d'une révision radicale de la constitution, le pouvoir exécutif continuera d'avoir plus d'influence sur le secteur de la sécurité que les deux autres branches du gouvernement, et la démocratie en souffrira.

Cependant, il faut mettre en perspective cette longue liste de tâches en attente, et l'apprécier par rapport aux progrès accomplis dans le secteur de la sécurité et à ceux qu'il reste à faire. Les progrès réalisés en matière de RSS doivent être évalués en comparaison de l'ampleur de la tâche tout entière. Une décennie est un laps de temps trop court pour modifier radicalement la dynamique de la gouvernance du secteur de la sécurité, et pourtant de nombreux résultats ont déjà été obtenus : par exemple, la loi de 2008 sur la défense nationale qui, avec la loi RSNR de 2011, représente une révision ambitieuse des principes juridiques régissant la prestation de services de sécurité, leur gestion et leur contrôle au Libéria.

En ce qui concerne le potentiel de transformation d'une RSS guidée par la gouvernance, l'aspect le plus significatif est sans doute le processus qui a conduit à ces changements. Outre la robustesse du nouveau cadre législatif, ce qui est remarquable est le fait qu'il a été établi sur la base de débats ouverts à tous et abordant tous les sujets, phénomène inconnu au Libéria auparavant. Il est d'ailleurs tout aussi exceptionnel que ces idées se soient concrétisées en un ensemble de lois élaborées par des législateurs nouvellement élus qui ont réussi à mener leur tâche à bien malgré les limitations existantes. Enfin, il faut noter que les progrès ont été réalisés dans un contexte pas vraiment propice à l'appropriation locale et qui ne faisait pas grand cas de la gouvernance démocratique au sein de programmes de RSS dirigés par des intervenants extérieurs. Ainsi, l'évolution du Libéria symbolise le potentiel réalisable lorsqu'un soutien ciblé est apporté aux processus législatifs, tel que le renforcement des capacités parlementaires parmi les législateurs du secteur de la sécurité, lesquels ont pu ainsi améliorer la gouvernance. Cela montre aussi l'utilité de rendre la prise des décisions politiques plus transparente en y invitant la société civile et en encourageant les débats publics. On constate donc qu'un processus plus ouvert induit des propositions de réforme plus réactives, stimulant l'intérêt de tous pour la politique et favorisant la conciliation à propos des questions épineuses. La confiance de la population dans les nouveaux processus législatifs et dans la nouvelle organisation de l'ordre public s'en trouve accrue.

Il est impossible de prédire l'avenir, mais l'on a toutes les raisons d'être optimiste et de penser que le Libéria s'oriente vers un secteur de la sécurité dans lequel le contrôle législatif et le contrôle civil sont en train de devenir réalité. Si la tendance se poursuit, le pays prendra un nouveau départ laissant derrière lui un long passé marqué par la suprématie présidentielle sur la sphère sécuritaire. Tout ce que le Libéria a vécu jusqu'ici corrobore ce nouveau sentiment de confiance en soi parmi les législateurs, qui devrait être encouragé, préservé, et stimulé par des débats publics de plus en plus nombreux et une pratique politique plus inclusive.

Notes

[1] Pour les causes historiques de la crise de la gouvernance démocratique au Libéria, voir Jaye 2009.

[2] Selon William Barnes (2013), les trois règles de Tubman s'appliquaient aux fonctionnaires.

[3] La discussion suivante est inspirée du Rapport succinct sur les débats nationaux au sujet de la réforme du secteur de la sécurité au Libéria (Centre pour le contrôle démocratique des forces armées – Genève).

[4] La loi modifiant et abrogeant les paragraphes 1, 2, ainsi que le paragraphe 6(IV) de la loi de 2011 sur la sécurité nationale et les services de renseignement a été adoptée le 23 mai 2013 par l'honorable Chambre des représentants de la République du Libéria (Libéria 2013).

[5] Sur le rôle de la CRG, voir Jaye 2009.

[6] Entretien privé avec l'auteur, Monrovia, 2014.

CHAPITRE 5

Occasions manquées pour une réforme globale du secteur de la sécurité au Mali

Zeïni Moulaye

Conseiller des Affaires étrangères et ancien ministre des Transports
et du Tourisme du Mali

Introduction

Depuis la révolution démocratique de mars 1991, le Mali a été considéré comme un « exemple » voire un « modèle » de gouvernance démocratique en Afrique de l'Ouest, y compris en matière de gestion transformationnelle du secteur de la sécurité. Mais les événements de 2012 ont ébranlé cette certitude. Cette année-là a vu successivement la résurgence de la rébellion touarègue en janvier 2012, un coup d'Etat en mars 2012 contre un pouvoir taxé par les putschistes « d'incompétent » (Konaté 2013 : 252), et l'entrée en scène de mouvements djihadistes islamistes, en avril 2012. L'alliance momentanée de la rébellion, des djihadistes et d'autres acteurs de la criminalité transnationale (Moulaye 2014) tels que les trafiquants de drogue a conduit à l'occupation par ces mouvements armés des régions du Nord du pays, soit les deux-tiers du territoire national. Pendant près d'un an, ces criminels de tout acabit ont pillé, volé, violé, détruit et commis avec une violence inouïe des atteintes graves aux droits humains. Ces événements ont mis en lumière le déficit de gouvernance globale au Mali – dans les domaines politique, économique, social, culturel et sécuritaire.

Des défaillances graves sont notamment apparues dans le domaine de la sécurité et celles-ci n'ont pas pu être comblées par le processus de réforme du secteur de la sécurité timidement amorcé en 2005 par le gouvernement du général Amadou Toumani Touré. Pourquoi ? A coup sûr parce la réforme a

Comment citer ce chapitre du livre:

Moulaye, Z. 2015. Occasions manquées pour une réforme globale du secteur de la sécurité au Mali. Dans: Bryden, A et Chappuis, F (dir. publ.) *Gouvernance du secteur de la Sécurité : Leçons des expériences ouest-africaines*, Pp. 85–102. London: Ubiquity Press. DOI: http://dx.doi.org/10.5334/bav.e. Licence: CC-BY 4.0.

manqué de leadership, de portage politique et d'appropriation. Il semble que ces déficits essentiels découlent d'un conservatisme d'arrière-garde de certains officiers de la hiérarchie arc-boutés sur des privilèges souvent immérités (en termes de recrutements, de grades, de postes, d'indemnités). Ces passe-droits risquaient, en effet, d'être remis en cause par une réforme qui privilégierait une bonne gouvernance du secteur de la sécurité, un contrôle démocratique, la transparence dans la gestion, l'efficacité et l'obligation de rendre des comptes. Cette situation s'explique avant tout par l'absence de volonté politique au plus haut niveau de l'Etat, le chef de l'Etat étant constitutionnellement le chef suprême des armées et, de surcroît, un ancien officier général.

Il nous semble que l'histoire du Mali moderne a eu des opportunités exceptionnelles pour repenser la sécurité et réformer le secteur de la sécurité. Cela a été le cas, en tout premier lieu, au moment de la proclamation de l'indépendance, le 22 septembre 1960. A cette époque, les nouvelles autorités maliennes ont fait appel à tous les ressortissants du pays servant dans les rangs de l'armée française et au sein des services de sécurité coloniaux pour qu'ils rejoignent leur patrie nouvellement indépendante et forment «une armée malienne» ainsi que des «services de sécurité maliens». Cependant, la sécurité, en tant que concept et pratique, n'a pas été repensée en fonction des nouvelles réalités politiques, économiques, sociales et culturelles du Mali naissant. Les forces de défense et de sécurité (FDS) ont été créées au lendemain de l'indépendance sans que les membres qui les composaient n'aient été «reformatés». Or, durant la période coloniale, ces troupes avaient été «formées» pour servir l'administration française contre les populations colonisées qui venaient de déclarer leur indépendance. De ce fait, sans le vouloir, les forces qui se sont mises à la disposition du nouveau régime étaient dotées de la même mentalité (de domination) et du même comportement (répressif) que ceux existant au sein des troupes coloniales. A leur décharge, il est fort probable que cette situation ait été voulue par les nouveaux gouvernants qui cherchaient ainsi à mieux asseoir leur autorité et leur puissance de domination, ce qui a entraîné plus tard l'avènement d'un régime dictatorial.

Une seconde opportunité de repenser la sécurité et de réformer le secteur de la sécurité s'est présentée au moment de l'avènement de l'ère démocratique, le 26 mars 1991. En 1990 déjà, la rébellion dans le Nord du Mali avait révélé l'ampleur de la prolifération des armes légères et de petit calibre ainsi que leurs dégâts immenses sur la sécurité humaine. En 1991, lors de la révolution démocratique, les forces de sécurité ont été vilipendées, taxées de «forces de répression à la solde d'un dictateur». Ces forces ont été vouées aux gémonies, au point que, durant les journées agitées du mois de mars (du 22 au 26) et même quelques semaines plus tard, aucun policier ne pouvait porter sa tenue dans la rue sans être livré à la vindicte populaire. Ce changement de régime a offert l'occasion d'opérer un changement qualitatif dans la gouvernance de la sécurité en intégrant celle-ci dans la gouvernance démocratique globale du pays. Au lieu de cela, les forces de sécurité, particulièrement la police, ont été violemment prises à partie et marginalisées au motif qu'elles avaient agi comme des forces de répression au service d'un régime dictatorial. Pire, la défense et la sécurité ont été négligées, reléguées au second plan et dotées d'un budget dérisoire.

Vingt ans plus tard, le Mali a chèrement payé cette négligence. Déjà au début des années 2000, face à la montée de la criminalité transfrontalière et transnationale organisée, les citoyens, les communautés ainsi que les élus locaux et nationaux ont adressé de multiples questions et interpellations aux autorités à propos de la sécurité. Mais, faute d'une réforme suffisamment profonde, dix ans plus tard, en 2012, des hordes de narcoterroristes alliés à des bandes d'irrédentistes ont fait s'effondrer l'édifice institutionnel et démocratique en quelques jours. Les forces de défense et de sécurité ont été incapables de contenir ces ennemis de la République, faute de formation adaptée, d'équipements et surtout de motivation.

Dans la première partie de cette étude, nous allons évoquer l'état de la gouvernance de la sécurité avant le lancement de la réforme de 2005. Dans une deuxième partie, nous décrirons les étapes du processus de changement de politique tel qu'il a été conduit jusqu'aux événements de janvier 2012. Dans la troisième partie, nous aborderons le jeu des acteurs et les enjeux de la réforme. Dans la quatrième partie enfin, nous passerons en revue quelques résultats engrangés et nous suggérerons des propositions visant à créer les meilleures conditions possibles afin de poursuivre et approfondir une réforme qui s'impose aujourd'hui plus que jamais au Mali. En conclusion, nous examinerons la durabilité du changement et la perspective de réforme du secteur de la sécurité au Mali.

Etat de la gouvernance du secteur de la sécurité avant la réforme

Le système de gouvernance de la sécurité au Mali est un vieil héritage colonial dont il a cumulé toutes les tares pendant un demi-siècle. En effet, pendant longtemps, le secteur de la sécurité a souffert d'une absence de leadership, de vision, de stratégie, de communication et de bonne gouvernance. Jusqu'en 2009, les autorités n'avaient adopté aucun document officiel de politique publique de sécurité et avaient encore moins entamé une réflexion sur d'éventuels changements fondamentaux de paradigmes de gouvernance de la sécurité. Durant cinquante ans, les questions de sécurité ont été exclues du débat public et du contrôle démocratique de sorte que, pour tous les citoyens, la sécurité était un domaine exclusivement réservé aux services de sécurité. Cela a entraîné un désintérêt total du peuple pour la gouvernance de ce secteur. Cette situation s'est avérée, au fil du temps, fort préjudiciable à l'efficacité des services de sécurité, notamment lorsque ceux-ci ont eu besoin de la collaboration de la population dans la lutte contre l'insécurité et la criminalité organisée. Par ailleurs, bien qu'ils existent formellement, les mécanismes de contrôle des services de sécurité n'ont jamais fonctionné efficacement, à cause probablement du caractère exclusif, sensible et souverain du secteur de la sécurité.

Le cadre institutionnel malien fait une nette distinction entre la défense et la sécurité. Depuis 1992, il existe deux départements ministériels distincts : le ministère de la Défense et des Anciens combattants et le ministère de la Sécurité intérieure et de la Protection civile. La Défense a uniquement sous sa responsabilité les forces armées. La Sécurité regroupe la police et la protection civile qui ont un statut civil ainsi que la gendarmerie et la garde nationales qui ont un statut militaire. La gendarmerie et la garde nationales sont statutairement gérées par le ministère de la Défense mais elles sont mises à la disposition du ministère de la Sécurité. Cette combinaison des forces vise en réalité à combler le déficit de ressources humaines, matérielles et financières.

Les institutions de la sécurité fonctionnent conformément au droit international. Les services de sécurité ont été créés conformément à la législation et à la réglementation en vigueur au Mali (lois, décrets, arrêtés ministériels, décisions administratives, etc.). Ils obéissent au pouvoir civil démocratiquement mis en place. Le budget alloué à la sécurité est planifié dans le cadre du budget national et soumis à l'approbation du Conseil des ministres et de l'Assemblée nationale. Les dépenses des services de sécurité ne relèvent d'aucun secret d'Etat. Elles sont accessibles à tous et leur gestion est confiée à des services spécialisés de l'administration publique rattachés au ministère de la Sécurité.

La sécurité au Mali relève du domaine public. Les missions et les prérogatives des services de sécurité sont déterminées par la loi fondamentale.[1] Leur fonctionnement et leur gestion sont assurés par des mécanismes institutionnels. Dans la pratique, le cadre de gouvernance de la sécurité ne peut pas ignorer certains mécanismes endogènes de gestion de la sécurité dans le Mali profond. Dans le milieu rural en particulier, les communautés font plus souvent appel, dans le processus de gouvernance locale de la sécurité, aux us et coutumes et aux autorités traditionnelles (chefferies, cadis, imams, griots, etc.). C'est là l'un des enjeux nouveaux de la gouvernance démocratique de la sécurité au Mali.

Le contrôle direct des services de sécurité est dévolu à l'Assemblée nationale qui, à travers le contrôle de l'action gouvernementale, peut à tout moment interpeller les responsables de la sécurité. Il y a, au sein du Parlement, une « Commission défense, sécurité et protection civile » qui est habilitée à connaître des dossiers de sécurité, à les recevoir, à les analyser et à prendre les décisions qui s'imposent légalement. Elle peut, au besoin, interpeller le ministre et d'autres responsables de la sécurité sur un ou plusieurs points concernant le secteur de la sécurité.

Par ailleurs, plusieurs dispositions constitutionnelles confèrent au président de la République, chef suprême des armées, un contrôle politique sur les forces armées et de sécurité.[2] Le président de la République préside le Conseil supérieur de la défense nationale et le Comité de défense de la défense nationale qui sont respectivement des organes de direction de politique générale en matière de défense, de direction militaire et de gestion de crise.

Le pouvoir judiciaire dispose également de prérogatives constitutionnelles et légales pour contrôler le secteur de la sécurité. Aux termes du Code de procédure pénale, c'est la police judiciaire, composée d'officiers de police judiciaire, qui est chargée notamment de constater les infractions en matière de crimes et de délits, d'en rassembler les preuves et d'en rechercher les auteurs. Les officiers de police judiciaire sont des auxiliaires de justice qui travaillent sous le contrôle et la responsabilité du procureur de la République. Le pouvoir judiciaire dispose aussi de mécanismes de contrôle des services de sécurité par le biais de dispositions de la loi martiale ainsi que des tribunaux et cours militaires.

De fait, l'existence de tous ces mécanismes institutionnels de contrôle n'a pas empêché les dysfonctionnements, les dérapages, les déficits et défaillances constatés en 2012. Pourquoi ? Parce qu'en vérité le contrôle parlementaire au Mali se limite le plus souvent à l'adoption du budget de la sécurité, à l'examen de projets de lois et, très rarement, à des questions interpellant le ministre de la Sécurité. Les initiatives des députés notamment en termes de propositions de lois sont inexistantes dans ce domaine. Ce phénomène peut s'expliquer d'abord par l'ignorance qui entoure les questions relatives au secteur de la sécurité mais également par le fait que, pour les parlementaires, comme pour le commun des mortels, la sécurité est un « domaine réservé ». Il faut ajouter à cela un déficit chronique de communication gouvernementale en matière de sécurité et un manque patent de volonté politique de soumettre le secteur de la sécurité à un contrôle démocratique.

Depuis le début du 21e siècle, le pays a connu une insécurité grandissante. Outre les risques et les vulnérabilités, les menaces les plus préoccupantes sont celles induites par la criminalité organisée : trafic de drogue, d'armes et d'êtres humains, cybercriminalité, terrorisme. Les impacts de ces activités criminelles sont incommensurables sur la sécurité humaine, la cohésion sociale, le respect des droits humains, la stabilité politique et les efforts de construction démocratique et de développement. Les failles dans la surveillance et la prestation des services de sécurité ont accru la vulnérabilité du pays.

Les défis auxquels est confrontée la gouvernance du secteur de la sécurité sont de deux ordres : il y a, d'une part, les défis sécuritaires physiques, nombreux et multiformes et, d'autre part, les défis abondants et variés de gouvernance du secteur de la sécurité.

Parmi les défis liés à la gouvernance, on note un déficit de leadership, de vision, de stratégie, de communication, d'approche de gestion des ressources ; une insuffisance des effectifs, de la formation et de l'équipement ; une absence de cadre de coordination des actions des forces de sécurité et de cadre de concertation avec les autres acteurs du secteur de la sécurité ; et une inadaptation des stratégies aux nouvelles formes de criminalité, en particulier, la cybercriminalité ainsi que la criminalité transfrontalière et transnationale. Tout cela met en évidence le besoin d'une nouvelle forme de gouvernance du secteur de la sécurité qui transformerait la sécurité en un facteur de cohésion sociale, d'unité nationale et de développement. Pour ce faire, certains paradigmes fondamentaux de la sécurité doivent être modifiés mais il faut, pour cela, que les esprits soient prêts à accepter l'idée du changement.

Comment, alors, concilier l'exigence d'une participation démocratique avec l'exclusivité des services de sécurité ? Comment faire en sorte que les parlementaires, les communautés, les organisations de la société civile et parfois les citoyens, contribuent à la création d'un climat de sécurité au moment précis où les forces de sécurité ne sont plus en mesure de faire pleinement face aux multiples défis sécuritaires internes et externes ? La réponse est dans l'intégration de la sécurité dans la gouvernance démocratique globale du pays et la promotion d'une nouvelle forme de gouvernance qui autorise un contrôle direct (parlementaire) et indirect (communautaire et citoyen) des services de sécurité afin d'améliorer la qualité du cadre de gouvernance du secteur de la sécurité.

Processus de changement : vers une réforme du secteur de la sécurité

L'amorce de l'esprit du changement dans les politiques de sécurité

C'est à la suite du traumatisme subi lors des événements de 1991 que les services de sécurité (et de police en particulier) ont commencé à réfléchir à la nature de leurs tâches et à leur devenir. Mais ce n'est qu'en 2001 qu'un débat structuré a été lancé dans le cadre des « Journées de réflexion de la police nationale ». Ces Journées ont été organisées du 21 au 23 février 2001 à Bamako à l'initiative de la Direction générale de la police nationale. Certains problèmes auxquels étaient confrontées les forces de sécurité ont alors été examinés, tels que les ressources humaines, matérielles, logistiques, financières ainsi que les infrastructures. Les participants à ces Journées ont également abordé les éventuels contours du « nouveau visage » de la police, une police « présente pour renforcer le sentiment de sécurité dans la cité ; respectueuse des lois et des droits de la personne dans l'exécution de ses missions ; discrète pour mieux s'informer, communiquer avec les citoyens, prévenir les crimes et délits et améliorer l'efficacité de ses prestations dans la cité ; tolérante des concepts traditionnels et socioculturels de son milieu pour préserver l'harmonie sociale au sein de la famille et de la communauté ; disciplinée dans l'organisation et l'exécution des missions traditionnelles et spécifiques de sécurité publique ; forte pour assurer la protection des personnes et des biens, combattre le banditisme et la criminalité, conformément aux dispositions juridiques, administratives et réglementaires en vigueur » (DGPN 2001 : 4).

En 2003, le secrétaire général du ministère de la Sécurité, l'inspecteur général de police, Anatole Sangaré, a présenté les grandes orientations de son ministère à une mission du Centre d'études stratégiques du Nigéria, venue à Bamako pour s'enquérir de l'expérience malienne de gouvernance de la sécurité. Ces orientations visaient notamment à privilégier la politique de prévention; asseoir les bases d'une politique de proximité; clarifier et harmoniser les responsabilités en matière de sécurité; adapter les moyens à la réalité; consolider et renforcer l'ouverture sur l'extérieur; et promouvoir une stratégie de communication conséquente. Sur cette base, le ministère envisageait l'adoption d'une politique nationale de sécurité «pragmatique et cohérente dans un environnement caractérisé par des exigences apparemment contradictoires: d'une part la nécessité de la préservation de l'ordre public et de la stabilité de l'Etat; d'autre part la nécessité du respect de l'Etat de droit, des droits fondamentaux de la personne humaine et de notre tradition de tolérance et d'hospitalité» (MSIPC 2003a: 7).

Pour mettre en œuvre ces orientations, le ministère a esquissé un plan opérationnel couvrant sept domaines prioritaires d'intervention: le renforcement de la sécurité des personnes et des biens; le renforcement des capacités opérationnelles des forces de sécurité; une meilleure adaptation du dispositif de couverture sécuritaire; l'adaptation de l'environnement juridique; la mise en place d'une véritable politique de communication; l'amélioration des méthodes de gouvernance; la promotion d'une politique de coopération bilatérale et multilatérale (MSIPC 2003b: 4).

Le processus des «Journées de réflexion de la police nationale» n'a pas abouti à un projet de réforme du secteur de la sécurité. Cela peut s'expliquer soit par un effet d'autocensure des forces de sécurité, soit par une absence d'aval de la hiérarchie, nécessaire pour aller de l'avant. La police est régie par une structure verticale où même la réflexion doit être impulsée par la superstructure. L'opportunité d'évoluer vers une réforme ne s'est à nouveau présentée qu'en 2005, soit quatre années plus tard. Déjà en 2003, les signes d'un éveil de la hiérarchie aux valeurs et critères de bonne gouvernance du secteur de la sécurité s'étaient faits sentir, mais ces éléments n'avaient pas encore été partagés avec la base, et encore moins avec les autres agences dans le secteur de la sécurité. En outre, le concept de réforme du secteur de la sécurité n'avait pas encore effleuré les esprits. Néanmoins, les acteurs centraux ont commencé à réaliser la nécessité d'évoluer vers le changement tant souhaité par les populations. Il ne manquait qu'un élément déclencheur pour que le processus se mette en marche. En fait, plusieurs feux rouges s'étaient allumés et d'autres signaux allaient apparaître de manière plus éclatante et parfois foudroyante. C'est dans ce contexte que les événements de mars 2005 ont servi de catalyseur pour une nouvelle tentative de réforme.

Les facteurs déclencheurs du processus de réforme

Le 27 mars 2005, un événement qui aurait pu être banal a entraîné une onde de choc. Un match de football comptant pour les éliminatoires de la Coupe d'Afrique des nations a vu la victoire de l'équipe du Togo sur celle du Mali. Dans la nuit, Bamako, la capitale, a été occupée jusqu'à l'aube et mise à sac par une horde de hooligans auxquels se sont joints des milliers de jeunes gens. Le service d'ordre a été plus que défaillant voire totalement absent laissant les populations livrées à leur sort. Cette réaction violente était une revanche de la jeunesse désœuvrée sur les soucis du quotidien ambiant (chômage endémique, pauvreté, misère, marginalisation, exclusion). Elle marquait aussi une défiance envers l'autorité de l'Etat accusé par ces populations d'être à l'origine de leurs malheurs et un dégoût de la gestion gouvernementale. Par sa spontanéité et son degré de violence, l'événement a surpris tout le monde, y compris le président de la République.[3] Le 7 avril 2005, le premier ministre a rencontré la société civile qui lui a exprimé son exaspération et a réclamé la mise en place d'un Etat qui garantisse la sécurité des populations et de leurs biens, un Etat capable de fournir l'assistance requise au moment nécessaire, un Etat fort qui n'implique cependant pas un retour à la dictature. Cette situation a clairement mis en lumière au moins trois défaillances systémiques dans la gestion du secteur de la sécurité :

• un dysfonctionnement lié à la déliquescence de l'autorité de l'Etat et un déficit de communication, ce qui nécessitait un diagnostic approfondi du secteur de la sécurité ;
• un système de gestion gouvernementale où très souvent les lauriers étaient mieux partagés que les responsabilités ;
• un manque conséquent de responsabilité et d'efficacité des forces de sécurité publique et des moyens qui leur étaient alloués.

Au lendemain de cet événement, des responsables de la sécurité ont été relevés de leurs fonctions sans que cela n'apaise l'opinion publique, qui a unanimement réclamé un changement de la situation sécuritaire. Cependant, les acteurs du secteur de la sécurité n'avaient pas tous le même degré de conscience ni la même vision du changement. Au sein des services de sécurité, beaucoup croyaient qu'il suffirait de réaménager les textes existants et d'améliorer les conditions de travail et de vie des agents de sécurité pour régler ce malaise. Pour une poignée d'entre eux cependant, ainsi que pour une bonne partie des acteurs de la société civile, la situation sécuritaire appelait une nouvelle gouvernance de la sécurité afin de répondre aux exigences démocratiques et affronter les menaces sécuritaires majeures qui se manifestaient sur le terrain : trafics de drogue, d'armes et d'êtres humains, catastrophes naturelles, présence de salafistes algériens sur le territoire national, etc.

C'est dans ce contexte que le ministère de la Sécurité intérieure et de la Protection civile a initié, en 2005, les « Etats généraux de la sécurité et de la paix au Mali ».

Les étapes importantes de mise en œuvre et l'évolution du processus de la réforme

L'idée des «Etats généraux de la sécurité et de la paix au Mali» a émané du ministère de la Sécurité. Cette rencontre a constitué le point d'entrée dans le processus de réforme du secteur de la sécurité et a été un moment historique dans les annales de la sécurité au Mali. Pour la première fois depuis l'indépendance, en 1960, les services de sécurité s'ouvraient aux autres acteurs du secteur de la sécurité. Tous les problèmes ont pu être évoqués et débattus sans tabou. Il y avait là des officiers généraux et des paysans, des soldats et des chasseurs, des policiers et des éleveurs, de hauts fonctionnaires et des ouvriers, des femmes, des hommes, des jeunes gens et des personnes âgées. Tous les participants ont identifié ensemble les défis sécuritaires, évalué les besoins de sécurité des populations et proposé des solutions ainsi que la forme de gouvernance nationale de la sécurité qu'ils appelaient de leurs vœux.

Les «Etats généraux de la sécurité et de la paix au Mali» se sont déroulés du 21 au 23 novembre 2005, sous la présidence effective du président de la République, Amadou Toumani Touré, et sous l'égide du ministère de la Sécurité intérieure et de la Protection civile. La préparation de cet événement a été séquencée en trois phases. Dans une première phase, le ministère a envoyé des missions de sensibilisation sur le terrain, parfois jusqu'aux communes et aux villages, pour faire prendre conscience aux divers acteurs de la nécessité d'un débat national sur les questions de sécurité et pour recueillir leurs réactions. Durant la deuxième phase, le ministère a organisé des concertations régionales sous la responsabilité des gouverneurs de région autour de thématiques centrales comme le banditisme urbain et périurbain, la prolifération des armes légères, la gestion des conflits communautaires, la montée de l'intolérance religieuse, la criminalité transfrontalière, etc. La troisième phase a été la tenue, à Bamako, des Etats généraux qui ont regroupé 245 participants venus d'horizons divers et représentant le gouvernement, l'administration générale, les régions administratives, les commandements de régions militaires, la défense et la sécurité, la société civile, le secteur privé, les partis politiques, les collectivités locales, les communautés ainsi que des partenaires techniques et financiers, etc.

Quatre objectifs ont été fixés à ces Etats généraux de la sécurité et de la paix :

- inciter toutes les composantes de la nation à participer activement à un débat sur les questions de sécurité et à la conception d'un programme cohérent et harmonisé de sécurité ;
- identifier les éléments d'une «Politique nationale de sécurité» à travers l'examen, sous divers angles, des problèmes de sécurité ;
- réunir les éléments d'un projet de loi d'orientation et de programmation en matière de sécurité ;

• mettre en place un cadre de concertation, de coordination et de gestion participative des questions de sécurité entre tous les acteurs du secteur de la sécurité.

Afin d'atteindre ces objectifs, trois jours durant, les participants ont alterné des séances plénières et des ateliers assortis de témoignages de hautes personnalités, mais aussi de citoyens ordinaires qui ont raconté leur vécu de la sécurité au Mali. La conférence inaugurale a été axée sur la problématique sécuritaire en Afrique de l'Ouest ; elle a été suivie de 21 autres communications qui ont porté sur des sujets d'actualité. Les travaux en ateliers ont été articulés autour de cinq grands thèmes : les sociétés du 21e siècle et l'émergence de nouveaux risques ; le principe de précaution et la culture de la prévention ; la sécurité et la décentralisation à l'horizon 2015 ; la sécurité et les conflits intercommunautaires ; les acteurs de la sécurité face à leurs responsabilités. Chaque atelier a été animé par un modérateur et les débats ont été recensés par un rapporteur qui travaillait en relation étroite avec le rapporteur général.

S'agissant particulièrement de la vision de la sécurité, deux thèses ont été émises lors de ces Etats généraux. La plupart des forces de sécurité ont appelé au renforcement de l'autorité de l'Etat et à la restauration d'un Etat fort pour assurer la sécurité. Les autres acteurs, notamment ceux issus de la société civile, de la société politique et des collectivités locales (communautés), largement majoritaires, ont prôné une vision nouvelle qui reposerait sur une gouvernance de la sécurité plus démocratique où l'être humain serait au centre des préoccupations sécuritaires. Nombre de communications et d'interventions ont plaidé afin que cette nouvelle vision soit fondée sur la sécurité humaine (MSIPC 2005). Les partisans de cette thèse dominante avaient la conviction que, si la sécurité était centrée sur une gouvernance démocratique et sur l'être humain, elle impulserait une nouvelle dynamique au développement. Cette vision partait du constat que, depuis la fin de la guerre froide, les conflits interétatiques ont cessé. Le centre de gravité des menaces extérieures a brutalement basculé de l'extérieur vers l'intérieur révélant ainsi une multitude de vulnérabilités, de risques et de menaces réelles à la paix et à la sécurité au niveau national. Constatant que la violence avait gagné du terrain dans toutes les couches de la société, les tenants de cette thèse ont souligné la nécessité de revoir le schéma classique de la sécurité jusque-là centré sur la protection de l'Etat. En somme, ces individus affirmaient que, désormais, il fallait privilégier la sécurité humaine sans porter atteinte cependant à la sécurité de l'Etat.

Ainsi donc, le 23 novembre 2005, à l'issue des trois jours de débats intenses, francs et directs, 127 recommandations ont été formulées dont les plus importantes sont les suivantes :

• l'élaboration d'une politique nationale de sécurité fondée sur une nouvelle vision (la sécurité humaine) et une nouvelle stratégie globale (la prévention) ;

- la mise en œuvre d'un programme de gouvernance partagée de la sécurité et de la paix;
- la conception et la mise en œuvre d'une stratégie de communication pour une gouvernance partagée de la sécurité et de la paix;
- l'élaboration (dans la perspective d'une loi de programmation sécuritaire) d'un plan d'action à long terme de mise en œuvre des axes stratégiques de la politique nationale de sécurité.

Ces recommandations ont dessiné une feuille de route destinée à améliorer la qualité démocratique de la gouvernance du secteur de la sécurité au Mali, en identifiant comme première étape la rédaction d'une nouvelle politique nationale de sécurité.

La politique nationale de sécurité et de protection civile

Au lendemain de la tenue des Etats généraux de la sécurité et de la paix, le ministère de la Sécurité a réuni une commission chargée d'esquisser une politique nationale de sécurité intérieure et de procéder à la mise en place d'un programme de gouvernance partagée de la sécurité dans le cadre du démarrage concret de la réforme du secteur de la sécurité. Ce programme visait à contribuer qualitativement à l'instauration d'un climat de paix sociale et de stabilité politique propice au développement économique et social en intégrant la sécurité dans la gouvernance démocratique et développementale globale du pays. L'objectif était de répondre aux exigences démocratiques et aux critères de bonne gouvernance et d'améliorer les capacités des forces de sécurité pour faire face aux facteurs internes et externes d'insécurité et répondre aux attentes des populations en matière de sécurité.

Ce document de politique nationale de sécurité intérieure a pris la forme d'un simple énoncé de politique et soulignait le caractère polysémique, transversal et multidimensionnel de la sécurité en déclinant neuf axes stratégiques autour desquels devait être articulée la politique nationale de sécurité et de protection civile:

1. la prévention des situations à risques pour la sécurité;
2. le renforcement des capacités des forces de sécurité;
3. le renforcement des capacités nationales en matière de prévention et de gestion des catastrophes;
4. la lutte contre l'insécurité routière et fluviale;
5. la mise en place de la police de proximité;
6. la mise en œuvre d'une gouvernance partagée de la sécurité;
7. la lutte contre le terrorisme;
8. le renforcement de la coopération bilatérale et multilatérale;

9. la mise en œuvre d'une stratégie de communication favorisant le changement d'attitudes et de comportements.

A travers ces axes, le gouvernement entendait mener des actions visant à renforcer les capacités de l'Etat à faire face aux problèmes de sécurité dans leur
diversité et leur complexité et à assurer à l'ensemble du pays un climat de paix
sociale et de stabilité politique propice au développement.

Cet énoncé de politique nationale de sécurité était assorti d'un plan d'action
quinquennal qui devait servir de loi de programmation sécuritaire. L'adoption
de ce plan d'action a été différée par le Conseil des ministres pour des raisons
à la fois budgétaires et politiques. Celui-ci avait estimé que le budget requis
n'était pas disponible. En outre, pour le chef de l'Etat en particulier, une loi de
programmation sécuritaire devait aller de pair avec une loi de programmation
militaire qui n'était pas encore prête. En revanche, l'idée d'un programme qui
soutiendrait la mise en œuvre de la politique nationale de sécurité a été retenue : ainsi est né le Programme de gouvernance partagée de la sécurité et de la
paix (PGPSP).

Le Programme de gouvernance partagée de la sécurité et de la paix

La mise en œuvre du PGPSP, comme instrument de mise en œuvre de la politique nationale de sécurité, a donné un coup d'envoi significatif au processus de
réforme du secteur de la sécurité (Moulaye et Niakaté 2011). L'objectif global du
programme était de contribuer à l'instauration d'un climat de sécurité, de paix
et de stabilité, qui favorise le développement humain durable et soutienne la
lutte contre la pauvreté au Mali. Il devait atteindre trois objectifs spécifiques, à
savoir : (i) appuyer l'élaboration et l'adoption de la nouvelle politique nationale
de sécurité issue des Etats généraux de la sécurité et de la paix ; (ii) appuyer
la mise en œuvre de la gouvernance partagée de la sécurité et de la paix aux
niveaux national et décentralisé ; et (iii) appuyer la construction d'une sécurité
et d'une paix durables dans le Nord du Mali.

Le programme était articulé autour de quelques activités majeures :

- l'élaboration et la mise en œuvre d'un document cadre de politique nationale de sécurité et de protection civile telle que recommandée par les Etats
généraux de la sécurité et de la paix au Mali ;
- le renforcement des capacités des services de sécurité et de protection civile,
des organisations de la société civile, du secteur privé, des collectivités territoriales et des communautés locales en matière de gouvernance de la sécurité ;
- la prévention et la résolution des conflits communautaires, en collaboration
étroite avec les organisations de la société civile, les collectivités territoriales
et les représentants de l'Etat ;

- le renforcement des capacités de prévention et de gestion des catastrophes ;
- la conception et la mise en place d'un système pilote de police municipale ;
- l'élaboration et la mise en œuvre d'une communication pour une sécurité partagée et décentralisée ;
- la promotion de la culture de la paix ;
- la maîtrise des armes légères, etc.

Plus largement, ce programme a appuyé plusieurs institutions de la République (Assemblée nationale, Conseil économique et social, ministères de l'Administration territoriale, de la Défense, de la Promotion de la femme, de la Justice, etc.). Il a accompagné techniquement et financièrement de nombreuses communautés, collectivités locales et organisations de la société civile dans leurs actions de prévention, de gestion et de résolution de conflits. Les espaces de dialogue et de concertations créés à cette occasion ont permis d'engager des débats féconds sur les problématiques sécuritaires du pays. Ces échanges ont souvent éclairé les artisans de la paix et les acteurs de la sécurité et leur ont permis d'identifier des résolutions pertinentes qui ont pu contribuer à la consolidation de la paix et de la sécurité dans le Mali profond. Enfin, le programme a tissé un réseau de partenariat qui a contribué utilement à son financement. Ces résultats nous paraissent d'autant plus importants qu'ils touchent à l'être humain, la plus grande richesse d'une nation. Ils ont permis à certains acteurs de prendre conscience de la nécessité de s'investir dans le domaine de la sécurité, un secteur qui leur était totalement étranger. La conviction et la persévérance aidant, ce programme a permis l'implication d'autres acteurs qui ont constitué une masse critique permettant de rendre cette réforme irréversible.

A l'issue des trois années de mise en œuvre (octobre 2008 – décembre 2011), le programme a engrangé des résultats non négligeables, y compris l'élaboration d'un Document cadre de politique nationale de sécurité intérieure et de protection civile. En outre, la réalisation d'un certain nombre d'études a renforcé les bases de la réforme, comme par exemple, une étude de faisabilité sur la police communale ; une étude de création d'une base de données sur la criminalité ; et une étude relative à la stratégie de communication assortie d'un plan de communication du ministère de la Sécurité intérieure et de la Protection civile.

Il faut inclure dans le bilan positif du PGPSP une centaine d'activités de renforcement des capacités des acteurs du secteur de la sécurité à travers notamment l'organisation de conférences-débats sur les défis sécuritaires au Mali, en Afrique et dans le reste du monde ainsi que sur les réponses institutionnelles et la problématique de la réforme du secteur de la sécurité. Le PGPSP a aussi privilégié des activités de formations, y compris la formation de 170 agents de sécurité en comptabilité matière et en comptabilité publique afin d'améliorer la gestion financière de la sécurité et la formation de 50 agents en sûreté aéroportuaire. L'engagement communautaire a également été un aspect du programme qui a inclus l'organisation de 15 rencontres intercommunautaires ou intercommunales et la mise en place d'un projet d'appui au renforcement des capacités de gouvernance locale dans la région de Kidal où se posaient des problèmes spécifiques de sécurité et de développement à la base.

Au-delà de ces résultats, ce programme a initié une dynamique d'implication de la société civile dans la gouvernance de la sécurité, qui s'est poursuivie indépendamment des événements qui ont secoué le pays. On note, au niveau des communautés en particulier, une prise de conscience de la nécessité de focaliser les efforts sur la paix et la sécurité comme pré-requis du développement local. En outre les ressources allouées à ce programme ont contribué à atténuer la traditionnelle méfiance entre civils et militaires, à apaiser certaines tensions sociales et à réduire le niveau de violence dans le pays. Cependant, elles se sont révélées insuffisantes au regard des immenses besoins de sécurité et inopérantes face aux nouvelles menaces telles que la criminalité organisée.

Toutes les forces vives de la nation ont été représentées aux Etats généraux en novembre 2005. Elles ont participé au démarrage de la réforme du secteur de la sécurité, mais sans faire forcément preuve de la même détermination. Les organisations de la société civile et les communautés de base étaient les plus enthousiastes. Ces acteurs non étatiques, dont certains voyaient pour la première fois leur statut et utilité reconnus, avaient la conviction que cette réforme pouvait répondre à certaines de leurs préoccupations et se sont investis pleinement dans le débat.

Un an après la tenue de ces Etats généraux, il est possible de constater que la réaction la plus positive à cette initiative est venue de la société civile. En effet, plusieurs organisations de la société civile œuvrant dans les domaines de la paix, de la sécurité et des droits humains se sont regroupées dans une «Coalition nationale de la société civile pour la paix et la lutte contre la prolifération des armes légères (CONASCIPAL)» et ont spontanément décidé d'apporter leur soutien aux efforts du gouvernement pour donner une impulsion à la gouvernance démocratique du secteur de la sécurité. En janvier 2007, la CONASCIPAL a organisé le premier forum national de la société civile sur la gouvernance démocratique de la sécurité au Mali dont les actes ont été publiés (Moulaye 2008). Depuis lors, un peu partout sur le territoire national, les populations ont commencé à manifester un véritable élan d'adhésion aux idéaux de la réforme à travers de multiples actions d'information, de sensibilisation et de formation ainsi que des initiatives de rencontres intercommunautaires et intercommunales.

Lors de ces Etats généraux de la sécurité et de la paix, les forces de sécurité et de défense se sont montrées plus circonspectes mais ne sont cependant pas restées muettes. A leur décharge, elles invoquaient souvent le devoir de réserve et le manque d'habitude d'intervenir en public. En vérité, un grand nombre de membres de ces forces doutaient de la réussite du processus de réforme, ce qui peut paraître normal car l'apprentissage de la démocratie passe aussi par la culture du doute, mais un doute qui doit faire réfléchir et donner ensuite le courage de l'engagement. Il faut tout de même souligner qu'une poignée d'officiers avait, dès le départ, mesuré le poids de l'enjeu et compris la nécessité et les retombées positives de la réforme sur l'avenir du pays. Ils se sont investis dans le processus mais ils étaient trop peu nombreux et n'occupaient pas de postes décisionnels. La hiérarchie, elle, a constamment apporté son soutien verbal à cette initiative mais, à l'analyse et a posteriori, il apparaît que ce soutien n'était que de façade. Parmi les acteurs dynamiques figuraient quelques individualités, généralement des chercheurs, dont l'apport a été parfois déterminant en termes d'analyses de la situation sécuritaire, de compréhension des concepts et de lecture des approches.

Pour organiser ces Etats généraux, le ministère a bénéficié de l'appui technique et financier du Programme des Nations Unies pour le développement (PNUD); ce soutien découlait de certaines déclarations du gouvernement malien qui avait fait miroiter la perspective d'ancrer la « sécurité humaine » au cœur de la refondation du secteur de la sécurité. Le PNUD, qui privilégiait à l'époque la dynamique de promotion de ce concept, était au départ l'unique partenaire de ce processus de réforme, mais il a été par la suite rejoint par la Norvège, le Luxembourg et la Suisse qui ont fortement soutenu cette initiative. Au départ, le processus de réforme a bénéficié d'un appui prudent du PNUD, qui a porté notamment sur l'organisation des concertations à l'intérieur du pays et la tenue des Etats généraux de la sécurité. Par la suite, le PNUD a consenti une rallonge budgétaire pour la conception et la mise en place du PGPSP.[4]

Conclusion : La durabilité du changement et les perspectives de consolidation de la réforme

Quelques semaines après la tenue des Etats généraux, le ministère de la Sécurité a élaboré un Plan d'action quinquennal (2008–2012) destiné à mettre en œuvre tous les aspects « *hard* » et « *soft* » de la réforme du secteur de la sécurité dont le budget s'élevait à 88,4 milliards de FCFA. Ce plan d'action devait être soumis à l'approbation du gouvernement sous forme de loi de programmation sécuritaire. Les sources de financement prévues étaient le budget de l'Etat et des contributions extérieures au travers d'une table ronde sectorielle. Mais ce projet n'a pas été retenu par le gouvernement au motif qu'il devait être assorti, au préalable, d'une loi de programmation militaire. Cela souligne clairement le manque de volonté politique au plus haut niveau de l'Etat et met en lumière le jeu d'intérêts corporatistes entre la défense et la sécurité. A vrai dire, le gouvernement n'avait prévu aucune ressource substantielle pour la réforme du secteur de la sécurité, mais s'appuyait plutôt sur le soutien de la table ronde sectorielle, à laquelle ont notamment participé le PNUD et les donateurs externes, ce qui dénote du niveau de volonté politique.

Ce manque de volonté politique a, en effet, caractérisé le processus de réforme à plusieurs reprises. Ainsi, le Document cadre de politique nationale de sécurité intérieure et de protection civile a connu une longue maturation entre le moment où il a été entamé (janvier 2006) et le moment où il a été adopté par le Conseil des ministres (octobre 2010). Un tel laps de temps dénote soit d'un manque de volonté ferme, soit de tiraillements internes eu égard à son contenu. De la même manière, le Programme de gouvernance partagée de la sécurité et de la paix au Mali a été conçu en 2006, mais sa mise en place n'est intervenue qu'en 2008. Là également, ces deux années de battement laissent à penser que la volonté politique n'était pas suffisamment ferme.

Le président de la République étant lui-même à la fois chef suprême des armées et ancien officier général approuvait-il réellement la réforme du secteur de la sécurité? Pourquoi voulait-il lier la loi de programmation militaire à la loi de programmation sécuritaire? Avait-il peur du décalage entre l'armée et la sécurité qu'une telle réforme aurait entraîné? Sentait-il la réticence de certains officiers au sein de l'armée à toute forme de réforme du secteur de la défense? Savait-il qu'en freinant la loi de programmation, il portait atteinte à tout le processus de réforme du secteur de la sécurité? Voilà des questions que l'on peut légitimement se poser a posteriori.

De ce fait, les efforts de réforme se sont essentiellement limités à la réalisation des activités du PGPSP. Le peu d'enthousiasme du gouvernement pour la réforme a poussé le PNUD à se désintéresser du programme dès que son apport financier a été épuisé. Pendant ce temps, certains acteurs, tels que les organisations de la société civile, les collectivités territoriales et les communautés, ont continué à réclamer l'appui technique et financier de cette agence onusienne, ce qui montrait leur intérêt de poursuivre le processus de réforme.

A l'heure du bilan, il apparaît qu'en interne un travail de fond, en termes de communication, était nécessaire au départ parce que beaucoup d'acteurs au sein des forces de sécurité et de défense – et encore plus au niveau des autres acteurs (société civile, société politique, secteur privé, collectivités locales, communautés) – n'avaient aucune idée de ce que recouvrait une réforme du secteur. Une bonne partie de la hiérarchie sécuritaire n'en voyait pas l'utilité ou en redoutait les conséquences sur leurs privilèges personnels. A l'externe, il y avait l'exigence de mobilisation de fonds pour mener à bien les activités de réforme, mais la plupart des partenaires extérieurs considéraient la sécurité comme un domaine de souveraineté intérieure dans lequel ils ne pouvaient intervenir qu'à la demande expresse du gouvernement malien. Par ailleurs, les services de sécurité eux-mêmes n'ont presque jamais bénéficié de programmes de développement financés directement par la coopération internationale. Les forces de sécurité, très peu habituées aux modalités de mobilisation de ressources extérieures, penchaient pour un repli à cause du devoir de réserve. La solution trouvée a été la promotion d'une gouvernance démocratique du secteur de la sécurité afin que la sécurité soit considérée par les partenaires comme un domaine ouvert à l'aide publique au développement au même titre que la santé ou l'éducation.

Evidemment, les choses auraient pu prendre un autre tour s'il y avait eu davantage de volonté politique au sommet de l'Etat et un engagement plus fort au niveau de toutes les institutions de la République, si la hiérarchie de la sécurité n'avait pas fait preuve de frilosité, et si dès le départ les forces de sécurité et de défense avaient compris que la réforme du secteur de la sécurité avait un caractère global et s'étaient solidarisées pour la mener à bien. En effet, l'idéal aurait été pour le Mali de disposer d'un seul grand programme de réforme fondé sur une vision unique, une stratégie globale, une synergie d'actions et une communication pertinente. Au lieu de cela, plusieurs programmes œuvrant dans les domaines de la paix et de la sécurité ont coexisté sans aucun lien organique ni même une collaboration sur le terrain. Leur fusion aurait remis en cause des intérêts et des ambitions personnels.

Finalement, seule l'étape de la sensibilisation aux défis sécuritaires, à la nécessité d'une réforme du secteur de la sécurité et à l'exigence de participation de tous les acteurs a été menée de manière relativement satisfaisante. Et seuls les acteurs de la société civile, les collectivités locales et les communautés de base ont montré un véritable intérêt pour la réforme. Il reste donc des pans entiers de la réforme à concevoir et à appliquer, en particulier dans ses dimensions législatives et réglementaires, qui devraient induire une qualité transformationnelle. Le concept de gouvernance partagée de la sécurité s'est frayé un petit chemin. Il reste à l'élargir pour permettre un développement durable soutenant une sécurité fiable ou, mieux encore, ouvrir grande la voie à une sécurité fiable soutenant un développement durable.

A la lumière des tristes événements survenus en 2012, les mentalités ont énormément évolué au Mali. Les forces de sécurité et de défense ont subi une telle humiliation et le peuple malien un tel choc psychologique qu'aujourd'hui aucune force ne s'oppose à une réforme du secteur de la sécurité. Il reste à en tracer la voie adéquate, la plus intelligente, la plus fiable, la plus efficace et la plus efficiente possible. Le 30 décembre 2013, le ministère de la Sécurité a relancé le processus de réforme par la mise en place d'un «Groupe pluridisciplinaire de réflexion sur la réforme du secteur de la sécurité». De son côté, le ministère de la Défense qui paraissait réfractaire a mis en place une commission de refondation de la défense.

L'idéal serait que ces deux ministères se rapprochent pour mener de concert un processus transformationnel du secteur de la sécurité et faire naître ainsi une vision commune, une politique nationale de sécurité intérieure et une stratégie de défense nationale, qui instaureront un climat apaisé, propice à l'investissement productif et au développement durable. L'ancrage d'un tel projet devrait se situer au niveau du président de la République afin de faciliter les arbitrages, la coordination et la synergie d'actions. Cela comblerait d'un coup le déficit de leadership et de portage politique constaté et impulserait la dynamique d'appropriation par les acteurs institutionnels qui a fait défaut au cours de la première phase du processus de réforme.

Notes

[1] La Constitution de la République du Mali a été adoptée le 25 février 1992.

[2] Voir, par exemple, article 44, titre III de la Constitution du 25 février 1992.

[3] Rencontre du président de la République avec la presse (8 juin 2005) à l'occasion du 3e anniversaire de son accession au pouvoir.

[4] Pour le bilan de ce programme se référer à Moulaye et Niakaté (2011).

CHAPITRE 6

La gouvernance démocratique du secteur de la sécurité et la réforme de l'armée au Nigéria

E. Remi Aiyede

Maître de conférences, Département de science politique,
University of Ibadan, Nigeria

Introduction

Le Nigéria a entrepris de réformer son secteur de la sécurité au début du nouveau millénaire alors qu'il était en phase de transition d'un régime militaire vers un régime civil. Pour commencer, il a fallu convaincre les forces armées de réintégrer leurs casernes et se cantonner à leur rôle de gardiens de l'Etat comme il est prévu dans la constitution. Des élections ont eu lieu, et un régime civil a pris le contrôle du gouvernement ainsi que de l'armée dans le cadre d'un bref programme de transition organisé par le régime du général Abdulsalami Abubakar. Le gouvernement Obasanjo (1999–2007) a mis en œuvre une série de réformes en vue de renforcer les institutions politiques après des années de tyrannie et de crise économique. La Stratégie nationale pour l'autonomisation et le développement économiques s'articulait autour de quatre thèmes principaux : améliorer l'environnement macroéconomique, poursuivre des réformes de fond, rationaliser la gestion des dépenses publiques et mettre en œuvre des réformes juridiques et institutionnelles. Le document Vision 20 : 2020 est devenu le plan directeur encadrant les efforts du Nigéria pour figurer parmi les vingt économies les plus performantes et concurrentielles au monde (NNPC 2009).

Bien que ces documents ne mentionnent pas la réforme du secteur de la sécurité de manière explicite, le gouvernement Obasanjo a sollicité l'aide de

Comment citer ce chapitre du livre:

Aiyede, E. R. 2015. La gouvernance démocratique du secteur de la sécurité et la réforme de l'armée au Nigéria. Dans: Bryden, A et Chappuis, F (dir. publ.) *Gouvernance du secteur de la Sécurité : Leçons des expériences ouest-africaines*, Pp. 103–124. London: Ubiquity Press. DOI: http://dx.doi.org/10.5334/bav.f. Licence: CC-BY 4.0.

la communauté internationale pour mettre en œuvre ses processus de réforme militaire. Au nombre des agences extérieures actives dans le domaine de la réforme des armées, l'on peut citer une société privée (*Military Professional Resources Incorporated – MPRI*), le Programme international du gouvernement américain pour l'éducation et la formation militaires (*International Military Education and Training programme*) et l'Equipe britannique de conseil sur la défense (*British Defence Advisory Team*). Alors que le Nigéria est toujours en proie à de graves problèmes sécuritaires, l'idée de réformer le secteur de la sécurité est restée à l'ordre du jour durant les divers gouvernements qui se sont succédé, particulièrement renforcée par l'impact dévastateur d'un régime militaire prolongé sur le moral des civils et même des militaires au lendemain de l'indépendance (Siollun 2013).

Les principales questions à traiter sont la prévention des coups d'Etat, la démilitarisation de la société, le contrôle de l'armée par les autorités civiles, le retrait des militaires de postes normalement réservés à la police, la nécessité de décentraliser les services de police, celle de renforcer la capacité de l'armée à lutter contre les insurrections, et enfin la réforme du système pénitentiaire et de justice pénale. Ces volets de la réforme du secteur de la sécurité sont devenus ces derniers temps les thèmes favoris des médias. Les efforts récemment déployés par l'armée pour lutter contre le terrorisme, notamment contre Boko Haram, ont placé ces questions au cœur des débats dans la société nigériane, principalement à cause des polémiques qui ont entouré l'action de l'armée contre Boko Haram (laquelle traîne en longueur et s'essouffle) et ont fait douter de sa capacité à être opérationnelle.

En 2014, le gouverneur Kashim Shettima a déclaré que les soldats nigérians étaient piètrement armés et peu motivés, accentuant ainsi l'urgence des débats (Onuoh 2014). D'autres sujets ont été évoqués : les déserteurs, les manifestations organisées par les femmes de soldats pour exiger que leurs maris soient mieux équipés, la corruption récurrente au sein de l'armée et le cas de plusieurs soldats ayant tiré sur leurs chefs pour avoir ordonné des missions trop dangereuses. Dans un contexte où un programme de réforme militaire est censé être en vigueur et où l'armée est de plus en plus sollicitée pour venir en aide aux autorités civiles (requérant un budget accru pour la défense), il est devenu impératif de s'impliquer activement à l'échelle du pays et même du monde (BBC 2015).

Qu'est-il advenu des efforts de réforme militaire au Nigéria ? Dans quelle direction est-elle allée ? S'est-elle arrêtée ou avait-elle pris un mauvais départ ? Quelles sont les parties prenantes impliquées et quels rôles ont-elles joué ? Comment la réforme peut-elle être ravivée et réorientée de façon à résoudre les problèmes sécuritaires de notre époque ? La présente étude examine les réponses à ces questions et montre que le pays a perdu plusieurs occasions de faire de son armée une force efficace capable de repousser des attaques venues de l'extérieur et de garantir la sécurité intérieure dans le cadre d'un contrôle civil démocratique.

Au fond, la décision du général Obasanjo de modifier la constitution afin de prévoir un troisième mandat pour le président et les gouverneurs des Etats a ralenti l'action de son gouvernement en faveur d'une réforme militaire. Cela a permis à l'armée de s'approprier le contrôle de la réforme du secteur de la défense au détriment des autorités civiles. Ainsi, la réforme s'est trouvée influencée par les priorités des nouveaux chefs militaires et par leur incapacité à corriger la mauvaise gestion de l'armée due à la mise en avant d'intérêts personnels et aux fréquents changements parmi les dirigeants. Cette situation a ensuite empêché la mise en œuvre d'une transformation systématique de l'armée. D'autres facteurs encore ont eu un impact sur le processus de réforme, par exemple, la mauvaise santé suivie du décès du président Yar' Adua, qui a succédé au président Olusegun Obasanjo, et l'émergence de Boko Haram en tant que menace majeure pour la sécurité. Sous le régime du président Goodluck Jonathan, la lutte anti-terroriste contre Boko Haram n'a pas seulement changé le cours de la réforme de l'armée, elle a aussi révélé les limites et les insuffisances des efforts accomplis à ce jour et a souligné les rivalités existant entre les institutions, notamment avec la police. Les tentatives de réforme se sont soldées par un tel échec qu'en 2014 le ministre de la Défense, le sénateur Musiliu Obanikoro, a évoqué l'idée d'un nouveau départ en vue de réformer l'armée (Eghaghe 2014 : 1).

La présente étude se propose de montrer comment le Nigéria a perdu plusieurs occasions de transformer son armée en une force efficace capable de repousser des attaques venues de l'extérieur et de garantir la sécurité intérieure dans le cadre d'un contrôle civil démocratique. Elle montre aussi comment l'évolution de la dynamique démocratique (par exemple, la décision du général Obasanjo de modifier la constitution de façon à prévoir un troisième mandat pour le président et les gouverneurs des Etats) a freiné les efforts du gouvernement pour mettre en œuvre une réforme de l'armée. Cela a permis à cette dernière de s'octroyer le contrôle de la réforme du secteur de la défense au détriment des autorités civiles, empêchant la mise en œuvre d'une transformation systématique de l'armée. Ce chapitre commence par présenter l'histoire de l'armée depuis l'époque coloniale, puis examine les différents efforts déployés au lendemain de l'indépendance pour en faire une institution stable dédiée à la défense et à la sécurité du pays. Il donne les grandes lignes de la réforme militaire menée sous Obasanjo de 1999 à 2007 lorsque le pays est revenu à un régime civil après vingt ans de dictatures militaires. Ensuite, il passe en revue le contre-programme de transformation institué par l'armée, son degré d'application et les raisons de l'état actuel de la réforme militaire. Pour finir, il suggère une feuille de route prenant en compte les critères à satisfaire (restés lettre morte jusqu'ici) afin que les changements s'effectuent de manière systématique.

Le contexte de la gouvernance du secteur de la sécurité au Nigéria

Ancienne colonie britannique, le Nigéria a accédé à l'indépendance le 1er octobre 1960. A partir de ce moment-là, une forme de gouvernement parlementaire a été mise en place, à savoir une fédération de trois régions (le Nord, l'Est et l'Ouest). En 1963, le pays est devenu une république. La même année, une quatrième région a été ajoutée, le Centre-Ouest.

Le Conseil de défense fédéral a été créé en 1957. Il comprend des représentants du gouvernement fédéral et des gouvernements régionaux et est présidé par le gouverneur général. C'est ce conseil qui a pris les toutes premières décisions officielles en matière de politique de défense et qui a défini l'organisation de l'armée nigériane, y compris ses critères de recrutement et la nature des procédures parlementaires visant à établir et approuver le budget annuel. Il a pris la pleine responsabilité de l'armée juste après l'indépendance, terminant sa « nigérianisation » en 1960, bien qu'une grande proportion d'officiers britanniques ait continué de servir dans les rangs les plus élevés. A cette époque, la société civile et les médias étaient fortement impliqués dans la politique sécuritaire, comme on a pu le constater lors des manifestations qui ont accueilli la proposition du Pacte anglo-nigérian pour la défense et la participation continue du Nigéria aux opérations internationales de maintien de la paix au Congo après l'exécution de Patrice Lumumba. Pendant ce temps, le Parlement a aidé à instaurer un quota dans le recrutement des officiers afin de refléter la diversité nationale (Alaga & Akum 2013).

Cependant, les progrès accomplis en matière de réforme du secteur de la défense ont été stoppés net quand la Ie République a connu une fin abrupte le 15 janvier 1966 à la suite d'un coup d'Etat, conséquence ultime de la crise de gouvernance qui a marqué le bref régime de cette république. Les raisons principales étaient la confrontation officieuse entre le président et le premier ministre concernant les élections fédérales de 1964 et les élections truquées de 1965 dans l'Ouest qui ont abouti à l'effondrement de l'ordre public dans la région. Le coup d'Etat a été essentiellement imputé au peuple igbo car la presque totalité des hommes politiques et des dirigeants militaires de la Ie République assassinés venaient du Nord ou du Sud-Ouest, à l'exception d'un officier igbo.

Le pays est entré dans une guerre civile après un contre coup d'Etat le 29 juillet 1966 considéré comme un acte de vengeance car, à part le général Ironsi et Fajuyi, un seul parmi les dix officiers tués n'était pas d'origine igbo (Dudley 1973; Post & Vickers 1973). Avec le contre coup d'Etat, l'esprit de cohésion engendré par un commandement militaire unifié a disparu ; la hiérarchie militaire a été bouleversée lorsque le lieutenant-colonel Ojukwu a objecté à la promotion du lieutenant-colonel Gowon à la tête de l'Etat parce qu'il n'était pas le prochain candidat dans la chaîne de commandement en dessous du général Ironsi. Malgré les efforts déployés pour réconcilier les factions, le massacre des Igbos dans le Nord et la déclaration de l'Etat souverain du Biafra qui a suivi, ont annoncé le début d'une guerre civile qui allait durer de 1967 jusqu'en 1970. Ainsi, le 27 mai 1967, le conseil consultatif de la région de l'Est a mandaté Ojukwu pour promulguer l'avènement de la République indépendante du Biafra, déclaration suivie par celle de l'état d'urgence et la création par le général Yakubu Gowon d'une instance fédérale composée de 12 Etats chargée de gouverner le pays (Osaghae 1998; Panter-Brick 1970). Du fait de cette dynamique politique, les Igbos ont été mis à l'écart de l'armée dans la période d'après-guerre.

Une autre conséquence de la guerre civile pour les militaires a été l'augmentation des effectifs de l'armée : de 7000 hommes environ organisés en seulement deux brigades d'infanterie en 1967, elle est passée à plus de 250 000 officiers et soldats en 1970 (Bali 1989 : 164). Ainsi, au lendemain des conflits, les efforts déployés pour réduire les effectifs et rendre l'armée plus agile sont devenus un thème central de la réforme et de la transition vers la démocratie. Malgré la promesse de démobilisation faite par le général Gowon, peu à été accompli à cet égard. Gowon a été renversé en 1975 pour ne pas avoir soutenu le programme de transition qui devait mettre fin au régime militaire en 1976. Le général Murtala Mohammed, arrivé au pouvoir après Gowon, a formé le projet de passer à un programme civil en 1979. Il a mis en place un comité chargé de rédiger la constitution et a réorganisé le pays en 19 Etats. Mais il a été assassiné lors d'un coup d'Etat manqué le 13 février 1976.

Après l'assassinat du général Murtala Mohammed, le général Olusegun Obasanjo est arrivé au pouvoir et a poursuivi le programme de transition vers le régime civil, qui a pris fin en 1979 lorsque le pays est revenu à la démocratie avec le président élu Shehu Shagari. Il faut noter que seulement 50 000 membres des forces armées avaient été démobilisés à ce stade (Osaghae 1998 : 82). Ainsi, dans la période d'après-guerre, les efforts pour réduire les forces armées sont devenus un thème central des débats sur la réforme militaire et sur la transition du régime militaire vers la démocratie.

La Constitution de 1979 a proscrit les coups d'Etat et écarté les militaires des sphères politiques. Elle a placé le chef d'état-major de la défense sous la responsabilité du président plutôt que sous celle du ministre de la Défense, comme c'était le cas lors de la Ie République. Dans le nouveau système, des comités chargés des affaires de police, de défense et du renseignement ont alors été mis en place à la Chambre des représentants et au Sénat afin de renforcer le contrôle du pouvoir législatif. Cependant, le fait d'avoir placé le chef d'état-major de la défense directement sous l'autorité du président a affaibli ce même contrôle. De plus, les militaires n'ont pas respecté la nouvelle procédure d'appels d'offres pour les contrats d'Etat ni le protocole d'approbation législative pour l'engagement des dépenses. Cette situation était en partie due au fait que les chefs militaires se sentaient assez puissants pour défier les ordres présidentiels. Par exemple, le major-général Dumuje a ignoré les ordres du président Shagari d'envoyer des troupes en aide aux autorités civiles lors d'une insurrection religieuse à

Kano. Les militaires ont aussi essayé d'influencer les nominations politiques, notamment en soumettant au président « une liste de leurs candidats préférés » pour les postes ministériels en 1983, juste avant le coup d'Etat du 31 décembre (Alaga & Akum 2013 : 221–222).

Malgré ces difficultés, la guerre civile et les années suivantes ont coïncidé avec un double boom pétrolier qui a permis au Nigéria de développer son industrie de substitution aux importations, d'investir dans les infrastructures et de financer non seulement des importations massives de biens intermédiaires et de biens d'équipement, mais aussi de matières premières et d'autres biens de consommation. Entre 1975 et 1979, l'économie a augmenté de 8,3 % par an et le pays a enregistré un excédent commercial de N2 milliards en 1980, en dépit de la baisse soudaine des prix du pétrole en 1978 (Olukoshi 1993). L'armée s'est développée et a acquis des équipements ainsi que des pièces d'artillerie plus modernes. Elle a également construit des casernes dans tout le pays. Toutefois, l'accroissement du réseau de voies urbaines et d'autoroutes ainsi que la mise en place de programmes sociaux ont favorisé la corruption parmi certains militaires de haut rang et leurs collaborateurs. Malgré les efforts déployés sous les gouvernements de Murtala Mohammed et d'Olusegun Obasanjo entre 1975 et 1979 pour instituer des mécanismes budgétaires, un grand nombre d'institutions étatiques comme l'armée n'en faisaient usage que lorsque cela les arrangeait. Ainsi, comme l'ont remarqué Omitoogun et Oduntan, les processus budgétaires et les dépenses dépendaient généralement davantage de la personnalité du chef de l'Etat du moment que des mécanismes institutionnels (Omitoogun & Oduntan 2006 : 158).

C'est dans ce contexte que l'excédent commercial du Nigéria s'est transformé en un déficit de N300 millions dès 1983, et que sa dette extérieure a atteint N21,38 milliards, soit une augmentation ahurissante de 989,2 % depuis 1980 (Adesina 1995 : 18). La dette publique intérieure est passée de N4,6 milliards en 1979 à N22,2 milliards en 1983, tandis que le produit national brut a baissé de 8 % en 1982 et de 5,5 % supplémentaires en 1984. L'inflation de 23 % en 1979 est passée à 40 % en 1983. Afin de résoudre la crise grave et soudaine de la balance de paiements, le Nigéria a dû accuser un déficit budgétaire et contracter de gros emprunts auprès d'organismes internationaux privés et officiels de façon à pouvoir financer ses programmes. Ce faisant, le pays a accumulé d'énormes dettes. Pour endiguer la crise, le gouvernement Shagari a promulgué une loi de stabilisation économique (dispositions provisoires) en avril 1982, et a de plus introduit plusieurs mesures d'austérité visant à réduire les dépenses du gouvernement ainsi que les importations. Ces mesures ont été renforcées par le gouvernement Buhari, qui avait renversé celui de Shagari lors d'un coup d'Etat militaire en 1983.

Quand Ibrahim Babangida a succédé à Buhari en 1985, il a mis en place un programme de réforme économique en même temps qu'un programme de retour à la démocratie. Or, pendant son mandat, le pouvoir était concentré entre les mains du président. Afin de s'assurer des appuis, il a accordé de façon stratégique des promotions, des reconversions, il a nommé des officiers à des postes politiques et a facilité l'attribution de contrats à des officiers à la retraite, en plus d'avoir offert des véhicules à des officiers de certains rangs. A d'autres occasions, il a incité des membres des forces armées à protester contre la société civile lors de manifestations publiques hostiles au gouvernement sous prétexte qu'elles étaient des tentatives pour « détruire la crédibilité de l'armée » ou pour « expulser des militaires hors du gouvernement en les humiliant ». Il a déclaré que « seule l'armée pouvait amener les troupes à réintégrer leurs casernes » (Adekanye 1997 : 45, 47).

En dépit des ces problèmes, sous le mandat de Babangida, le sort des Igbos dans les rangs de l'armée a commencé à s'améliorer progressivement pour la première fois depuis la guerre civile quand Ebitu Ukiwe, lui-même originaire de cette ethnie, a été brièvement nommé chef d'état-major général. Mais la question de l'équilibre régional a continué à se poser au Nigéria malgré un recrutement dans l'armée et dans d'autres services officiels subordonné au principe du caractère fédéral, disposition figurant dans la Constitution de 1979 et exigeant que les nominations à des postes publics reflètent de manière équitable la diversité linguistique, ethnique, religieuse et géographique du pays.

L'annulation par Babangida des élections présidentielles du 12 juin 1993, censée conclure le programme laborieux de transition vers le régime civil, a déclenché une crise politique majeure, causant le mécontentement de la population, creusant encore davantage le fossé entre les différents groupes ethnolinguistiques et encourageant les revendications pour une refonte ou une réforme de l'armée. De ce fait, Babangida s'est écarté, laissant un gouvernement provisoire mener à bien la transition vers le régime civil. Cependant, ce gouvernement provisoire a été déclaré illégal par une cour de justice : le général Sani Abacha l'a renversé plus tard en 1993 lors d'un coup d'Etat sans effusion de sang. Il a anéanti toutes les institutions démocratiques existantes et de nouveau tenté de passer à un régime démocratique par le biais d'un programme destiné à faire de lui un président civil. Mais il est mort subitement le 8 juin 1998. Son successeur, le général Abdulsalami Abubakar, a entrepris une campagne pour encourager les militaires à regagner leurs casernes avant le 29 mai 1999.

Le gouvernement du général Abdulsalami Abubakar a entamé son projet de réforme de l'armée avec un programme de transition d'une durée de 10 mois. Le point le plus important était le plan du président de persuader les militaires de réintégrer leur caserne. D'autre part, Abubakar a: entrepris d'améliorer la qualité de vie des soldats, s'engageant à augmenter les salaires des recrues et des officiers avant la fin de 1998 ; mis sur pied un comité chargé d'organiser une série d'ateliers à l'intention des forces armées et de la police sur le bien-être ; la « reprofessionalisation » et l'importance de revenir à la démocratie ; apaisé les tensions politiques en relâchant des personnalités de l'opposition et des activistes de la société civile qui avaient défié le régime du général Sani Abacha ;

abrogé plusieurs décrets qui rendaient légales les arrestations arbitraires sans procès et d'autres restrictions des libertés publiques; promis d'examiner plusieurs cas de violation des droits humains. Le général a alors pu s'atteler à l'élaboration d'une constitution conçue selon les principes démocratiques.

Aux termes de la nouvelle constitution, la chaîne de commandement et la conduite des opérations militaires ont été placées sous la responsabilité du président en sa qualité de commandant en chef à titre civil, sous la supervision expresse de l'Assemblée nationale. Dans une large mesure, cela a empêché que l'armée soit directement impliquée dans les processus politiques de la transition, même si elle a continué à influencer indirectement les choix des candidats à la présidence. Cependant, à part ces quelques mesures élémentaires, aucun programme spécifique de réforme à long terme n'a été mis en place. La tâche de refonder le secteur de la sécurité a donc été laissée au gouvernement civil entrant.

La démocratisation du secteur de la sécurité entre 1999 et 2007

En mai 1999, Olusegun Obasanjo est devenu président d'un régime civil, la IVe République. La réforme militaire est passée en tête de liste des priorités du nouveau gouvernement car elle s'articulait autour de cinq questions essentielles : i) les revendications de la région du Sud concernant la domination du Nord, notamment la prédominance des ethnies du Nord dans l'armée; ii) la crainte que le régime militaire durant 15 des 25 premières années de l'indépendance n'ait installé l'habitude d'utiliser les coups d'Etat pour résoudre les désaccords, risquant ainsi de compromettre la règle démocratique dans l'avenir; iii) le besoin de réorganiser l'armée de façon à la rendre plus resserrée et efficace, y compris en s'attaquant à la corruption interne afin de rétablir une gestion prudente et adéquate des ressources et permettre aux forces d'être mieux préparées; iv) l'importance de renforcer les liens entre civils et militaires qui avaient rendu ces derniers dépendants de dirigeants civils et de démilitariser la société nigériane en s'efforçant d'atténuer sa culture de violence, son aversion pour les débats et l'utilisation de mesures extrêmes dans les conflits internes (Adejumobi 1999); v) la nécessité de traiter plusieurs situations interactives nées du besoin de dépolitiser l'armée en révoquant des soldats occupant des postes politiques de façon à ce que le statut militaire ne confère plus un pouvoir politique ou un privilège financier conséquent. Il s'agissait là d'un point particulièrement important vu la tradition permettant aux cadets de s'enrôler pour accéder plus vite à des postes politiques. Mais, il y avait le risque que des soldats exposés aux privilèges, aux promotions rapides et à l'enrichissement extravagant, qui allaient souvent de pair avec les fonctions politiques au Nigéria, ne se contentent plus de la vie morne et sans faste dans les casernes (Adekson 1979). Il a donc fallu réorienter l'armée vers son rôle initial et inciter les officiers à ne plus avoir de velléités d'ordre politique. Un autre problème était le besoin de «reprofession-naliser» l'armée afin de remédier aux effets indésirables de sa politisation sur l'esprit de corps, le respect de la hiérarchie militaire et la discipline en général. Les échecs économiques et politiques ainsi que les coups et contre coups d'Etat récurrents sous le régime militaire ont décrédibilisé le discours des militaires qui prétendaient être sur la bonne voie. De plus, la corruption endémique, qui avait marqué le régime militaire, a terni l'image de l'armée en tant que gardienne de l'unité et de l'intégrité de l'Etat nigérian.

Peu après avoir pris ses fonctions en 1999, le président Obasanjo a limogé plus d'une centaine de généraux et autres officiers de rangs intermédiaires, placés à des postes politiques. Grâce à cette décision stratégique, l'armée a été purgée d'hommes politiques en uniforme, et un processus global de réforme a pu commencer. Ainsi, sous Obasanjo, l'effort de réforme a été inspiré par le désir de prévenir toute tentative par la région du Nord d'utiliser l'armée pour rétablir son hégémonie politique. Etant donné le nombre disproportionné d'officiers originaires du Nord qui avaient exercé des fonctions politiques sous le régime militaire, l'initiative de «reprofessionnaliser» l'armée en mettant ces officiers à la retraite a contribué à créer un certain équilibre dans la représentation régionale aux niveaux supérieurs de la hiérarchie militaire. A la suite d'une révision des postes d'état-major et d'autres services, de nouveaux officiers supérieurs issus d'horizons plus divers ont été désignés pour remplacer ceux partis à la retraite. En 2010, la nomination d'un Igbo, le général Azubuike Ihejirika, au poste d'état-major a été saluée dans les médias car il était le premier officier de cette ethnie à exercer ces fonctions depuis la fin de la guerre civile en 1970.

Dans le discours qu'il a prononcé au *National War College* (à présent appelé *National Defence College*) en 1999, il a présenté les principaux volets du projet de réforme :

1. la nomination d'un président civil élu au poste de commandant en chef des forces armées et la suprématie des fonctionnaires d'Etat élus sur les officiers nommés à tous les niveaux ;
2. la direction du ministère de la Défense et d'autres institutions stratégiques par des civils ;
3. le fait que les décisions relatives aux objectifs et à la conduite des opérations militaires doivent servir les buts politiques et stratégiques fixés par l'autorité civile ;
4. le respect des principes du droit civil lors de toutes les enquêtes et procès militaires ;
5. le droit pour les autorités civiles (la Cour suprême) d'examiner toutes les mesures ou décisions prises par des magistrats militaires ;
6. l'incorporation d'autres instruments destinés à consolider la suprématie des autorités civiles, par exemple des clauses constitutionnelles ou des modalités de contrôle par le pouvoir législatif (Manea & Rüland 2013 : 65).

Bien qu'Obasanjo ait par la suite produit toute une série de programmes de réforme couvrant une vaste gamme de thèmes relatifs à la gouvernance, la réforme de l'armée était omise la plupart du temps. En effet, ni la Stratégie nationale pour l'autonomisation et le développement économiques ni le document Vision 20 : 2020 (NNPC 2004 ; 2009), élaborés sous le régime d'Obasanjo, ne mentionnaient la réforme du secteur de la sécurité ou sa gouvernance. En examinant le contenu de la réforme du secteur de la sécurité durant cette période et les efforts déployés, Manea et Rüland (2013 : 64) ont constaté qu'il n'y avait pas de concept global ni de volonté politique suffisante pour l'appliquer. Les mesures mises en œuvre par le régime Obasanjo pour réformer l'armée étaient les suivantes :

1. le pouvoir de nommer et de révoquer les chefs de service ;
2. la reconversion du ministère de la Défense en une instance civile ;
3. la création d'une Commission d'enquête sur les violations des droits humains (la « Commission Oputa ») et d'une Commission sur les droits de l'homme ;
4. la réforme de la justice militaire stipulant que toutes les décisions du tribunal militaire seraient dorénavant soumises à l'examen de la Cour suprême ;
5. la réforme des relations civilo-militaires (avec la MPRI) ;
6. le contrôle législatif du budget de la défense le soumettant à l'examen approfondi de l'Assemblée nationale et à l'approbation des organes de supervision tout au long du processus ;
7. l'énoncé d'une Stratégie de défense nationale en 2006 (Nigéria 2006).

Cependant, vers la fin du régime Obasanjo, l'élan s'est ralenti en raison des querelles permanentes entre le président et le pouvoir législatif, notamment concernant les tentatives d'Obasanjo pour inclure dans la constitution une disposition prévoyant un troisième mandat présidentiel. Ces préoccupations politiques l'ont détourné de son effort de réforme, affaiblissant les chances de voir l'Assemblée nationale promulguer la nouvelle législation relative à l'armée ainsi que les amendements à la constitution en faveur de la réforme militaire.

Comme le remarquent Aiyede (2013 : 177–179) ainsi que Manea et Rüland (2013 : 64–69), les espoirs d'une réforme de l'armée étaient d'autant plus minces qu'il n'y avait pratiquement aucun soutien de la part des médias ni de la société en faveur du contrôle démocratique de l'armée. Plusieurs occasions de réforme ont été gaspillées, y compris celles évoquées lors de la Conférence de 2005 pour la réforme politique. En plus de la création du Conseil national de sécurité pour le renseignement et de la Commission nationale pour les services de sécurité, la conférence recommandait l'adoption d'une disposition constitutionnelle modifiant l'article 1(2) de la Constitution de 1999 afin de se prémunir contre les coups d'Etat. Les autres recommandations étaient : la réorientation politique de l'armée ; une nouvelle formation des forces armées afin d'améliorer leur professionnalisme; la réorganisation de la société DICON *(Defence Industries Corporation of Nigeria)*; la décision d'investir dans une recherche et un développement axés sur les applications militaires et financés à hauteur d'au moins 5 % du budget de la défense; la création d'un institut de technologie dans l'enceinte de l'Ecole nationale de défense pour proposer des études de 2e et de 3e cycle en génie maritime/aéronautique, en technologie des armements et en informatique; la création d'une école de guerre interarmées; l'amélioration des services sociaux pour le personnel militaire; et l'optimisation de la participation de l'armée dans les opérations de maintien de la paix. Mais, sur les 116 amendements constitutionnels proposés, aucun ne se rapportait aux questions militaires. En fin de compte, cela n'a guère eu d'importance car l'Assemblée nationale s'étant opposée à la proposition d'inclure un troisième mandat présidentiel, toutes les modifications à la constitution ont été rejetées.

Le processus de réforme a également souffert de la réticence des militaires à recourir à l'aide extérieure, en particulier entre 1999 et 2001 lorsque Victor Malu était chef d'état-major. Toutefois, le président Obasanjo a invité la MPRI et l'Equipe britannique de conseil sur la défense à contribuer au programme de réforme. Des officiers de haut rang ont alors décrété que les connaissances de la MPRI en matière de relations entre civils et militaires, dont l'enseignement était la raison de leur venue au Nigéria, étaient déjà inculquées dans les établissements militaires nigérians. De plus, selon eux, le soutien proposé pour « reprofessionnaliser» l'armée n'était pas vraiment nécessaire et n'avait pas fait l'objet d'une discussion préalable avec les dirigeants militaires; en fait, ce soutien était contraire à leurs attentes s'agissant de l'aide extérieure.[1]

Sous le gouvernement Yar' Adua, qui a succédé au président Obasanjo en 2005, les efforts de l'exécutif civil pour poursuivre la réforme de l'armée ont été à nouveau ralentis, quand bien même la sécurité figurait parmi les sept thèmes inscrits à l'ordre du jour de ce gouvernement. Ceci était surtout dû à la maladie et, pour finir, au décès du président, incapable d'exercer ses fonctions pendant la majeure partie de son mandat entre 2007 et 2010. La présidence était assurée par son entourage, une coterie dont sa femme faisait partie. Lorsque le président s'est rendu en Arabie saoudite, il n'a pas confié officiellement ses pouvoirs au vice-président Goodluck Jonathan pendant la durée de son voyage, comme il est stipulé dans la constitution; au lieu de cela, son état de santé a été gardé secret par ses proches. On a réellement craint que les militaires ne s'emparent du pouvoir en mars 2010 quand le président est subrepticement revenu à l'aéroport d'Abuja de nuit sans en informer le vice-président, qui lui a succédé en fin de compte plus tard cette année-là (Adeniyi 2011 : 237).

Le président Goodluck Jonathan a ensuite remporté les élections de 2011. Cependant, aucune initiative importante sur la question de la réforme de l'armée ne figurait au programme de transformation de son gouvernement, malgré l'aggravation de la menace de Boko Haram sous son mandat. Les dirigeants militaires changeaient fréquemment, preuve que leurs nominations et mises à la retraite étaient contrôlées par des civils ; ce qui n'a pas empêché le budget de la défense d'augmenter considérablement pendant cette même période. Ces décisions sont maintenant subordonnées au contrôle parlementaire. En ce qui concerne la nomination des chefs d'état-major des trois armées, le président a commencé à solliciter l'approbation du Sénat en 2013 après la décision du juge Adamu Bello le 1er juillet 2013 de rendre cette mesure obligatoire. Avant cette date, le président nommait et révoquait les chefs d'état-major sans consulter le Parlement. A l'heure actuelle, le président nomme les chefs d'état-major, puis soumet la liste au Sénat pour confirmation. A ce jour, aucune de ces nominations ou mise à la retraite n'a été rejetée.

Pour un changement durable

Malgré une réforme en apparence ralentie et une opposition de l'armée à l'implication d'intervenants extérieurs, les dirigeants militaires ont élaboré et mis en œuvre leur propre programme de réforme. Toutefois, les mesures dépendaient des priorités de chacun des chefs d'état-major de l'armée de terre qui se sont succédés. Par exemple, en mai 2004 le chef d'état-major de l'armée de terre à l'époque, le général Martin Luther Agwai, a établi un Comité de la gestion du changement chargé d'évaluer les besoins en matière d'installations, d'équipements et de formation de l'armée de terre nigériane et de faire face aux menaces et défis à relever pour les dix prochaines années et au-delà. Un plan cadre pour la transformation de l'armée (*Framework for the Transformation of the Nigerian Army in the Next Decade – Volumes 1 & 2*) a été rédigé par la suite et le bureau de transformation de l'armée Nigeriane a été créé en 2006 pour conceptualiser, élaborer et mettre en application des plans à court, moyen et long terme.

En 2006, lorsqu'Agwai est devenu chef d'état-major de la défense (CEMD), il a essayé de propager ces idées dans les autres services de l'armée. Il a établi le Comité de transformation des forces armées au sein du ministère de la Défense, faisant ainsi un premier pas vers la transformation de l'armée dans son ensemble. En 2008, le comité a rédigé un document stratégique, deux volumes d'une doctrine commune aux forces armées et un plan d'organisation pour la haute direction de la défense (MOD 2008a; 2008b). Il y était prévu de réviser la stratégie militaire tous les cinq ans et la doctrine tous les deux ans. Cependant, à ce jour, la structure de gestion envisagée n'a pas était mise en place et aucune révision n'a eu lieu. Le comité a d'autre part publié des documents concernant ses projets pour :

1. réorganiser le ministère de la Défense afin d'améliorer la gestion de la défense nationale ;
2. définir une stratégie militaire nationale ainsi qu'une doctrine opérationnelle commune ;

3. fournir des moyens pour renforcer les compétences et la motivation des personnels;

4. mettre en place des processus pour l'achat et l'entretien en commun d'équipements militaires majeurs et accessoires;

5. créer une capacité de recherche et développement et de services industriels dédiés à la défense; et

6. mettre en place un dispositif militaire fiable capable de relever les défis actuels et à venir.

Parmi tous ces documents, il faut souligner la Politique nationale de défense de 2006 car elle a été élaborée pratiquement sans l'aide du Parlement ou de la société civile (Aiyede 2013 : 176). Cette politique a bien adopté un concept d'opérations interarmées pour améliorer l'efficacité opérationnelle de l'armée, mais son application s'est trouvée compromise par l'absence d'un contrôle centralisé. Cette difficulté était due aux ambigüités contenues dans les articles de la loi de 2004 sur les forces armées nigérianes, lesquels attribuaient la responsabilité des opérations au CEMD, ainsi que dans l'article 217 de la Constitution de 1999, dans lequel les pouvoirs du chef d'état-major de la défense n'étaient pas évoqués puisque seuls les chefs d'état-major de chaque armée étaient mentionnés et que ceux-ci prennent leurs ordres directement auprès du ministre de la Défense. Certes, ce système réduit le rôle du CEMD à celui d'un simple conseiller auprès du commandant en chef chargé, lui, de diriger les opérations des forces armées même si le CEMD est en théorie responsable de la coordination et de l'intégration des activités des trois armées. De plus, le CEMD est habituellement choisi parmi les chefs d'état-major de chaque armée et cumule les deux fonctions dès sa nomination. Ce système suppose que pour être bien organisées et efficaces au combat, les forces armées doivent être dirigées par un CEMD investi de pouvoirs qui l'habilitent à décider des activités des trois armées, à les superviser et en assurer la coordination. Ces prérogatives pourraient néanmoins restreindre l'influence du président sur les dirigeants militaires : un système qui place le président ou le ministre de la Défense au-dessus du CEMD et des chefs des trois armées permet de cultiver la loyauté, d'accorder des distinctions et par conséquent d'exercer une influence certaine sur les forces armées. Ces contradictions proviennent du fait que la loi de 2014 sur les forces armées nigérianes a été promulguée afin de préserver le contrôle présidentiel sur la hiérarchie militaire. Le fait chefs d'état-major entrent en compétition pour être reçus par le président ou le ministre de la Défense a été perçu comme une garantie contre les coups d'Etat ou l'éventualité que les militaires s'entendent entre eux pour faire valoir des revendications auprès des dirigeants politiques. Mais d'un autre point de vue, retirer des pouvoirs au CEMD, notamment ceux relatifs au budget et aux opérations sur le terrain, pour les donner à chaque armée permet aux chefs d'état-majors concernés d'être plus autonomes et de décider eux-mêmes de leur budget; pouvoirs qu'ils sont très réticents à abandonner. Dans la pratique, comme le remarquent Menea et Ruland, le résultat est que « les achats des équipements militaires sont en grande partie contrôlés par les chefs de chaque armée et dans une moindre mesure par le CEMD et le ministre de la Défense (Manea & Rüland 2013 : 73). D'autre part, il est de coutume que le président finance les équipements militaires au moyen de décrets libérant des ressources hors budget. C'est pourquoi le président tout comme les chefs des services sont intéressés à maintenir le statu quo.

Le fait que le processus d'acquisition soit empreint de corruption à cause de ces contradictions, explique pourquoi celles-ci restent bien ancrées et sont loin d'être réglées.[2] Comme le note Oyegbile (2014), un processus d'acquisition en proie à la corruption est, en partie du moins, responsable du déficit en équipements et du mauvais moral des troupes. Il cite un officier supérieur à la retraite montrant à quel point cette situation est mal vécue parmi les officiers de haut rang :

> Dans ce pays, la guerre contre le terrorisme ou même une guerre conventionnelle ne peut être gagnée dans les conditions actuelles. Notre système de financement de l'armée est profondément corrompu et permet les abus les plus flagrants. Les budgets militaires ne devraient jamais être confiés à des chefs militaires ni au chef d'état-major de l'armée de terre comme c'est le cas actuellement (Oyegbile 2014).

La doctrine commune inscrite dans la Politique nationale de défense mettait l'accent sur la primauté des dirigeants politiques, des représentants élus et de leurs subalternes dans l'élaboration des politiques et des procédures nationales générales en matière de défense. Parallèlement, elle prévoyait que les militaires donnent leur avis et formulent des recommandations concernant certaines questions professionnelles comme la capacité opérationnelle, les limitations et les prévisions militaires. Elle prévoyait aussi que les dirigeants restent à l'écoute du public et tiennent les citoyens informés au fur et à mesure des progrès de leurs missions, surtout quand il était fait usage de la force (MOD 2008b). Si l'armée est la mieux placée pour fournir des informations précises, complètes et en temps utile afin de permettre à l'Assemblée nationale de remplir correctement ses obligations constitutionnelles concernant les questions militaires, les dirigeants civils ont tout de même choisi de ne pas appliquer pleinement la doctrine commune comme prévu. Par exemple, depuis 1996, les présidents civils ont nommé et mis à la retraite les membres de la haute direction des forces armées conformément aux dispositions de la constitution, mais ils ont agi sans l'aval du législatif exigé par la loi. Ainsi, Festus Keyamo, un militant des droits humains et avocat de profession, a obtenu un jugement de la Haute cour fédérale en 2013, qui a contesté la pratique de nommer des chefs d'état-major sans l'approbation de l'Assemblée nationale. La cour a déclaré les nominations antérieures nulles et non avenues. C'est pourquoi le président Jonathan a demandé au Sénat de confirmer les nominations qu'il a annoncées le 16 janvier 2014, ce qui a été fait concernant les nouveaux chefs d'état-major le 29 du même mois (Ojiabor 2014 : 6). A partir de ce moment-là, la société civile a surveillé les abus de l'exécutif et a pu utiliser le système judiciaire pour les dénoncer. Malheureusement, le cas est resté isolé.

En fin de compte, après le régime Obasanjo, les efforts investis pour promouvoir le programme de transformation ont capoté par manque d'engagement. En conséquence un nombre restreint de mesures de réforme ont été élaborées et mises en œuvre par les chefs de chaque armée en vue de servir leurs propres intérêts. Par exemple, à l'époque du CEMD Paul Dike, également maréchal en chef de l'armée de l'air, plusieurs programmes, séminaires, visites, conférences et ateliers ont été organisés pour expliquer et faire avancer le processus de changement. Le bureau chargé de gérer la transformation au quartier général de la défense a puisé dans les ressources de groupes de réflexion indépendants et d'organisations privées pour sensibiliser les militaires à l'importance d'entretenir de bonnes relations avec les médias et la société civile (Onwudiwe & Osaghae 2010). Les trois armées ont également mis en place des bureaux de relations publiques et l'armée de terre a créé un réseau étendu (le Wide Area Network Infrastructure) pour faciliter l'accès à l'information et améliorer la performance, les compétences et l'efficacité opérationnelle (Bojie 2011 : 3).

Au sein de l'armée de terre nigériane, des conférences, séminaires et ateliers de sensibilisation ont eu lieu, et les livres et manuels ont été revus afin de renforcer les connaissances des personnels concernant le processus de transformation. Ces séminaires et ateliers se sont tenus à Abuja et dans tous les quartiers généraux. Ils avaient pour thème par exemple : la coopération entre civils et militaires, le système d'état-major continental ou les changements de comportement. Les soldats ont reçu un nouvel uniforme donnant d'eux une image plus avenante. De même, en 2011, le général Onyeabor Azubuike Ihejirika, alors chef d'état-major de l'armée de terre, a créé le Bureau des affaires civilo-militaires pour améliorer l'image de l'armée, gagner le soutien du public et traiter les questions relatives aux droits humains, à l'Etat de droit, aux négociations, aux communications et à la gestion des conflits (Alaga & Akum 2013 : 229).

Juste au moment où la réforme militaire semblait avoir démarré, les difficultés sécuritaires du Nigéria se sont aggravées. Les enlèvements et les cambriolages ainsi que les actes de terrorisme, pour la plupart perpétrés par Boko Haram, ont amené les agences de sécurité à se réorienter. A présent, presque toutes sont engagées dans la lutte contre ces troubles. Par exemple, l'armée, la police et d'autres agences de sécurité ont mis en place des cellules antiterroristes. De plus, les militaires se sont progressivement engagés dans d'importants programmes de maintien de l'ordre dans les 28 Etats du pays, ce qui signifie qu'ils sont souvent trop peu nombreux. L'intervention de l'armée dans des zones communales en conflit, la lutte contre la criminalité et le terrorisme ont catalysé mais aussi engendré des polémiques (Falana 2014). Selon l'organisation Crisis Group, le Nigéria a utilisé trois moyens pour faire face aux difficultés liées à la sécurité :

les augmentations budgétaires, le renforcement de la législation antiterroriste et l'accroissement de la capacité militaire.

Ces dernières années, les efforts contre le terrorisme ont été élargis de façon à couvrir le secteur non gouvernemental de la sécurité, notamment la défense civile, les entreprises de sécurité privées, la collaboration entre citoyens et agences de sécurité, et le système judiciaire. La loi sur la prévention du terrorisme a été promulguée en 2011. Elle a été suivie en 2012 d'un amendement chargeant le Bureau du conseiller pour la sécurité nationale de coordonner l'action antiterroriste à l'échelle du pays. Cette mesure a été prise afin de prévenir les rivalités entre les agences de sécurité pour déterminer qui devrait diriger les opérations conjointes. Le gouvernement s'est également efforcé d'améliorer la formation, la gestion du personnel, les équipements (notamment pour les combats rapprochés) et la coordination. Par exemple, plus de 7000 agents de sécurité issus de l'armée, de la police et du corps de sécurité et de protection civile nigérian ont été formés aux différentes techniques utilisées en combat urbain, la lutte contre le terrorisme et contre les insurrections, le renseignement, les opérations amphibies, l'ouverture de brèches par la démolition ou l'emploi d'explosifs, et les moyens de transmission tactiques. Le Centre de lutte contre le terrorisme et contre les insurrections, institution d'instruction militaire spécialisée située à Jaji dans l'Etat de Kaduna, a formé des élèves issus des forces armées et de la police.

Cependant, comme l'a fait remarquer Leren Blachard du Service de recherche du Congrès sur les affaires africaines, les gouvernements qui se sont succédé au Nigéria ont mis du temps pour permettre aux services de sécurité de participer aux programmes de formation américains. Décrivant le Nigéria comme un partenaire avec lequel il est «extrêmement difficile» de collaborer, elle a constaté que les troupes étaient «lentes à s'adapter aux nouvelles stratégies, aux nouvelles doctrines et aux nouvelles tactiques» (Akinloye 2014 : 1). Néanmoins, après les enlèvements de Chibok, le président Jonathan a fait appel à l'aide extérieure. La Chine, les Etats-Unis, Israël, la France et le Royaume-Uni ont promis leur soutien, et la garde nationale californienne est actuellement en train de mettre sur pied le 143e bataillon d'infanterie, force toute spécialement formée pour affronter Boko Haram dans son bastion rural (Iroegbu & Adinoyi 2014 : 1).

En réponse au conflit sans fin dans le delta du Niger et à la vague d'actes criminels (surtout des enlèvements) dans le Sud-Est du pays, le président a rouvert les casernes d'Ahiara qui avaient été fermées en 1992 lors de la réorganisation de l'armée. Les baraquements abritent la toute nouvelle 14e brigade ainsi que sa garnison, un bataillon et d'autres unités de soutien. Il a été proposé d'installer un 145e bataillon à Ikot Umoh Essien dans l'Etat d'Akwa-Ibom, un 144e bataillon à Umuna dans l'Etat de Rivers et un régiment d'artillerie dans l'Etat d'Ebonyi (Onuorah 2011 : 4).

Le gouvernement a augmenté le budget de la défense de N100 milliards (US$625 millions) en 2010 à N927 milliards (US$6 milliards) en 2011, et à N1 trillion ($6,25 milliards) en 2012, 2013 et 2014. Bien que secteur de la défense se soit vu attribuer un tiers du budget du gouvernement fédéral en 2014, en août de cette même année, le président Jonathan a soumis à l'Assemblée nationale une demande de prêt de $1 milliard pour pouvoir rééquiper l'armée, ce qui lui permettrait de lutter contre les insurrections et de faire face aux autres défis sécuritaires. Plus de 30 chars blindés et deux hélicoptères de combat équipés de systèmes de vision nocturne ont été acquis récemment et déployés contre les rebelles dans le Nord-Est, tandis que l'armée de l'air a pris livraison de six avions à réaction (McGregor 2015).

L'état d'urgence a été d'abord déclaré dans les Etats du Nord-Est le 13 mai 2013 en raison de l'intensification de l'activité de Boko Haram. Trois prolongations ont été automatiquement approuvées par le Parlement dans le cadre de ses fonctions de contrôle. Le 17 novembre 2014, le Conseil national de défense a décidé de prolonger une quatrième fois l'état d'urgence dans les Etats d'Adamawa, d'Yobe et de Borno. Mais la Chambre des représentants a rejeté la demande lorsqu'elle a été présentée au Parlement pour approbation. Le Sénat, qui était divisé sur la question, n'est pas intervenu avant l'expiration de l'état d'urgence. La plupart des membres du Parlement pensaient qu'il n'avait eu aucun effet sur les rébellions et que le président devrait recourir aux dispositions contenues dans la constitution et dans l'article 8 de la loi sur les forces armées pour se conférer le droit d'envoyer les troupes dans les régions du pays en proie à des troubles (Adejuwon 2014). L'état d'urgence avait été approuvé auparavant parce que les militaires avaient expliqué au Parlement que sa mise en œuvre était nécessaire eu égard au manque de visibilité et à la menace pour la paix dans les territoires en question : la mesure faciliterait le travail des services de renseignement ainsi que l'action contre les terroristes de Boko Haram et elle permettrait aux personnels de l'aide militaire étrangère de pénétrer au Nigéria en toute légalité.

Ainsi, la lutte contre le terrorisme a pris une importance primordiale dans les activités du secteur de la sécurité, surtout depuis l'enlèvement de plus de 200 jeunes filles à Chibok en avril 2014 et l'intensification des agissements de Boko Haram, qui s'est ensuivie. Ces événements font ressortir les insuffisances et les déboires du programme de réforme du secteur de la sécurité. D'autre part, l'action antiterroriste a suscité l'intérêt et le soutien de la communauté internationale, même s'il a fallu pour cela soulever le voile sur les faiblesses de l'armée devant les médias et le public. Dans leurs déclarations, des gouvernements étrangers intéressés à apporter leur assistance et à travailler avec l'armée ont émis des critiques concernant sa capacité et son état de préparation. Par exemple, Alice Friend, directrice principale du Pentagone pour les affaires africaines, a déclaré que « l'armée nigériane avait affaire aux mêmes problèmes de corruption que toutes les autres institutions du pays. La majorité des fonds accordés à l'armée est siphonnée par le haut. » (Schmitt & Knowlton 2014). D'après les médias, qui suivent de près la situation avec les rebelles, les efforts déployés ces derniers temps pour faire avancer la réforme se sont révélés au mieux inefficaces et inachevés ; plusieurs améliorations ont même vu leur cours s'inverser.

La corruption s'est révélée particulièrement préoccupante ces derniers temps. Par exemple, selon Nossiter (2014), un journaliste au New York Times, certains diplomates étrangers étaient d'avis que l'armée nigériane avait involontairement ralenti la traque des ravisseurs des jeunes filles de Chibok par leur inefficacité et leur incapacité :

> L'armée est si mal entraînée, si piètrement équipée et si gangrenée par la corruption, qu'elle est incapable de retrouver les jeunes filles. Et, en plus, elle est en train de perdre le combat plus vaste contre Boko Haram. Le groupe de terroristes a déjà pris le contrôle d'une grande partie du Nord-Est du pays, tandis que les troupes se retirent des sites vulnérables pour éviter l'affrontement et s'écartent de leur chemin, même lorsqu'ils massacrent des civils (Nossiter 2014).

Les médias nigérians ont évoqué les mêmes faits. Pendant ce temps, en février 2014, Kashim Shettima, gouverneur de l'Etat de Borno, a déclaré que les combattants de Boko Haram étaient mieux armés et davantage motivés que les troupes du gouvernement. En mai 2014, des soldats des unités militaires les plus importantes chargées d'affronter Boko Haram, en colère d'avoir dû subir des pertes dans leurs rangs suite à une embuscade, ont ouvert le feu sur le véhicule transportant leur propre commandant, le major-général Ahmadu Mohammed. Dans la presse, les relations entre les militaires et les médias ont pris le pas sur la lutte contre Boko Haram. Le climat de méfiance qui en a résulté est, en partie du moins, imputable à la mauvaise gestion de l'information de la part de l'armée.

La persistance et l'intensité avec lesquelles l'armée a été critiquée pour ses interventions contre Boko Haram ont conduit le major-général Chris Olukolade, porte-parole de l'armée, à demander aux médias d'arrêter de saper le moral des officiers et des soldats au front (Agbambu 2014 : 8). Mais à cause de la mauvaise gestion de l'information, les médias ont commencé à faire circuler de folles spéculations selon lesquelles certains officiers supérieurs auraient pu agir de connivence avec Boko Haram et lui avoir fourni du matériel et des fonds. Par exemple, Stephen Davies, l'Australien nommé par le gouvernement nigérian pour aider à négocier la libération des jeunes filles kidnappées, a accusé un ancien chef d'état-major de l'armée de terre d'être l'un des « parrains » de Boko Haram. Il y a aussi eu des rumeurs selon lesquelles les informations fournies par des officiers auraient aidé les rebelles à monter des embuscades contre des convois militaires (par ex. celle qui a conduit à la mutinerie de mai 2014 contre le major-général Ahmadu Mohammed) et à mener des attaques contre des baraquements et des postes avancés dans le fief de

Boko Haram au nord-est du pays. En juin 2014, la presse locale a publié plusieurs articles sur des officiers supérieurs jugés en cour martiale pour avoir fourni des armes et des renseignements à des extrémistes de Boko Haram. En réponse à cela, l'armée a confisqué les journaux dans les kiosques pour éviter qu'ils ne circulent dans les villes alentour.

Cependant, en août 2014, les médias ont exprimé violemment leurs inquiétudes concernant la force et la capacité de l'armée lorsque Boko Haram s'est emparé de Gwoza, une petite bourgade dans le Sud de l'Etat de Borno; les rebelles avaient hissé un drapeau et proclamé le califat. L'incapacité de l'armée à déloger rapidement les rebelles ainsi que la bataille qui a suivi entre Bama and Maiduguri ont alimenté les doutes sur les capacités de l'armée. La situation s'est encore davantage aggravée quand environ 480 soldats nigérians sont passés au Cameroun après une bataille acharnée avec les partisans de Boko Haram. D'après les médias, cet incident était une désertion, tandis que d'après l'armée il s'agissait d'une manœuvre tactique (Onuorah 2014: 4; Akinlotan 2014: 80). En outre, l'armée a été fortement critiquée pour ne pas avoir respecté les droits de l'homme. Par exemple, dans ses rapports, Amnesty International a à plusieurs reprises accusé l'armée nigériane d'avoir employé la torture et d'avoir procédé à des exécutions sommaires (Amnesty International 2012; 2014).

C'est dans ce contexte que la presse a cessé de recommander au gouvernement de revoir sa stratégie militaire et a commencé à exiger un remaniement complet. Lors de la 58e Semaine de la marine nigériane en mai 2014, le ministre de la Défense, le sénateur Musiliu Obanikoro, a proposé au président Jonathan d'organiser un séminaire présidentiel où les parties prenantes, le Parlement, le secteur privé et d'autres intervenants concernés pourraient se rencontrer afin de « mettre au point une feuille de route pour la renaissance de l'armée nigériane ». (Eghaghe 2014: 1).

Conclusion

Le gouvernement du président Olusegun Obasanjo a joué un rôle primordial dans la réforme du secteur de la sécurité au lendemain de l'indépendance, notamment en ce qui concerne les questions militaires. Même si le programme présenté était vaste, la réforme était surtout axée sur l'exécutif et ne faisait pas grande mention du législatif ni de la société civile. De plus, les tentatives du président pour modifier la constitution afin d'intégrer un troisième mandat présidentiel ont annihilé une grande partie de l'élan et des progrès accomplis jusqu'alors, ce qui a stoppé net les efforts pour amender la législation, lesquels auraient pourtant été bien utiles. Après Obasanjo, les présidents suivants Yar' Adua et Jonathan se sont peu préoccupés de la réforme du secteur de la sécurité, bien qu'ils aient dû faire face à de graves crises sécuritaires. S'ils ont continué à exercer leurs pouvoirs présidentiels pour nommer et mettre à la retraite les dirigeants de l'armée, tous deux ont la plupart du temps laissé les forces armées poursuivre le processus de réforme à leur guise. Les réformes ultérieures ont ainsi reflété les convictions des dirigeants alors en place, qui étaient davantage axées sur les améliorations techniques et l'efficacité plutôt que sur la gouvernance démocratique *per se*.

Le programme de réforme a bénéficié d'un élan considérable sous le commandement du lieutenant-général Luther Agwai, qui a présenté le concept de la transformation à l'armée à l'époque où il était chef d'état-major de l'armée de terre, et il a employé cette expression dans toutes les armées lorsqu'il est devenu CEMD. Cependant, son successeur le lieutenant-général Azazi, n'était pas d'accord avec cette façon de voir les choses : certes, en tant que conseiller en chef pour la sécurité nationale auprès du président, il a plus tard déclaré que :

> Depuis le début, l'idée était de dépasser le stade de l'opacité et d'accepter la participation du public car, en fin de compte, toute stratégie de sécurité devrait prendre en compte les objectifs du pays et choisir la meilleure approche pour progresser sans obstacles (Oloja & Onuorah 2011 : 1).

La réforme de l'armée a connu un renouveau lorsque le chef de l'armée de l'air Paul Dike est devenu CEMD dans le cadre d'un programme de réforme axé sur l'amélioration des relations entre civils et militaires grâce à un projet visant à élargir, compléter et renforcer les stratégies de relations publiques existantes. La réforme est depuis au point mort. Aujourd'hui, il reste beaucoup de questions non résolues, notamment les problèmes soulevés par la lutte contre les rebelles dans le Nord-Est. On constate aussi des désaccords parmi les officiers de haut rang, non seulement à propos des meilleures méthodes à adopter pour mener à bien la réforme, mais également à propos du contenu-même de la réforme et du processus de transformation. En effet, certains sont d'avis que le stade des efforts est à présent dépassé et que ce qu'il convient de faire désormais est de renouveler régulièrement les équipements et d'assurer une formation continue de façon à pouvoir répondre aux défis qui se présentent.[3] Le fait que l'armée se soit montrée méfiante, prudente, voire hostile à l'idée de solliciter une aide extérieure a limité encore davantage les progrès passés et à venir vers un véritable changement.

Comme le font remarquer Aiyede (2013 : 176) ainsi que Manea et Rüland (2013 : 67–69), depuis 1999, le Parlement n'a pas été à la hauteur des attentes au vu de ses importants pouvoirs officiels législatifs, s'agissant également de la création de fonctions de contrôle de la défense et de la sécurité. C'est en partie parce qu'il n'a ni les compétences, ni la volonté politique, ni la confiance nécessaires pour intervenir lorsqu'il est question de la sécurité. Ainsi, son rôle a été limité à la supervision de la défense, y compris la confirmation de nouvelles nominations au poste de CEMD et l'approbation de plusieurs demandes émanant du président Jonathan en vue d'élargir l'état d'urgence aux trois Etats du Nord-Est, qui sont le théâtre de la lutte contre les rebelles.

La presse a commencé à s'intéresser de plus près à la sécurité quand les échecs des interventions contre Boko Haram ont attiré l'attention du public. Pourtant, il n'y a encore jamais eu de discussion approfondie au sein des médias et du public sur le secteur de la sécurité au Nigéria. La participation de la société civile au processus de réforme de l'armée est elle aussi relativement faible. Même si quelques rares organisations ont joué un rôle dans la réforme de la police, il manque les compétences requises pour promouvoir le contrôle démocratique de l'armée dans les médias et la société civile. Cela explique pourquoi la contribution du législatif, des médias et de la société civile est si médiocre, laissant les instances supérieures de la défense mener les débats. La conséquence directe de toutes ces carences est que le processus de réforme stagne.

Il y a tout de même eu quelques modestes résultats, par exemple l'établissement d'un contrôle civil des forces armées et le limogeage des militaires qui avaient occupé des postes politiques. Bien qu'il reste limité, le contrôle parlementaire sur les questions de défense s'est amélioré. Un programme de réforme exhaustif a été conçu, sous l'égide du Bureau de transformation de l'armée Nigeriane puis du Comité de transformation des forces armées, en vue de réorganiser au mieux la gestion de l'armée, raviver la discipline et l'esprit de corps, moderniser la recherche et le développement, renouveler les équipements et dispenser aux hommes et aux officiers une formation adaptée.

Mais ce programme n'a pas été appliqué avec efficacité et méthode, surtout à cause du manque de volonté tant de la part du Parlement que des dirigeants politiques et militaires. D'autres obstacles sont venus s'ajouter tels que la corruption et de graves défis sécuritaires, notamment les conflits internes et les actes de terrorisme.

Ces dernières années, les agissements de Boko Haram ont le plus contribué à modifier le profil stratégique de la structure organisationnelle de l'armée. La lutte contre le terrorisme a mis en lumière les insuffisances de la réforme du secteur de la sécurité au Nigéria et révélé les faiblesses de l'armée au public, en particulier à l'occasion de l'enlèvement de plus de 200 écolières à Chibok à un moment où l'état d'urgence avait été décrété dans le pays. Des cas de mutinerie et de désobéissance aux ordres, des manifestations organisées par des épouses de soldats exigeant que leurs maris soient mieux équipés et armés pour aller au combat, la trahison de certains officiers et des accusations de corruption sont devenus des sujets d'intérêt public et ont mis la question de la réforme du secteur de la sécurité sur le devant de la scène, en attendant qu'elle soit au cœur de tous les débats publics.

L'enseignement le plus important à tirer de la situation présente et passée au Nigéria est que la réforme du secteur de la sécurité doit s'inscrire dans le contexte plus large de la gouvernance, notamment en insistant sur : l'engagement des dirigeants politiques, les relations entre les départements militaires et civils au sein du ministère de la Défense, la motivation du Parlement et de la société civile à traiter les questions de sécurité et leur capacité à le faire, et enfin les principes fondamentaux qui sont le moteur de la politique. L'enthousiasme pour la réforme du secteur de la sécurité, qui a accompagné le processus de démocratisation, s'est éteint assez vite et la promesse initiale de rendre l'armée autonome s'agissant de ses décisions et de son avenir n'a pas pu être tenue. Du fait de l'implication de l'armée dans des conflits internes et la lutte contre le terrorisme, les changements survenus au niveau des opérations et de l'organisation militaires, qui se voulaient systématiques, sont devenus désordonnés. Il faut revoir les documents de 2008 relatifs à la réforme de façon à prendre véritablement ces changements en compte s'ils doivent être utilisés pour rajeunir l'armée, réorganiser la haute direction de la défense. L'objectif est de récolter les fruits de la doctrine commune et de la coopération entre les agences et d'établir un cadre pour utiliser efficacement l'aide extérieure.

Etant donné sa situation, le Nigéria doit renforcer ses capacités pour disposer d'effectifs adéquats lui permettant de faire face aux menaces qui pèsent sur la sécurité. Il doit également réorganiser le processus d' acquisition d'équipements afin de l'optimiser, réduire la corruption et améliorer les conditions de travail des officiers comme des simples soldats. Tout ce qui se passe avec Boko Haram et d'autres factions rebelles en ce moment montre que le pays doit aussi affiner son réseau et son savoir-faire en matière de renseignement afin de devancer les terroristes et les arrêter avant qu'ils n'aient le temps de frapper. Avant tout, la réforme doit s'inscrire dans un contexte plus large concernant la renégociation des pouvoirs requis pour instaurer un système de gouvernance ouvert à tous et soutenu par un Parlement et des institutions civiles solides, sans oublier l'engagement des médias pour encourager les débats en tenant la population informée afin de lui permettre de se faire sa propre opinion. Ainsi, les principes démocratiques s'en trouveraient encore davantage ancrés dans toutes les activités de la société nigériane, ce qui est une condition préalable essentielle à la réforme du secteur de la sécurité.

Notes

[1] Entretien avec l'auteur en 2014.
[2] Entretien entre des officiers de l'armée et l'auteur, février 2014.
[3] Discussion entre des officiers de l'armée et l'auteur, février 2014.

CHAPITRE 7

La réforme du secteur de la sécurité au Sénégal démocratique

Lamine Cissé

Ancien Chef d'état-major général des armées, Ministre de l'Intérieur de Sénégal, Ancien Représentant Spécial du Secrétaire Général des Nations unies pour l'Afrique de l'Ouest

Introduction

Globalement, les institutions politiques sénégalaises fonctionnent dans le respect du principe de légalité qui veut que tous les segments de l'Etat soient assujettis à la règle de droit. Le projet d'édification de la nation sénégalaise constitue, sans nul doute, une œuvre couronnée de succès, dans la mesure où l'ethnie n'est absolument pas le référent du jeu politique et ne constitue pas, non plus, le critère de répartition des charges publiques au sein de l'Etat. Dans ce contexte, il pourrait paraître inapproprié, sinon inopportun ou impertinent, de parler d'une réforme du secteur de la sécurité (RSS) au Sénégal. Il n'en est rien cependant dans la mesure où cette étude porte l'ambition de poser un diagnostic afin de contribuer à consolider les institutions sénégalaises et à disséminer ses bonnes pratiques qui fondent, pour une bonne part, la stabilité de ce pays et l'excellence de ses relations civilo-militaires.

Cette étude a, en outre, d'autres raisons d'être. Tout d'abord, le Sénégal a expérimenté pendant plus d'une décennie – certes de façon moins marquée que dans d'autres pays – un système politique basé sur le parti unique, puis sur un parti dominant dans le cadre d'un multipartisme limité. Or, nul n'ignore qu'un tel type de régime s'appuie largement sur une définition et une conduite autoritaires des politiques publiques.

Ensuite, sur le plan sécuritaire, la région sud du Sénégal vit depuis 1981 un conflit dont l'origine remonte aux revendications indépendantistes du

Comment citer ce chapitre du livre:

Cissé, L. 2015. La réforme du secteur de la sécurité au Sénégal démocratique. Dans: Bryden, A et Chappuis, F (dir. publ.) *Gouvernance du secteur de la Sécurité : Leçons des expériences ouest-africaines*, Pp. 125–146. London: Ubiquity Press. DOI: http://dx.doi.org/10.5334/bav.g. Licence: CC-BY 4.0.

Mouvement des forces démocratiques de Casamance (MFDC). Bien que les autorités politiques sénégalaises aient toujours considéré cette question comme un problème de sécurité intérieure, ce conflit a abouti à l'engagement des forces armées, dont la mission traditionnelle est essentiellement orientée vers la défense de l'intégrité territoriale. Les forces armées sont ainsi engagées dans des opérations continues de sécurisation qui nécessitent souvent la conduite de missions dont l'intensité, les objectifs tactiques et stratégiques, les moyens engagés et surtout les modes d'action retenus autorisent raisonnablement à considérer qu'elles vont au-delà du simple cadre du maintien de l'ordre. Eu égard aux conditions dans lesquelles elles sont conduites, les opérations de sécurisation peuvent avoir de nombreuses conséquences sur les forces de sécurité. En effet, dans le cadre de leurs missions, celles-ci sont *de facto* amenées à interagir avec les populations, les autorités administratives et coutumières, la justice, les médias, la société civile et même avec leurs homologues dans les Etats voisins le long des régions frontalières du pays. Par ailleurs, cette situation pose de nombreuses questions portant notamment sur l'observation des règles du droit international humanitaire ; les relations entre les diverses forces de sécurité engagées dans les zones affectées par le conflit ; les implications juridiques de l'exercice par les armées de tâches de sécurité intérieure qui ne sont normalement pas de leur ressort ; la prise en compte de la dimension genre dans des situations d'engagement opérationnel ; et les exigences liées au secret et à la confidentialité des opérations. Il peut s'avérer dès lors indispensable d'en évaluer les effets et d'apprécier la nécessité – ou l'opportunité – d'initier des réformes visant à recentrer l'action des forces de défense et de sécurité (FDS) sur des normes plus conformes aux exigences d'un Etat de droit.

Sur un autre plan, le nouveau paradigme de la sécurité humaine a fini par s'imposer à tous les acteurs. Conjugué avec l'avancée de la démocratie et ses effets connexes, ce paradigme implique que les populations sont désormais considérées certes comme bénéficiaires de la sécurité, mais surtout comme des acteurs à part entière dans la mise en œuvre de celle-ci. Cela implique l'établissement de cadres appropriés pour la participation des différents segments de la population. Par ailleurs, certains observateurs ont noté que, suite à l'avènement du régime politique dit de l'alternance issu de l'élection présidentielle de 2000, une série de réformes constitutionnelles ainsi qu'un certain nombre de pratiques administratives et politiques, ont graduellement placé le président de la République au cœur de l'Etat, reléguant au second plan les autres institutions. Certaines analyses estiment que cette situation s'est traduite par un recul des libertés politiques et une remise en cause de l'équilibre entre les pouvoirs législatif, judiciaire et exécutif au profit de ce dernier. Les conséquences de ces facteurs sur le secteur de la sécurité méritent également d'être examinées.

Après avoir présenté le contexte de la réforme du secteur de la sécurité au Sénégal, cette étude abordera la crise en Casamance, qui constitue le problème sécuritaire principal du Sénégal, et exposera l'importance de cet enjeu du point de vue de la RSS. L'étude examinera ensuite les éléments de changement transformationnel du secteur de la sécurité jusqu'à aujourd'hui et la viabilité de ces changements. Des recommandations serviront de conclusion à cette étude.

Contexte de la gouvernance du secteur de la sécurité au Sénégal

Après quelques trois siècles de domination coloniale française, le Sénégal a accédé à la souveraineté internationale le 20 juin 1960 d'abord dans le cadre de la Fédération du Mali, puis, après l'éclatement de celle-ci, le 20 août 1960, dans un cadre national. L'évolution politique du pays s'est d'abord caractérisée par une certaine stabilité *de facto* dans le contexte d'un système de parti unique. Sur le plan politique, il existe, depuis 1976, un multipartisme intégral et un régime présidentiel qui a mis en place un exécutif dirigé par un président de la République, lequel exerce son autorité sur un premier ministre chef du gouvernement, une Assemblée nationale assumant la fonction parlementaire et un Conseil économique social et environnemental. Après deux alternances démocratiques survenues au sommet de l'Etat en 2000 et en 2012, la démocratie sénégalaise peut être considérée comme ayant atteint sa maturité.

L'ordre judiciaire, doté de cours et de tribunaux répartis dans toutes les régions administratives du pays, assure l'administration de la justice. Celle-ci est globalement estimée crédible et accessible aux citoyens, même si certains observateurs relèvent quelques insuffisances dans son fonctionnement.

Enfin, les forces de défense et de sécurité (FDS) font maintenant l'unanimité du fait de leur caractère républicain et de leur professionnalisme. En effet, les FDS ne sont pas des acteurs du jeu politique et, sur le plan professionnel, elles s'efforcent de donner satisfaction aux gouvernants et aux citoyens dans l'exécution des missions qui leur sont confiées à l'intérieur comme à l'extérieur du territoire. Par ailleurs, le Sénégal se singularise comme étant un des seuls pays de l'Afrique occidentale qui n'ait jamais connu de coup d'Etat militaire.

Les institutions politiques

Redéfinies par la Constitution du 22 janvier 2001, les institutions politiques sont fondées sur le principe sacro-saint de la distinction entre les pouvoirs exécutif, législatif et judiciaire. Suivant une tradition établie par la Constitution du 7 mars 1963 – qui a succédé à celle du 26 août 1960, laquelle établissait un régime parlementaire avec un pouvoir exécutif bicéphale, la Constitution du 22 janvier 2001 a placé l'exclusivité du pouvoir exécutif entre les mains du président de la République. Cette constitution prévoit cependant des contre-pouvoirs, grâce à la fonction de contrôle qui revient à l'Assemblée nationale et à la fonction judiciaire mise en œuvre par les cours et tribunaux (Fall 2012).

Cependant, le jeu du système de partis a progressivement remis en cause l'équilibre des institutions, et ce au profit du parti du président de la République. Une Assemblée nationale, qualifiée par l'opposition politique d'organe « étant aux ordres », apparaît aux yeux de bon nombre d'observateurs comme une chambre d'enregistrement. Il faut cependant admettre que tous les régimes socialistes antérieurs à l'alternance de 2000 disposaient à l'Assemblée nationale d'une majorité absolue et parfois qualifiée. Dans le même cadre, la majorité des forces politiques de l'opposition estiment que le Conseil constitutionnel, dont les membres sont nommés par le président de la République, a fait preuve de son manque d'indépendance en rendant régulièrement des décisions qui semblaient répondre aux intérêts partisans du chef de l'Etat, au lieu de se fonder sur la lettre et l'esprit du code électoral.

Cette situation a abouti à des réformes répétées de la loi fondamentale afin de régler des questions de politiques circonstancielles. Elle a aussi contribué à asseoir la volonté du président de la République, Abdoulaye Wade, de mener à son terme un processus que certains de ses opposants ont qualifié de « dévolution monarchique » du pouvoir politique. La naissance du « Y'en a marre » de la jeunesse et du mouvement « M 23 » en 2011 – une alliance des différentes organisations de jeunes, de la société civile et de quelques partis politiques – a marqué une évolution très importante. A l'issue d'un bras de fer qui a opposé les partis politiques d'opposition alliés à la société civile – et sous la pression des organisations internationales et de quelques chancelleries occidentales – le pouvoir a été amené à renoncer à ses projets. Dès lors, dans le calme et la transparence, le peuple sénégalais s'est prononcé pour une nouvelle alternance en 2012, en portant à la magistrature suprême Macky Sall, le candidat de l'Alliance pour la République, qui faisait partie de la coalition des partis d'opposition « Benno Book Yaakar ».[1]

En fait, le cadre institutionnel découlant de la Constitution du 22 janvier 2001 s'est avéré fragile, ce qui a poussé le pouvoir issu des élections présidentielles de 2012 à s'inscrire dans un processus de réforme confié à un comité présidé par une personnalité reconnue comme appartenant à la société civile. Les termes de référence du mandat donné à ce comité précisent qu'il s'agit de « restaurer le prestige et l'autorité du Parlement, de remplacer le Conseil constitutionnel actuel par une vraie juridiction constitutionnelle, de protéger la constitution contre des révisions qui déconsolident les avancées démocratiques et, en particulier, de consolider le cadre électoral sénégalais par le renforcement de l'indépendance des organes de gestion des élections et l'instauration de mécanismes de dialogue politique permanent » (Fall 2012 : xxi).

La justice

Aux termes des dispositions de l'article 88 de la Constitution du 22 janvier 2001, le pouvoir judiciaire est indépendant du pouvoir législatif et du pouvoir exécutif. Il est exercé par le Conseil constitutionnel, la Cour suprême, la Cour des comptes, les cours et tribunaux. Le système judiciaire est fondé sur deux principes : celui de l'unification, en vertu duquel il n'existe qu'un seul ordre de juridiction constitué des cours et tribunaux, et celui de la hiérarchisation des juridictions, aux fins duquel celles-ci sont classées en juridictions du premier degré, du deuxième degré et en juridictions supérieures. Aux yeux de l'opinion publique, la justice sénégalaise souffre de trois déficits marqués par un manque d'indépendance, de transparence et d'efficacité (Sy 2012).

La justice sénégalaise est confrontée à plusieurs problèmes : la faiblesse numérique de son personnel (magistrats et auxiliaires de justice) ; les difficultés d'accès des justiciables à ce service public qui joue un rôle essentiel dans la jouissance de droits relatifs à leur citoyenneté ; et l'insuffisance de la carte judiciaire, c'est-à-dire de la répartition sur le territoire national des juridictions de premier et deuxième degré. Surtout, le pouvoir conféré par la constitution au président de la République de nommer les magistrats des juridictions supérieures est susceptible de limiter de manière considérable l'indépendance de la justice. Ainsi, les cinq membres du Conseil constitutionnel sont nommés par le président de la République pour un mandat de six ans non renouvelable. De même, les membres de la Cour suprême sont nommés par décret du président. En outre, celui-ci préside le Conseil supérieur de la magistrature, structure dont le ministre de la Justice est le vice-président. Etant donné le rôle déterminant du Conseil supérieur de la magistrature dans l'évolution de la carrière des hauts magistrats, on comprend aisément les enjeux liés au contrôle de cet organe.

Certes, le président Abdoulaye Wade a accompli des efforts considérables, jamais déployés auparavant, pour améliorer les conditions de traitement salarial des magistrats. Il a aussi initié un projet de réforme de la carte judiciaire en vue de faciliter l'accès aux justiciables et de désengorger les juridictions pour traiter les dossiers avec davantage de célérité. Néanmoins, les magistrats, les théoriciens du droit tout comme les organisations de la société civile considèrent que l'indépendance de la justice ne peut être garantie que par l'élection des présidents des juridictions supérieures par leurs pairs et par la diminution de l'emprise exercée par le président de la République sur le Conseil supérieur de la magistrature. Cette question fait encore débat dans les milieux judiciaires et politiques et suscite certaines craintes de voir la création d'un « Etat-magistrat ».

A cet égard, le président de la République de la deuxième alternance démocratique, Macky Sall, a demandé que des propositions de réformes institutionnelles lui soient adressées, en s'inspirant des recommandations des Assises nationales. La Commission nationale de réforme des institutions, mise en place à cet effet, a déposé ses conclusions en décembre 2013. Certaines propositions, qui ont fait l'objet de diverses réactions, suggèrent en l'occurrence un système judiciaire aux caractéristiques suivantes : un parquet moins influent ; la présidence du Conseil supérieur de la magistrature ; une Cour constitutionnelle à la place du Conseil constitutionnel avec une plénitude d'attributions ; le cumul des fonctions : président de la République et président d'un parti politique, etc. Des voix se sont élevées pour affirmer que la Commission nationale de réforme des institutions avait outrepassé ses prérogatives en proposant une autre constitution. Au sein des partis politiques et de la société civile, certains ont alors parlé de réformes consolidantes ou déconsolidantes (par rapport à la constitution), en fonction de leur appartenance à tel ou tel groupe.

En tout état de cause, il faut aujourd'hui admettre que, malgré certaines réticences ou appréhensions à caractère politique, de primes abords justifiées, les Assises nationales pourraient bel et bien constituer une avancée démocratique incontestable pour le Sénégal.

Les forces de défense et de sécurité

Les forces de défense et de sécurité sont composées des forces armées, de la gendarmerie nationale, de la police nationale, de l'administration pénitentiaire, du service national des douanes, et du service des eaux, forêts, chasse et de la conservation des sols.

Cependant, dans la mesure où ces acteurs ne sont pas tous concernés au même degré par la mise en œuvre de la sécurité dans son acception armée, la présente étude se limitera aux trois premiers corps cités plus haut, à savoir les armées, la gendarmerie et la police nationales. En ce qui concerne les leçons tirées des opérations de sécurisation en Casamance, l'accent sera davantage mis sur les armées dans la mesure où l'essentiel du fardeau de l'engagement repose sur elles.

Les armées. Avec un effectif d'environ 15 000 militaires, les armées ont pour principale mission d'assurer la sécurité extérieure. Cette mission est exécutée à travers la défense de l'intégrité du territoire national dans ses dimensions terrestre, maritime et aérienne. Bien que disposant de cadres compétents ayant une excellente autorité sur des troupes professionnelles et disciplinées ainsi que d'un maillage territorial étendu quoiqu'insuffisant, les forces terrestres ont des capacités opérationnelles limitées du fait de la vétusté de leurs équipements majeurs. De même, les armées de mer et de l'air ne sont pas en mesure de remplir toutes leurs missions relevant de la défense des espaces maritime et aérien à cause d'une flotte faiblement pourvue (situation 2012–2013).

Les armées sont engagées depuis 1982 dans des opérations continues de sécurisation des régions de Kolda, de Sédhiou et de Ziguinchor où sévit la rébellion indépendantiste du MFDC. En outre, elles constituent un acteur majeur dans les mesures à prendre face aux catastrophes naturelles et aux situations d'urgence.

Enfin, en soutien aux activités diplomatiques, elles interviennent depuis longtemps dans des missions de paix sous l'égide de l'Organisation des Nations Unies (contingent de la Fédération du Mali au Congo belge en 1960) et d'organisations internationales africaines (Union africaine et la CEDEAO. A ce titre, elles ont engagé des contingents de troupes au Darfour, en Côte d'Ivoire et au Mali. Par ailleurs, des officiers d'état-major sénégalais sont présents au Soudan du Sud, en République démocratique du Congo et récemment en République centrafricaine.

La gendarmerie nationale. Avec environ 6000 militaires, la gendarmerie nationale est une force à statut militaire qui dispose d'attributions en matière de police militaire, de sécurité publique et de police judiciaire. Placée sous l'autorité d'un officier général qui a le titre de haut commandant de la gendarmerie nationale et directeur de la justice militaire, la gendarmerie nationale est divisée en unités territoriales, mobiles et spécialisées dans la police judiciaire, la lutte anti-terroriste, la surveillance de l'espace portuaire et la défense de l'environnement. Elle participe également aux missions internationales de paix.

Tout comme les armées, la gendarmerie nationale jouit d'une réputation de professionnalisme, de compétence et de respect des valeurs républicaines. Son action est inscrite dans le respect des droits humains. Même si certains cas de torture défrayent de temps à autre la chronique, cette pratique n'est pas couverte par le haut commandement. De façon générale, ces violations de la loi sont traitées par voie judiciaire et les responsables de ces actes sont condamnés.

Le principal défi auquel la gendarmerie nationale fait face est l'absence d'une couverture complète du territoire national. Par ailleurs, en rase campagne, elle n'est pas suffisamment présente dans toutes les parties du territoire national qui subit les effets de la rébellion du MFDC. Ce vide sécuritaire se traduit par une absence de l'autorité étatique qui rend notamment difficile l'efficacité de ses actions administratives auprès des populations.

Longtemps écartées de la vie politique nationale car privées du droit de vote, les forces armées se sont vues octroyer l'exercice de ce droit grâce à la loi n° 2006–20 du 30 juin 2006. Il en est de même pour les forces paramilitaires ainsi que pour tous les agents de l'Etat qui avaient été privés de ce droit du fait de leur statut particulier. L'exercice de ce droit, considéré par bien des observateurs comme un élément majeur de la citoyenneté (Esambo Kangashe 2013 : 159), n'a jamais constitué une revendication du commandement militaire. La hiérarchie abordait même cette question avec une certaine appréhension liée au risque de politisation d'un corps, dont la force résidait jusque-là dans son équidistance par rapport aux différentes chapelles politiques.

La police nationale. Placée sous la tutelle du ministre de l'Intérieur et de la Sécurité publique, la police nationale est un corps paramilitaire chargé d'une mission de service public, de renseignements, de police judiciaire et de lutte contre la criminalité organisée et le terrorisme. Elle est composée d'unités territoriales chargées de la sécurité publique en milieu urbain et d'unités mobiles responsables du maintien de l'ordre. Elle dispose également d'unités spécialisées dans les enquêtes judiciaires telles que la Division des investigations criminelles ou de services chargés de lutter contre le grand banditisme et les actions terroristes à l'instar de la Brigade d'intervention polyvalente.

La police nationale souffre d'une réputation écornée par une mauvaise image auprès d'une partie de la population qui l'accuse de corruption et de manque de professionnalisme. Par ailleurs, les fréquents changements opérés récemment au sein de sa direction, suite à des limogeages, constituent un facteur d'instabilité. Cependant, des mesures ont été prises pour améliorer cette image. Ainsi, deux grades hors hiérarchies ont été institués : le poste de contrôleur général de police (qui n'a pas connu de nomination depuis sa création en 2009) et celui d'inspecteur général de police. Tout comme la gendarmerie nationale, la police nationale ne dispose pas d'une bonne couverture du territoire national à cause d'un manque d'effectifs et d'infrastructures. Elle participe néanmoins aux opérations de paix dans le cadre d'unités de police constituées et d'officiers de la police civile. Il est souhaitable que les recrutements en cours se poursuivent afin de combler notamment les nombreux départs à la retraite ; de même, la formation et la spécialisation des cadres en matière de lutte contre le terrorisme doivent être absolument accentuées.

La crise en Casamance : défis et enseignements

Cette crise, qui constitue le fait sécuritaire majeur au Sénégal, mobilise divers acteurs. Elle offre de riches enseignements, eu égard à la RSS, en particulier en ce qui concerne le degré de contrôle démocratique des forces de sécurité et la nature des relations civilo-militaires.

Qui sont les acteurs engagés dans la résolution de la crise ?

Face à un MFDC qui a pris les armes en 1982 au nom de revendications d'indépendance de la région sud du pays mettant en cause le projet national sénégalais, l'Etat du Sénégal a répondu par une stratégie qui, bien que recourant à la force militaire, n'a jamais été basée sur une solution armée. Le MFDC repose sur une base ethnique à majorité diola[2] et il est organisé en une aile politique qui dispose, au gré des circonstances et des événements, d'une emprise variable sur la branche militaire. L'expérience a montré qu'en dehors des actions courantes de sécurisation, les opérations de grande envergure, assimilables dans les faits à de véritables opérations de guerre, sont planifiées et conduites généralement pour répondre à des actes de violence menés par des groupes armés du MFDC soit contre les populations, soit contre les unités de l'armée. Il peut être considéré que les opérations menées par l'armée sénégalaise servent davantage à soutenir les initiatives de négociations politiques avec l'aile politique du MFDC qu'à réduire des cantonnements rebelles, qui bénéficient de la profondeur géographique des territoires de la Gambie et de la Guinée-Bissau. Ces deux Etats voisins sont considérés par tous les observateurs comme des parties prenantes dans ce conflit, soit en raison de considérations géopolitiques, soit tout simplement en raison de relations entretenues avec le MFDC afin de peser sur les relations tumultueuses que ces deux pays entretiennent parfois avec leur grand voisin. Ainsi, il peut arriver que les territoires de ces deux Etats abritent des bases du mouvement rebelle ou lui offrent une zone de repli lorsque les militaires sénégalais mènent des opérations ciblées (il en est ainsi dans toute zone géographique de rébellion).

Les autorités politiques et administratives. Le président de la République est, en vertu de l'article 45 de la Constitution, «responsable de la défense nationale». Chef suprême des armées, il préside le Conseil supérieur de la défense nationale et le Conseil national de sécurité. Ainsi, la définition et la conduite de la politique nationale visant à contrer l'action du MFDC relèvent de l'autorité du président. Celui-ci exerce de ce point de vue une autorité complète sur les acteurs chargés de mettre en œuvre cette politique aux niveaux opératifs et tactiques, à savoir les armées ainsi que la gendarmerie et la police nationales. Les ministres de l'Intérieur, des Forces armées et de la Justice constituent les échelons du niveau stratégique d'exécution de cette politique.

L'action gouvernementale est conduite au niveau local par les autorités administratives déconcentrées, en l'occurrence les gouverneurs de région, les préfets de département et les sous-préfets ainsi que les chefs d'arrondissement. L'Assemblée nationale dispose d'un pouvoir de contrôle de l'action gouvernementale. Ce pouvoir s'exerce à travers les travaux en commission et lors du vote du budget en séance plénière. Il peut également s'exercer par des missions d'inspection et d'enquête conduites sur le terrain par la Commission de défense. Le Conseil économique, social et environnemental est chargé de se prononcer sur les projets et propositions de loi ainsi que sur les projets de décret à caractère économique et social à l'exception des lois de finances (certains projets de développement touchant la région naturelle de Casamance). Rattachés à l'administration, des organes de contrôle situés à différents niveaux participent à la reddition des comptes, au respect du principe de légalité et à la sauvegarde des droits humains.

Sur le plan militaire, l'Inspection générale des forces armées, dirigée par un officier général, conduit des visites de terrain et des inspections profondes afin de contrôler les grands commandements relevant des armées et de la gendarmerie nationale et d'en rendre compte au président de la République. Enfin, au niveau du ministère de l'Intérieur et de celui des Forces armées, il existe des directions chargées du contrôle des structures financières relevant de ces ministères. Enfin, toute autorité investie d'un pouvoir hiérarchique a l'obligation de contrôler ses subordonnés, notamment ceux qui sont chargés de gérer des fonds publics.

Les collectivités locales décentralisées. Dans le cadre de la politique de décentralisation initiée depuis 1972 et couronnée par la loi n° 96-06 du 22 mars 1996 portant Code des collectivités locales, les autorités administratives locales, en l'occurrence les maires et les présidents de communautés rurales, disposent d'attributions en matière de sûreté générale et de développement économique, éducatif, social, sanitaire, culturel et scientifique. L'acte III de cette politique de décentralisation administrative trouve aujourd'hui une évolution majeure dans la communalisation intégrale qui ouvre d'intéressantes perspectives en matière de sécurité. Cependant, cet acte III soulève également un certain nombre de problèmes au niveau des parties prenantes.

La société civile. Dans son essence, la société civile se définit par opposition à la société politique. En effet, elle est fondée sur la recherche de la satisfaction des besoins des citoyens par les pouvoirs publics chargés de l'exercice du pouvoir politique en vertu de la légitimité issue du suffrage universel ou de la légalité résultant d'un acte administratif. La société civile constitue un intermédiaire entre les pouvoirs publics et les citoyens ; elle se fait, d'une part, l'écho des besoins des populations et cherche à les faire réaliser par les pouvoirs publics, d'autre part, elle mène diverses initiatives destinées à se substituer aux défaillances de la puissance publique dans la réalisation de ses pouvoirs régaliens.

Sur le plan sécuritaire, son objectif est de participer à la définition des politiques publiques de sécurité ; mais elle cherche aussi, en se positionnant comme intermédiaire entre l'Etat et les populations, à s'ériger en sentinelle pour évaluer les organismes étatiques et à jouer un rôle de facilitation, de veille, d'alerte et de dénonciation. Très active au niveau de Ziguinchor, la société civile est engerbée par diverses organisations ayant une assise nationale ou régionale. Ainsi, une association dénommée «Plate-forme des femmes pour la paix en Casamance», qui regroupe des femmes de Kolda, Ziguinchor et Sédhiou, s'est rendue le 24 juillet 2012 à Sao Domingo en République de Guinée-Bissau afin d'entamer des pourparlers avec des représentants du MFDC dans le cadre de la reprise du dialogue entre le mouvement indépendantiste et l'Etat du Sénégal (Senenews 2012).

La communauté internationale. La CEDEAO dispose de mécanismes dédiés à la paix et la sécurité, parmi lesquels il convient de mettre en exergue les instruments suivants :

- le Protocole relatif au Mécanisme de prévention, de gestion, de règlement des conflits, de maintien de la paix et de la sécurité (1999) ;
- le Protocole sur la démocratie et la bonne gouvernance, additionnel au Protocole relatif au Mécanisme de prévention, de gestion, de règlement des conflits, de maintien de la paix et de la sécurité ;
- la Convention de la CEDEAO sur les armes légères et de petit calibre : cet instrument vise à éviter la dissémination et l'accumulation de ces armes.

Par ailleurs, l'Union économique et monétaire ouest-africaine est également en train de mettre en place une architecture de paix et sécurité. Il convient cependant de noter l'absence quasi-totale des organisations internationales, de la CEDEAO et de l'Union africaine dans les tentatives de règlement du conflit casamançais. Plusieurs raisons peuvent expliquer ce fait parmi lesquelles, sans doute, la volonté du Sénégal de traiter cette question comme un problème interne.

Les médiateurs et les facilitateurs. En dépit d'une volonté constante des autorités politiques sénégalaises de ne pas internationaliser le conflit en Casamance, les Etats voisins de la Gambie et de la Guinée-Bissau ont toujours été parties prenantes en tant que médiateurs ou facilitateurs. Ainsi, les deux premiers accords, conclus dans le cadre de cette crise, ont été signés à Cacheu en Guinée-Bissau respectivement en 1991 et le 8 juillet 1993. La Gambie a, quant à elle, été fortement impliquée dans les Assises de Banjul en 2000 et a participé activement à la libération, en mai 2012, de cinq militaires détenus par le MFDC ; ceux-ci ont d'ailleurs été acheminés à Dakar à partir de Banjul.

Certains autres acteurs étrangers ont participé à des efforts de médiation ou de facilitation. C'est le cas de la Communauté de Sant'Egidio, un mouvement né à Rome en 1968 au lendemain du Concile Vatican II et qui regroupe aujourd'hui des laïcs présents dans plus de 70 pays de divers continents (Sant'Egidio [n.d.]). Sant'Egidio s'investit notamment dans la médiation des conflits. Son action a connu une certaine réussite au Mozambique et au Guatemala ; elle a également œuvré en janvier 2012 à la participation de l'aile dure du MFDC aux négociations. Aujourd'hui encore, elle est présente au Sénégal, toujours dans le cadre de la crise en Casamance, de même qu'Humanitarian Dialogue, basé à Genève.

Par ailleurs, des missions de bons offices visant à rapprocher les parties ont été menées – en coulisse et à des degrés divers – par certaines chancelleries occidentales, en particulier la France et les Etats-Unis d'Amérique, ces derniers disposant d'un envoyé spécial pour la Casamance ; quant à la France, entre autres, l'ambassadeur André Lewin y a mis tout son poids, son énergie et son cœur.

Aux acteurs institutionnels, il faut ajouter certaines personnalités intervenant au titre de « Monsieur Casamance », tels que Robert Sagna, maire de Ziguinchor et ancien ministre d'Etat du gouvernement du président Abdou Diouf qui a joué un rôle d'émissaire influent et s'est révélé dans ce dossier, à un moment donné en tout cas, un personnage incontournable.

Il faut noter, à cet égard, la grande diversité des personnalités impliquées dans les actions de médiations et de facilitation : dirigeants politiques ou leaders coutumiers, fonctionnaires civils et officiers généraux, qui ont occupé ces fonctions sous la gouvernance du président Abdoulaye Wade, entre 2000 et 2012, et auparavant ; ce facteur n'a pas favorisé la poursuite d'une stratégie nationale continue.

Quelles leçons tirer du conflit en Casamance du point de vue de la RSS ?

Le conflit de Casamance offre un laboratoire extrêmement intéressant pour observer et évaluer les différents aspects du secteur de la sécurité au sein d'un Etat africain en voie de consolidation de sa démocratie et de son unité nationale. L'analyse de la gestion de ces affrontements permet d'expliquer comment, en dépit des opérations de guerre conduites dans la durée et dans des conditions souvent très difficiles pour les unités et le commandement militaire, le conflit n'a pas affecté le contrôle démocratique civil et le caractère républicain de l'armée sénégalaise.

Les armées disposent de cadres compétents et bien formés qui ont une réelle autorité sur la troupe. Ainsi les commandants de formation sont en général choisis uniquement sur la base de leurs qualifications professionnelles et non en fonction de critères régionalistes, confessionnels ou ethniques. Cela confirme le caractère véritablement national des armées sénégalaises.

Il existe de véritables capacités opérationnelles au service du combat. Les unités au contact peuvent compter sur l'appui feu direct et dans la profondeur de l'artillerie ainsi que celui d'une aviation qui, en dépit de ses faibles moyens, est d'une efficacité redoutable sur les bandes armées. La manœuvre est généralement servie par des postes de commandement correctement dimensionnés pour assurer les principales fonctions opérationnelles requises par les engagements (feux artillerie et aviation, logistique, renseignement, mouvements, communication).

Une chaîne de commandement impersonnelle avec des unités préparées au combat et qui obéissent à des chefs et non à des individus en particulier. Ainsi, la plupart des unités engagées sont capables de contenir le choc, c'est-à-dire de subir des pertes tout en continuant à remplir la mission assignée. Cela est en réalité le fruit de l'instruction et de l'entraînement, mais surtout de l'existence d'un véritable esprit de corps au sein des unités.

Un commandement de proximité qui se matérialise par des visites et des inspections régulières du haut commandement. Ainsi, de tout temps, le chef d'état-major général des armées se fait une obligation de visiter au moins une fois par trimestre les unités en zones militaires 5 et 6 (Ziguinchor, Kolda et Sédhiou). Cela lui permet de contrôler en permanence la situation et de s'enquérir de l'état de la troupe, des moyens mis à leur disposition et de leurs capacités à exécuter leur mission. Généralement, ces visites sont organisées de manière systématique à tous les échelons.

L'octroi d'avantages financiers pour maintenir le moral des unités combattantes. Ainsi deux types de motivations ont été institués. D'abord une indemnité journalière d'intervention, versée à tous les militaires présents sur les zones considérées comme opérationnelles. Cette indemnité, qui répond à une logique spatiale, est remise à tous les hommes tenant garnison dans les zones 5 et 6.

Par ailleurs, une prime journalière d'opération, plus substantielle, est versée aux unités engagées dans une opération particulière de sécurisation, et ce pendant la durée de celle-ci. Ces diverses motivations s'ajoutent à des droits permanents, tels que la gratuité de l'alimentation pour les militaires de toutes catégories présents dans ces zones.

Comment assurer la discipline, traiter les plaintes, garantir le respect des droits humains et nouer de bonnes relations avec les populations locales ?

L'existence d'un règlement de discipline générale dont les rigueurs s'appliquent à tous les militaires. Les fautes commises dans l'exécution des missions sont généralement sanctionnées par le commandement, soit par une punition disciplinaire au niveau des petits échelons, soit par le réexamen des perspectives de carrière pour les officiers supérieurs.

L'établissement de règles d'engagement et de comportement pour les unités en opérations. Ces règles déterminent les conditions d'ouverture du feu, l'usage graduel et mesuré des armes, la protection des lieux de cultes, des écoles, etc.

L'effectivité d'un véritable soutien logistique qui se matérialise par la délivrance des moyens de subsistance et de combat à toutes les unités, quelle que soit leur position géographique. Grâce à cette capacité logistique, les unités ne vivent pas chez l'habitant. Bien au contraire, les cantonnements militaires servent souvent de « cantine » pour les populations des localités où ils sont implantés.

L'effet rassurant de la présence des bases auprès des populations. Souvent victimes d'actes de violence de la part de bandes armées ou de simples criminels, les populations accueillent en général très favorablement la présence de cantonnements militaires dans leurs villages. Mieux, souvent elles n'hésitent pas à faire intervenir à cet effet leurs autorités politiques ou coutumières pour intercéder en leur faveur auprès du commandement militaire.

Comment le Sénégal a-t-il pu éviter la détérioration des relations civilo-militaires malgré le manque de ressources des armées pour remplir leur mission ?

Fruit d'un héritage tiré de l'engagement de ses unités dans le développement du pays dès les premières heures de l'indépendance, les armées sénégalaises ont mis au point un concept très élaboré des relations civilo-militaires. Dans les régions affectées par le conflit, les militaires ont rapidement compris que les populations sont l'enjeu principal et qu'il convient de les gagner à leur cause. Ils ont de ce fait intégré ces relations à leur démarche, à tous les échelons du commandement jusqu'aux unités déployées sur le terrain. C'est ainsi que l'action des armées sénégalaises dans les opérations de sécurisation repose sur un véritable concept des relations civilo-militaires. Elles prennent diverses formes dont les plus courantes sont :

- la prise en charge médicale des populations assortie de la délivrance de soins, l'évacuation de malades, le soutien en médicaments et la distribution de moustiquaires ;
- le soutien en vivres de façon permanente par le partage de la ration alimentaire des unités avec les villageois ou par des opérations occasionnelles de dons au profit des communautés les plus affectées ;
- le soutien scolaire par la dotation en manuels scolaires et la réfection des salles de classes ;
- dans certaines situations particulières, les militaires en poste dans des coins très reculés prennent en charge la scolarisation des enfants, en l'absence des enseignants due à l'insécurité ;
- la réfection de lieux de culte et la réhabilitation d'infrastructures communautaires, ainsi que la conduite d'un important programme de reconstruction des villages détruits pour permettre le retour des populations réfugiées et déplacées ;
- une bonne communication avec les populations par le biais de la mise à disposition d'un numéro vert qui leur permet d'alerter rapidement les unités en cas de menaces à leur sécurité ;
- la mise en place de portières, la construction de ponts et la réhabilitation de pistes pour le désenclavement, notamment en basse Casamance et dans l'arrondissement de Sindian, qui jouxte la Gambie ;
- le parrainage par les chefs d'unités d'activités culturelles et sportives au profit des jeunes, à l'occasion des grandes vacances scolaires.

Eléments de changement transformationnel du secteur de la sécurité

L'évolution de l'approche des autorités sénégalaises quant au conflit en Casamance offre un exemple de changement transformationnel dans le domaine de la gouvernance et de la réforme du secteur de la sécurité. De façon plus générale, les changements du secteur de la sécurité au Sénégal peuvent être appréciés à différents niveaux :

Un engagement personnel du chef de l'Etat

Dès son élection en 2012, le président Macky Sall a posé des actes qui montrent sa proximité avec les services de sécurité et sa volonté d'améliorer leurs conditions de travail.

Ainsi, au cours d'une visite dans la zone militaire 6, en avril 2013, le chef de l'Etat a déclaré aux troupes : « Soyez sûrs que je suis avec beaucoup d'intérêt le travail que vous menez au quotidien et en ma qualité de chef suprême des armées, ma détermination est encore plus grande de vous doter de moyens nécessaires pour assurer la mission régalienne qui vous est confiée» (Le Soleil 2013). Ces visites sont d'une grande importance en ce qu'elles rassurent le commandement militaire et influent favorablement sur le moral de la troupe.

En outre, à l'occasion de l'édition 2013 de la Journée des forces armées célébrée le 8 novembre 2013, le président Macky Sall a réaffirmé sa décision de mettre à la disposition de l'armée l'équipement nécessaire pour garantir son efficacité opérationnelle.

La conduite d'actions majeures

Les membres des FDS répondent, de plus en plus, des actes délictuels dont ils se rendent responsables dans l'exécution de leur mission. Il en a été ainsi dans une affaire de trafic de drogue où ont été mis en cause le directeur de l'Office central pour la répression du trafic illicite des stupéfiants et le directeur général de la police nationale. Ce dossier, largement médiatisé, au-delà même des frontières nationales, a abouti à la radiation du directeur de l'Office central pour la répression du trafic illicite des stupéfiants et à un non-lieu pour le directeur général de la police nationale.

Par ailleurs, dans le domaine de la reddition des comptes, l'armature institutionnelle destinée au contrôle des actions menées par des membres des FDS couvre tout le spectre des besoins existant en la matière. Les mesures de contrôle sont globalement efficaces, tout au moins au niveau des échelons d'exécution. En effet, les fonds publics parviennent généralement aux services pour lesquels ils sont décaissés, qu'ils concernent les droits individuels, tels que la solde et l'alimentation, ou les frais d'entretien divers. Cependant, certains déplorent le secret qui entoure les rapports d'inspection et de contrôle qui ne sont pas publiés. De même, les éventuels cas de sanctions disciplinaires restent confidentiels et ne sont connus que des supérieurs hiérarchiques du contrevenant. Il faut également noter le recours abusif au «secret-défense» dans l'exécution de marchés publics afin de s'affranchir des procédures visant à conférer plus de transparence dans ce domaine. C'est pourquoi la population et les observateurs non avertis considèrent qu'il n'existe pas de contrôle efficace au niveau du secteur de la défense. Cependant, force est de reconnaître la particularité de la nature du secteur de la défense dont certains aspects ne peuvent pas être traités sur la place publique.

Les réformes organisationnelles

Le président Sall a initié une réforme des services de renseignement qui vise à regrouper la communauté du renseignement au sein d'une structure unique de coordination relevant de la présidence de la République. Cette réforme prend également en compte la nécessité de doter ces services de prérogatives importantes de droit commun eu égard à la protection des libertés individuelles, en cas de risque terroriste imminent. Il convient de signaler que les actes pris sous ce régime peuvent toujours être soumis, a posteriori, au contrôle d'un juge.

Le chef de l'Etat a en outre fait procéder à un début de formalisation de l'action des forces de sécurité par le biais de la rédaction d'un concept de défense et de sécurité nationale, dont l'objectif est d'améliorer la lisibilité dans les attributions et les missions dévolues à chaque structure, aux fins de satisfaire les besoins de la sécurité humaine et d'obtenir une bonne coordination aux niveaux stratégique et opérationnel. Ce concept devra servir de base pour la définition des organigrammes des forces de sécurité et de leur équipement pour les années à venir.

Par ailleurs, une loi d'orientation sur la sécurité intérieure, encore à l'étude, vise à réformer le système de sécurité intérieure du Sénégal en fixant un programme d'action qui serait mis en œuvre par le gouvernement dans la période 2015–2025. L'essentiel de ce programme aurait pour objectif d'utiliser de manière plus cohérente et efficace les forces de sécurité intérieure pour faire face aux nouvelles exigences de sécurité, notamment en matière de répression d'une criminalité en nette augmentation et pour pallier la relative inefficacité du système de prévision et de gestion des catastrophes. Il s'agira également de clarifier et d'harmoniser les responsabilités des différents acteurs de la sécurité intérieure dont le champ sera clairement défini. En ce qui concerne la question relative à la pertinence de la distinction entre le secteur de la sécurité et celui de la défense, un débat est en cours sur l'opportunité de mettre la gendarmerie nationale à la disposition du ministère de l'Intérieur. Il s'agit, en d'autres termes, de regrouper la police et la gendarmerie nationales au sein de ce ministère. Si l'expérience française peut servir à éclairer en la matière la décision de l'autorité politique, les avis sont, pour le moment, très partagés.

Par ailleurs, l'enseignement de défense, dont l'objectif est d'instituer une culture de la sécurité auprès des élites de la République, a été initié avec la création d'un Centre des hautes études de défense et de sécurité dont l'ambition est, entre autres, de conduire des séminaires de formation à l'intention des élites nationales.

Les actions structurantes

De façon générale, le niveau d'études exigé pour recruter le personnel de sécurité a été rehaussé. Ainsi, la police nationale a procédé à une réforme qui s'est traduite par l'élévation du niveau de recrutement. Pour être recrutés, les candidats au poste de sous-officier de police doivent être titulaires du baccalauréat et ceux postulant à la fonction de gardien de la paix doivent posséder le brevet de fin d'études élémentaires. Les armées et la gendarmerie nationales devraient s'inscrire dans cette mouvance en élevant le niveau de recrutement de leurs officiers et sous-officiers. En effet, les sous-officiers devraient désormais être titulaires du baccalauréat et les officiers d'une licence.

D'importants programmes d'équipements ont commencé à être mis en œuvre au profit des armées. Ainsi, pour renforcer sa flotte, la marine nationale a mis en service un patrouilleur, en 2013, et attend la livraison prochaine d'autres bâtiments. De même, il a été fait mention dans la presse d'un contrat en cours entre le Sénégal et la société brésilienne Embraer portant sur l'acquisition de trois avions de combat « Super Tucano » dont sont déjà équipés l'Angola, le Burkina Faso et la Mauritanie (SenewebNews 2013). En outre, des blindés légers ont été livrés au port de Dakar, en avril 2014, et un échantillon de ces véhicules a pris part au défilé marquant la fête de l'indépendance.

En ce qui concerne la dimension genre, des soldats de sexe féminin participent désormais aux missions de paix sur les théâtres extérieurs. Dans ce cadre, le contingent des armées déployé en Guinée-Bissau sous l'égide de la CEDEAO comporte, pour la première fois, des militaires de sexe féminin. De même, les unités de police déployées par la police et la gendarmerie nationales au Darfour et en Haïti incluent des femmes. Surtout, le corps des officiers de l'armée de terre commence à accueillir des lieutenants de sexe féminin, qui s'intègrent pour le moment dans les unités des services.

Pour un changement durable

Nous devons maintenant nous poser une question essentielle : dans quelle mesure les changements positifs dans le secteur de la gouvernance en matière de sécurité sont-ils durables ? La présente partie étudie aussi bien les changements bien ancrés que les domaines qui demeurent plus vulnérables.

La portée de l'action gouvernementale

Compte tenu de l'ampleur des réformes d'envergure et des actions visant à accroître l'efficacité des forces de sécurité, il convient, sans équivoque, d'accorder du crédit à la volonté du gouvernement du président Macky Sall d'améliorer la gouvernance du secteur de la sécurité. Au-delà de l'amorce d'un rééquipement des FDS par l'acquisition de matériels majeurs, il faut saluer l'effort de rationalisation de l'organisation et du fonctionnement du système de sécurité. En ce qui concerne le conflit casamançais, la gestion d'ensemble de ce problème et l'usage modéré de la violence par les FDS ont permis le maintien de l'unité globale de la nation sénégalaise qui continue, en dépit de tout, de se consolider. L'engagement de la responsabilité pénale des personnels des forces de sécurité a permis un plus grand respect des droits humains, même si les organisations de défense des droits humains expriment encore des attentes qu'elles estiment non satisfaites.

Les acquis durablement installés

Le caractère républicain des FDS – qui se reflète dans leur non-implication politique et la non-interférence de cercles ou de lobbies quelconques dans le choix, par le président de la République, des officiers généraux appelés à commander ces grandes institutions – constitue un acquis majeur. Ainsi, les hommes se succèdent à la tête des grands commandements avec une continuité et une stabilité qui n'est jamais fondamentalement remise en cause de façon officielle.

Par ailleurs, il faut saluer le respect des droits humains ; le Sénégal peut être reconnu comme l'un des rares pays en Afrique où les membres des forces de sécurité sont soumis à la loi et ne bénéficient pas de traitements de faveur par rapport aux citoyens civils. Sur un autre plan, la sécurisation des opérations électorales ne nécessite plus l'engagement des armées. Il faudrait s'orienter vers une couverture sécuritaire du pays limitée au déploiement des forces de première et de deuxième catégories, c'est-à-dire la police et la gendarmerie. En réalité, seules les régions de Ziguinchor, Kolda et Sédhiou, affectées par la rébellion du MFDC, pourraient continuer à faire l'objet d'une gestion sécuritaire particulière.

Les secteurs encore vulnérables

La définition du champ de la sécurité intérieure. Le conflit de Casamance n'a jamais été considéré comme une situation de guerre par les autorités sénégalaises. Le terme généralement employé pour qualifier les opérations qui y sont menées est celui de « sécurisation ». Celles-ci sont exécutées principalement, ainsi qu'il a été montré, par les unités des armées. Cela pose la question de la capacité des forces de police et de gendarmerie à lutter contre une situation insurrectionnelle à l'intérieur du territoire national. A titre d'exemple, la police brésilienne organise de véritables opérations armées pour déloger les criminels et narcotrafiquants des favelas de Rio de Janeiro.

Lors d'opérations de police effectuées par l'armée, les unités militaires sont souvent amenées à interroger des suspects, fouiller des domiciles et procéder à des arrestations – actions qui relèvent toutes de la responsabilité d'un officier de police judiciaire. La bonne solution pourrait être de doter les armées d'une composante judiciaire propre, avec des personnels assermentés capables, sans désemparer, de dresser les actes légaux requis. C'est la solution adoptée par le Burkina Faso qui dispose d'un corps de magistrats militaires chargé de conseiller, en garnison comme sur le terrain, les commandants de formation jusqu'au niveau du bataillon (il y a vingt ans le chef d'état-major général des armées du Sénégal disposait d'un magistrat détaché à mi-temps pour lui servir de conseiller juridique). Par ailleurs, afin de respecter le cadre d'emploi de chaque force, il est nécessaire que les unités de gendarmerie et de police se structurent pour prendre en compte ce type de menace armée à l'intérieur du territoire national.

La cohérence entre le découpage administratif et le commandement territorial des forces de sécurité. Dans le cadre de la décentralisation, l'objectif de l'acte III est d'organiser le Sénégal en territoires viables et porteurs de développement durable à l'horizon 2022. Il vise à renforcer la décentralisation et la territorialisation des politiques publiques, en vue de donner une plus forte impulsion au développement des terroirs.

C'est véritablement au niveau de la cohérence territoriale que la décentralisation devra prendre en compte aussi bien les spécificités sociologiques locales que la cohérence du commandement territorial. Avec l'article 3 de la nouvelle loi relative à la décentralisation, le Sénégal dispose maintenant de circonscriptions administratives (14 régions, 45 départements et 125 arrondissements) et de collectivités locales (42 départements et 557 communes).

Bien que les logiques administrative et sécuritaire ne soient pas tout à fait identiques, il convient de s'interroger sur la correspondance entre, d'une part, le découpage administratif et les relations fonctionnelles tels qu'ils ressortiront de l'acte III de la décentralisation et, d'autre part, le commandement territorial des armées et de la gendarmerie nationale (zones militaires et légions de gendarmerie). En particulier, le commandement de la gendarmerie envisage de créer une légion par région et une compagnie de gendarmerie par département.

L'amélioration du contrôle parlementaire. Le contrôle parlementaire nécessite d'être amélioré en renforçant les capacités et les connaissances des députés sur les questions de sécurité et de défense. En outre, il convient d'organiser à leur profit des visites de terrain. Ainsi, il est symptomatique que l'Assemblée nationale n'ait jamais entendu directement ni le chef d'état-major général des armées ni le haut commandant de la gendarmerie nationale sur des questions de défense ou sur des opérations particulières. Il est vrai que les seules auditions concernent le ministre des Forces armées à l'occasion des sessions budgétaires. Par ailleurs, les procédures dédiées au contrôle des programmes d'équipement devraient être définies, dans le strict respect du secret et de la confidentialité de la défense nationale. A cet égard, les forces de sécurité pourraient faire montre de plus d'initiatives en invitant la représentation parlementaire à participer à certaines de leurs activités. En outre, des visites d'imprégnation au niveau des casernes, voire auprès des unités en opérations à l'intérieur et à l'extérieur du territoire national, pourraient très utilement contribuer à l'information des députés (cette pratique était de mise il y a quelques années). Par ailleurs, il serait intéressant pour l'Assemblée nationale de connaître, par voie d'exposé prononcé en séance solennelle, l'avis des hauts commandants sur certains aspects de l'application de la politique de sécurité, et ce afin de compléter ou d'approfondir leur connaissance des sujets évoqués lors des questions orales en plénières ou en sessions budgétaires. De façon générale, il faut reconnaître que l'institution parlementaire fait preuve d'une réserve naturelle en matière d'enquête sur des questions estampillées « secret-défense », voire sur tout ce qui touche à la défense nationale. Une inversion de cette attitude renforcerait la culture de contrôle de cette institution.

L'organisation du secteur des entreprises militaires et de sécurité privée. Le secteur des entreprises de gardiennage répond, de fait, à une demande non satisfaite par la police nationale. Ces sociétés de droit privé, dont le nombre s'élève aujourd'hui sur le marché sénégalais à 257, se caractérisent par la faiblesse de leur encadrement juridique, en particulier en ce qui touche à la protection sociale des travailleurs. Par ailleurs, la bonne santé financière de ce secteur aiguise l'appétit de quelques sociétés multinationales de sécurité, qui investissent de plus en plus ce marché. Cela a conduit le président de la République à demander au gouvernement de signer une convention collective de travail, afin de doter le secteur d'un cadre réglementaire d'exercice stable, conforme à son importance actuelle et future.

Par ailleurs, certains chefs religieux se sont constitués une garde privée, et les manifestations publiques qu'ils organisent sont encadrées par leurs propres agents de sécurité. Cela constitue une atteinte à la fonction régalienne de l'Etat, même si ce dernier ne dispose pas de moyens suffisants pour faire face à cette mission.

La mise en œuvre du concept de sécurité de proximité. L'introduction du concept de sécurité de proximité au Sénégal constitue une expérience inédite. Créée en août 2013, l'Agence pour la sécurité de proximité a pour mission de « participer, en relation avec les autorités de police et les forces de sécurité (police et gendarmerie), à la mise en œuvre d'une police sécuritaire de proximité bâtie autour de la prévention et du partenariat actif entre l'Etat, les collectivités locales et les acteurs de la vie sociale ». L'Agence pour la sécurité de proximité a démarré ses activités en recrutant, en une année, 10 000 jeunes qui, après une formation technique, ont été déployés au niveau des collectivités locales. Une partie de ce personnel a été mise à la disposition de la police et de la gendarmerie nationales.

Il faut considérer que l'Agence pour la sécurité de proximité participe dans une certaine mesure à la lutte contre le chômage des jeunes. Cette nouvelle structure pourrait être complétée par la réactivation de la police municipale, dont la création par décret est prévue par la loi no 96-06 du 22 mars 1996 portant Code des collectivités locales. Les policiers auxiliaires pourraient, eux aussi, refaire surface, si besoin était. Pour l'Agence pour la sécurité de proximité, ces mesures pourraient être une garantie de survie dans le long terme et permettre d'éviter que ce concept ne disparaisse lorsque le président Macky Sall aura quitté le pouvoir.

Conclusion et recommandations

En conclusion, en dépit d'une réelle stabilité politique et sociale, le Sénégal ne saurait prétendre ne pas être concerné par une réforme de son secteur de sécurité. En effet, le pays est confronté à de réelles menaces d'origine externe liées à sa situation géopolitique, qui se particularise par un environnement comprenant des Etats fragiles dans ses frontières sud et par l'irruption du terrorisme djihadiste au nord et à l'est. De plus, l'environnement institutionnel et législatif doit évoluer pour mieux s'adapter au concept de la sécurité humaine qui mobilise de nouveaux acteurs.

Dans ce cadre, il faut saluer les initiatives prises par le pouvoir issu des dernières élections présidentielle et législative de 2012. Celles-ci vont dans le sens de la réforme des institutions aux fins d'un partage des pouvoirs de l'exécutif en matière de défense et de sécurité, d'un plus grand contrôle et d'une meilleure formalisation et rationalisation des politiques publiques de sécurité. En outre, cette volonté d'organisation et d'équipement doit être poursuivie, car toute politique de développement doit être précédée et accompagnée par un environnement sécurisé. Il faut garder à l'esprit que des années d'investissements et de sacrifices peuvent être anéanties en quelques jours. L'exemple du Mali et aujourd'hui celui de la République centrafricaine sont assez éloquents et confirment que la sécurité constitue un secteur d'investissement prioritaire.

Il reste simplement à traduire toutes ces bonnes intentions en actes concrets. Cela passe par la formalisation d'une réforme globale du secteur de la sécurité, ce qui permettrait d'inscrire toutes les initiatives prises dans le cadre d'une démarche coordonnée qui n'exclurait aucun secteur. Les institutions de contrôle, la représentation parlementaire, la justice, le personnel politique ainsi que tout acteur identifié pourront donc agir de façon coordonnée aux fins de satisfaire les besoins de sécurité des populations de façon efficace, dans le respect des lois et règlements. Sur le plan pratique, il convient d'adopter un certain nombre de textes pour structurer la défense et la sécurité nationales dans le sens d'une plus grande participation des nouveaux acteurs à la définition, à l'exécution et au contrôle des politiques publiques de sécurité. Il convient de veiller à une meilleure coordination des organes d'exécution à travers l'établissement de cadres de planification et de conduite de l'action opérationnelle. Dans une sous-région marquée par la permanence de relations conflictuelles entre les militaires et les autorités politiques, le Sénégal apparaît comme une exception. En effet, fondé sur des principes légaux et incarné par les cadres à tous les niveaux, le caractère républicain des armées, loin d'être un slogan, est vécu à travers nombre d'actes quotidiens.

Cependant, même si, grâce à sa stabilité reconnue, le Sénégal ne s'engage pas officiellement dans un programme de réforme de sa sécurité, les défis de la gouvernance de ce secteur demeurent de taille. Il faudrait les reconnaître ouvertement pour permettre l'émergence au niveau national d'une synergie de toutes les initiatives menées dans les différents secteurs et identifier les domaines qui sont encore à investir.

Notes

[1] « Benno Book Yaakar » signifie en wolof « unis pour le même espoir ». Cette coalition regroupait principalement l'Alliance des forces de progrès de Moustapha Niasse, l'Alliance pour la République de Macky Sall et le Parti socialiste d'Ousmane Tanor Dieng.

[2] Groupe ethnique qui représente 9 % de la population sénégalaise, composé de sous-groupes (Diouf 1994).

CHAPITRE 8

Gouvernance du secteur de la sécurité : Tirer les leçons des expériences ouest-africaines

Alan Bryden* et Fairlie Chappuis[†]

*Directeur Adjoint et Chef de la Division de Partenariats Public-Privé au Centre pour la Contrôle Démocratique des Forces Armées (DCAF)
[†]Responsable de Programme dans la Division Recherche au Centre pour la Contrôle Démocratique des Forces Armées (DCAF)

Introduction

La réforme du secteur de sécurité (RSS) en Afrique a suscité de fortes critiques tout en laissant émerger une réalité dérangeante. Les critiques dénonçaient le fait que cette RSS était soutenue par la communauté internationale comme un processus dirigé et piloté de l'extérieur et déconnecté des réalités et des besoins de l'Afrique (Donais, Halden et Egnell). La réalité dérangeante qu'a mis à jour ce processus est qu'un grand nombre des élites politiques et de la sécurité africaines n'ont pas fait montre d'une volonté de soutenir un programme d'action visant à renforcer le contrôle et la responsabilité du secteur de la sécurité (Bryden et Olonisakin 9-10). Dans une certaine mesure, ces préoccupations exogènes et endogènes suscitées par les processus de RSS en Afrique sont les deux facettes d'une même question ; elles sont les effets de processus qui ne manifestent qu'un intérêt de pure forme pour la gouvernance démocratique du secteur de sécurité. Il convient certes de prendre au sérieux les critiques légitimes, mais il faut prendre garde de ne pas se détourner de ce qui reste le prédicat central sous-tendant tout débat sur la RSS, à savoir que la bonne gouvernance du secteur de la sécurité est un facteur clé de progrès au sens large. De fait, le message clé qui se dégage du présent volume est que,

Comment citer ce chapitre du livre :
Bryden, A. et Chappuis, F. 2015. Gouvernance du secteur de la sécurité : Tirer les leçons des expériences ouest-africaines. Dans: Bryden, A et Chappuis, F (dir. publ.) *Gouvernance du secteur de la Sécurité : Leçons des expériences ouest-africaines*, Pp. 147–168. London: Ubiquity Press. DOI: http://dx.doi.org/10.5334/bav.h. Licence: CC-BY 4.0.

lorsque les dysfonctionnements en matière de gouvernance du secteur de la sécurité ne sont pas bien compris, identifiés et traités adéquatement, cela nuit non seulement au processus de RSS (que ce processus soit qualifié comme tel ou non) mais cela a aussi des répercussions négatives plus larges sur les perspectives de progrès en matière de sécurité, de développement et de démocratie.

Dans chacune des six études de cas rassemblées dans ce volume, les experts nationaux examinent les micro-dynamiques en jeu à des moments spécifiques de processus de réforme plus larges. Ce faisant, ils mettent en lumière les facteurs qui favorisent ou entravent les initiatives visant spécifiquement à réformer le paysage de la gouvernance du secteur de la sécurité. Les auteurs combinent une contextualisation des processus en jeu dans chaque étude de cas avec une analyse détaillée de leurs dynamiques. Ces deux dimensions – celle du contexte et des micro-dynamiques à l'œuvre – sont importantes. Il est essentiel d'appréhender le cadre historique et politique afin de comprendre les opportunités de réforme et les contraintes qui pèsent sur elle. Dans le même temps, en mettant l'accent sur des moments spécifiques de la réforme et sur des acteurs clés – et en examinant, donc, ces processus de réforme de l'intérieur – on peut dégager des leçons pratiques.

Ce chapitre de conclusion examine les leçons qui peuvent être tirées de ces diverses expériences africaines en matière de gouvernance du secteur de la sécurité. Il propose tout d'abord une analyse comparative de ces six études de cas, en cherchant à identifier les conditions structurelles types et les facteurs récurrents qui ont conditionné les initiatives de réforme. Cette analyse nous permet de dégager un certain nombre de leçons clés pour les initiatives visant à promouvoir la gouvernance démocratique du secteur de la sécurité, notamment en ce qui concerne tout particulièrement le soutien international à la RSS. Ce chapitre examine enfin les opportunités qui s'offrent aux acteurs nationaux d'engager des processus de réforme axés sur la gouvernance en Afrique de l'Ouest.

Explorer les micro-dynamiques de la gouvernance du secteur de la sécurité

Les six études de cas présentées dans ce volume ne sont pas directement comparables au sens conventionnel de l'analyse comparative. Elles se focalisent sur des périodes historiques différentes et leur portée varie ; certains adoptent une perspective plus large pour examiner les processus nationaux de RSS sur une période donnée (Guinée, Mali et Sénégal) ; d'autres s'appuient sur l'analyse de processus de réforme au sein d'institutions spécifiques du secteur de la sécurité pour en dégager des conclusions plus générales sur les dynamiques de gouvernance du secteur de la sécurité (Ghana, Libéria, Nigeria).

Au-delà des différences structurelles qui tendent à distinguer les structures de gouvernance anglophones et francophones,[1] chaque contexte a connu sa propre trajectoire en matière de développement social, économique et politique. Aujourd'hui, le Ghana, le Nigeria et le Sénégal sont des puissances régionales tandis que la Guinée, le Libéria et le Mali doivent affronter les conséquences de conflits et de bouleversements politiques récents. Cette diversité masque les similitudes entre ces différentes études de cas et ces points communs émergent lorsqu'on envisage la réforme de la gouvernance du secteur de la sécurité comme un processus itératif et graduel. En particulier, dans toutes ces études de cas, les initiatives de réforme s'inscrivaient dans l'héritage laissé par une gouvernance de la sécurité traditionnellement conçue comme un domaine réservé à une élite d'acteurs de la sphère politique et de la sécurité et par les conflits de longue date entre les services de sécurité et le pouvoir exécutif ; entre l'exécutif et les autres branches du gouvernement, y compris l'opposition ; et entre, d'une part, le gouvernement et, d'autre part, la population et ses représentants au sein de la société civile. Ainsi, malgré la variété de leurs configurations politiques et institutionnelles, ces six exemples partagent tous les mêmes problèmes : un paysage institutionnel où les services de sécurité relèvent d'un domaine réservé et qui est marqué par des pouvoirs exécutifs forts, des parlements faibles, des responsables du système judiciaire cooptés, et des relations conflictuelles entre l'Etat et la société civile. Cette section explore les implications des éléments pathogènes d'une gouvernance dysfonctionnelle du secteur de la sécurité en envisageant la réforme comme un processus itératif et graduel.

La sécurité : un domaine réservé

Dans les diverses expériences nationales présentées dans ces six chapitres, la gestion de la sécurité a traditionnellement été réservée aux plus hauts responsables des services de sécurité et à une élite d'acteurs politiques civils. Dans la mesure où cette caractéristique est plus directement associée aux régimes autocratiques ou dictatoriaux, il est remarquable de retrouver cette tendance à réserver le contrôle de la sécurité à une élite dans les six exemples examinés dans ce volume – qu'il s'agisse du contexte d'une transition comme en Guinée ; de celui de la démocratisation au Nigeria ou dans le Libéria de l'après-conflit ; dans les démocraties en voie de consolidation au Ghana ou au Mali ; voire dans une démocratie établie comme celle du Sénégal. L'existence d'un domaine réservé a trois effets distincts sur l'environnement de la gouvernance globale du secteur de la sécurité : tout d'abord, la classe politique au-delà du cercle présidentiel a montré peu d'intérêt pour cette question ou peu de velléité d'influer réellement sur la prise de décisions en matière de sécurité ; deuxièmement, cela a creusé une distance entre les services de sécurité et les préoccupations de la population en la matière ; enfin, cela a généré la suspicion, de la part des « initiés » au secteur de la sécurité, à l'encontre de tout rôle que des acteurs nationaux perçus comme « extérieurs » pourraient jouer en la matière. Ces attitudes profondément enracinées ont constitué des obstacles parce que les élites ne voyaient ni la nécessité ni les effets bénéfiques d'une telle réforme tandis que les parties prenantes potentielles étaient exclues du processus car elles n'avaient aucun levier d'influence en la matière.

Dans chacun des cas examinés dans ce volume, ces dimensions structurelles de la gouvernance du secteur de la sécurité ont eu un effet direct sur les possibilités de réforme, en limitant fortement les marges de manœuvre. Cela démontre clairement que, lorsque les institutions de sécurité sont au service, principalement, de la sécurité du régime, les autres parties concernées disposent d'un espace politique extrêmement restreint pour assumer des rôles et des responsabilités légitimes en matière de sécurité, et ce quel que soit le fondement constitutionnel ou autre de l'autorité formelle qui leur est conférée à cet égard. Dans ces circonstances, le secteur de la sécurité ne répond pas aux besoins de sécurité des citoyens et il n'est pas non plus représentatif des différents secteurs de la société ; il ne peut donc pas bénéficier de la confiance et de la légitimité découlant de pratiques transparentes et inclusives. Ainsi au Mali, Zeïni Moulaye montre, de manière éloquente, qu'avant 2009, aucun document relatif à la sécurité n'avait été rendu public. Même au Sénégal, dont les forces armées et de sécurité sont depuis longtemps républicaines, le secret-défense est un argument habituellement invoqué pour empêcher tout débat sur les questions de sécurité. Cette culture du secret, profondément ancrée dans tous les contextes étudiés dans ce volume, peut être liée à la tradition consistant à considérer la sécurité comme une prérogative souveraine, un domaine géré par l'Etat et pour l'Etat, et non comme une obligation de prestation de services publics dans l'intérêt de la population. Au niveau institutionnel, cette tendance se manifeste souvent par la prédominance de la Présidence sur les affaires de sécurité, et par l'exclusion des acteurs et des institutions chargées du contrôle de ce secteur, nonobstant leurs rôles et responsabilités officiels.

Dans les six cas examinés, l'existence de domaines réservés soulève une problématique commune qui résulte du fait que les élites politiques et de la sécurité ne reconnaissaient pas les rôles, les responsabilités et les droits des autres parties prenantes en matière de gouvernance du secteur de la sécurité. De la même manière, les acteurs de la gouvernance publique étaient peu conscients de l'importance de leur rôle pour garantir une gestion et un contrôle efficaces du secteur de la sécurité. Du fait de leur faiblesse, les pouvoirs législatifs et judiciaires n'étaient donc pas en mesure de faire contrepoids à l'exécutif. D'une part, les réseaux d'influence informels détournaient l'exercice du pouvoir, tel qu'officiellement réparti : les personnalités réellement influentes n'étaient pas nécessairement celles qui étaient dotées « sur le papier » de l'autorité de définir le système officiel de gouvernance du secteur de sécurité. D'autre part, il convient également de noter que les populations comme les élites politiques et de la sécurité n'avaient pas l'expérience d'un autre type de culture politique leur permettant d'imaginer une manière différente d'agir. Cette absence de vision alternative de la sécurité contribue à expliquer les raisons pour lesquelles des opportunités de changement ont pu être négligées, oubliées ou ratées même lorsque les conditions structurelles auraient pu conduire les autorités formelles officielles à améliorer la gouvernance du secteur de sécurité.

Les relations entre les élites politiques et de la sécurité sont déterminées par des dynamiques politiques complexes. Les impératifs sécuritaires du régime entraînent des distorsions inter et intra-institutionnelles dans le secteur de la sécurité. Ces distorsions sont provoquées par les stratégies déployées par l'exécutif pour assurer son pouvoir en conciliant différents acteurs et intérêts. Par exemple, au Ghana, la police a été renforcée pour faire contrepoids à l'armée, alors qu'en Guinée, au contraire, la police bénéficiait de ressources moindres et était placée dans une position subordonnée par rapport à l'armée. Toutes les études de cas présentées dans ce volume, à l'exception du Sénégal, sont caractérisées par des ingérences ponctuelles de l'exécutif au sein de ces différentes institutions ; celui-ci a ainsi procédé à des promotions et des avancements en fonction de critères ethniques ou régionaux afin de préserver son pouvoir. Pour autant, cette distribution stratégique des positions peut, tout aussi bien, créer des opportunités de réforme, lorsqu'un déséquilibre des pouvoirs ou un moment de transition réduisent les contraintes structurelles pesant sur le processus réformateur. Ces moments charnières ont pu permettre aux individus cherchant à promouvoir le changement d'influer en faveur d'une meilleure gouvernance. Même si cela ne pouvait pas immédiatement aboutir à une transformation de la situation, ces petites avancées pouvaient potentiellement contribuer à un processus susceptible de conduire, à terme, à des améliorations substantielles. Par exemple, au Libéria, les initiatives d'apparence modestes initiées par des parlementaires nouvellement élus pour exercer leurs pouvoirs de surveillance et de contrôle face à un pouvoir exécutif traditionnellement dominant ont contribué progressivement à redéfinir les modalités des relations entre l'exécutif et le législatif sur les questions de sécurité. Cette évolution a été jalonnée par de nombreux précédents modestes, apparemment insignifiants pris un à un, mais qui, conjointement, ont contribué à améliorer la gouvernance du secteur de la sécurité : la convocation, pour la première fois, des responsables de la sécurité pour rendre compte de leurs actions devant les commissions législatives compétentes ; l'examen, pour la première fois en audience publique, d'un projet de loi apportant une transformation importante de l'architecture de la sécurité nationale a été examiné, avant d'être adopté ; la consultation, pour la première fois, de la société civile sur ce projet de loi ; la volonté, pour la première fois exprimée, des parlementaires d'être informés des projets de l'exécutif en matière de réforme de la défense et de donner leur point de vue en la matière. Ces moments de changement potentiels pouvaient déboucher sur des petites avancées ou demeurer au stade d'occasions manquées ; la réussite ou l'échec de ces efforts était fonction à la fois des individus impliqués et de la configuration spécifique de l'équilibre du pouvoir qu'ils cherchaient à modifier, ce qui souligne à nouveau à quel point il est important de comprendre les micro-dynamiques de la gouvernance du secteur de sécurité.

Les relations civilo-militaires marquées par l'exclusion et la méfiance incitent les acteurs puissants à bloquer les programmes de réforme. Comme le démontre Moulaye, au Mali, ces dynamiques ont permis aux élites du secteur de la sécurité d'exercer une influence indue sur les décisions stratégiques en la matière, comme l'a démontré leur capacité à bloquer et, à terme, interrompre le processus de réforme de la défense en 2005. Si, en principe, l'exécutif avait pleine autorité sur la détermination de la politique de sécurité (et des modalités processus de RSS), en réalité, le secteur de la sécurité pouvait exercer un droit de veto indirect sur les programmes de réforme. Pour autant, ce veto indirect peut également aller dans le sens de la réforme, comme cela est démontré dans certains exemples présentés dans ce volume qui soulignent le rôle joué par des responsables de la sécurité favorables aux réformes dans le contexte de transitions militaires négociées. Bangoura montre comment le général Konaté, en Guinée, est parvenu à piloter la transition en mobilisant son influence sur le secteur de la défense pour pousser cette institution à se retirer de la scène politique. De même, au Nigeria, M. Obasanjo, en sa qualité de militaire, mais aussi de président élu, s'est servi de son pouvoir pour favoriser un processus de réforme.

Il découle, à l'évidence, des domaines réservés, que les individus au sein des élites politiques et de la sécurité exercent une influence indue – parfois en faveur de la réforme, mais le plus souvent pour servir leurs propres intérêts. Cela signifie aussi qu'il peut y avoir une captation de la réforme du secteur de la sécurité par des agendas politiques extérieurs. Sous la présidence Obasanjo au Nigeria, l'élan en faveur de la réforme de l'armée s'est interrompu lorsque le président a tenté de passer outre la Constitution pour briguer un troisième mandat. Les tensions qui en ont résulté entre l'exécutif et le législatif ont réduit la pression en faveur de la réforme militaire. De nombreux gains durement obtenus ont ainsi été perdus lorsque les querelles autour du mandat présidentiel ont contrecarré les efforts pour promulguer les nouvelles lois et amendements constitutionnels nécessaires. Comme le note Aiyede, les chefs d'Etat qui ont succédé à Obasanjo ont limité leur rôle au contrôle de la nomination des postes de direction au sein de l'armée et ce, jusqu'à ce que la menace posée par Boko Haram réintroduise de force la question de la RSS à l'agenda national. Une dynamique similaire a été peut-être évitée de justesse au Sénégal, lorsque, dans le cadre de la transition d'un système à parti unique vers une démocratie multipartite, le souhait du président Wade de se maintenir au pouvoir a provoqué des risques d'instabilité sans précédent. Si cela a pu être évité à la faveur de la transition pacifique vers le nouveau gouvernement dirigé par Macky Sall, cela ne fait que renforcer l'argument selon lequel lorsque la sécurité est cantonnée à un domaine réservé, la gestion de celle-ci dépend des aléas de la compétition politique, ce qui peut aussi bien favoriser ou entraver l'amélioration de la gouvernance de ce secteur.

Prédominance de l'exécutif sur les questions sécuritaires

Chacune de ces études de cas présente un autre point commun : le soutien de l'exécutif a été un facteur déterminant (ou a eu au moins une importance disproportionnée) quant à l'ampleur et au rythme avec lequel ces réformes ont progressé dans la pratique. Ces processus ont connu des avancées rapides sur une courte période lorsqu'ils ont été soutenus par un leadership fort de « champions » de la réforme soit parce qu'ils bénéficiaient d'une délégation de pouvoir du chef de l'Etat ou parce qu'ils étaient en mesure de combler un vide de pouvoir résultant de la transition pour faire avancer leur agenda réformateur. Cela a été le cas en Guinée, sous la direction du gouvernement de transition ; au Sénégal, lorsque le nouveau président a mis tout son poids politique en faveur des réformes ; et au Mali, lorsque le ministre chargé de ces questions a pris sans délai des mesures pour lancer des réformes afin d'apaiser les critiques suscitées par le comportement de la police. Ces exemples soulignent bien que l'influence de l'exécutif sur les questions de sécurité est une variable prédominante : les changements ont pu être aussi soudains qu'ambitieux dès que l'exécutif a penché en faveur de la réforme.

Mais l'inverse est tout aussi vrai : le rôle central joué par la volonté politique au plus haut niveau de l'exécutif est confirmé par les blocages ou les revers essuyés par les processus de réforme lorsqu'ils ne bénéficiaient plus du soutien de l'exécutif. S'il peut sembler évident que la RSS a peu de chances d'aboutir lorsque l'exécutif n'est pas disposé à apporter son capital politique, il convient de noter que cela a pu se manifester par des formes subtiles de résistance, selon des modalités plus nuancées que le rejet pur et simple du programme de RSS. Les autorités ont ainsi déployé différentes tactiques pour revenir sur leurs engagements. Elles ont par exemple établi un lien entre un domaine de la réforme et un autre ce qui a conduit *de facto* l'ensemble du processus à être capté par des intérêts particuliers (comme le montre l'analyse de la dynamique de blocage total de la réforme de la défense au Mali). Ou bien elles ont refusé de traduire les déclarations et les engagements politiques en faveur de la RSS dans ses projets de réforme concrets (comme cela est le cas au Sénégal depuis 2013). Les autorités peuvent aussi prendre la décision stratégique de ralentir la mise en œuvre de la réforme de sorte que les avancées sont freinées au point d'être totalement bloquées (par exemple, en Guinée, dans le contexte politique instable qui a suivi la fin de la transition en 2010).

La dépendance du processus de réforme envers certaines personnalités clés souligne un problème, qualitativement différent mais non moins réel, induit par la prédominance de l'exécutif sur les questions sécuritaires. Par exemple, l'engagement de la Présidente Sirleaf en faveur de la réforme du Libéria doit être relayé par la mise en place d'institutions fortes ayant la capacité de soutenir ce processus au-delà de son mandat. Même au Libéria, où des efforts sans précédent ont été engagés pour renforcer les institutions, la culture d'un régime présidentiel fort a laissé son empreinte, comme le montrent l'autorité extrabudgétaire qui est conférée au chef de l'Etat et la réticence de celui-ci à renoncer à la pratique des nominations par la présidence, qui étend les réseaux clientélistes jusqu'aux niveaux opérationnels de la gestion du secteur de la sécurité. L'influence de fortes personnalités réformistes est également évidente au Ghana : en témoigne le rôle joué par Kofi Busia Abrefa dont le leadership et le plaidoyer ont influé de manière décisive sur l'instauration d'un mécanisme de contrôle et de surveillance effectifs de la police par le biais de la mise en place d'un Conseil de la police. De même au début de son mandat, Obasanjo a prouvé que des changements importants pouvaient être accomplis rapidement au Nigeria. Pourtant, les exemples du Ghana comme du Nigeria montrent clairement le problème de faire dépendre les processus de réforme de personnalités clés. Dans les deux cas, dès que ces acteurs clés ont quitté leurs fonctions politiques (Busia) ou ont retiré leur soutien (Obasanjo), la dynamique de réforme a immédiatement faibli.

Le retrait du soutien de l'exécutif peut aussi refléter un manque d'appréciation de la gravité des enjeux. Au Mali, pendant la période examinée, il est possible que l'exécutif n'ait tout simplement pas réalisé pleinement le danger auquel l'irresponsabilité et l'inefficacité de son secteur de la sécurité exposaient l'Etat. Cela montre bien que si la réforme rencontre moins de résistance pendant les périodes de stabilité et de paix, son urgence est également moins évidente. Il est plus difficile d'engager une dynamique de réforme face à une menace hypothétique que lorsque la sécurité de l'Etat est confrontée à un danger évident et réel. On peut renforcer la volonté politique en mettant en lumière la menace à la sécurité nationale que posent les dysfonctionnements de la gouvernance du secteur de la sécurité : les événements au Mali depuis 2012, et dans le nord du Nigeria depuis la résurgence de Boko Haram, illustrent amplement ces dangers et, dans ces deux pays, cela a conduit à des appels renouvelés en faveur de la réforme du secteur de la sécurité.

Secteur de la sécurité : lacunes en matière de contrôle et de responsabilité

Chacune des études de cas présentées dans ce volume met en lumière la faiblesse du contrôle démocratique du secteur de la sécurité. Dans ces différents contextes nationaux, il n'y a pas ou peu de culture de contestation du rôle prééminent joué par les élites politiques et de la sécurité. Il est donc essentiel de gérer les attentes suscitées par le processus de réforme. Comme Sayndee le souligne, les initiatives engagées pour promouvoir la gouvernance démocratique du secteur de la sécurité au Libéria au cours de la dernière décennie doivent être replacées dans le contexte d'une culture de la sécurité au service du pouvoir, et ce depuis la genèse de l'Etat libérien. Si cette tendance est bien plus ancienne au Libéria qu'ailleurs dans la région, ce facteur est tout aussi pertinent pour les autres exemples nationaux abordés dans ce volume.

Du fait de leur faiblesse, les pouvoirs parlementaires n'ont pas pu constituer un contrepoids efficace à l'influence de l'exécutif. En Guinée et au Mali, le parlement est considéré comme une institution à l'autorité purement formelle, qui estampille les décisions de l'exécutif en lui apportant un soutien inconditionnel et sans réserve. Ce faisant, le parlement ne remplit pas sa fonction de contrôle et ne fait pas usage de l'autorité qui lui est conférée par la loi en matière d'initiative législative ainsi que d'examen et de modification de textes de lois. Sans un pouvoir parlementaire crédible, les réformes sont exposées à un risque de repli en cas de changement de leadership politique. C'est la raison pour laquelle Cissé estime qu'au Sénégal, malgré certaines améliorations des capacités parlementaires, lorsque le parlement est inexpérimenté sur les questions sécuritaires, il reste exposé aux ingérences de l'exécutif. Pourtant, dans le même temps, l'inverse est tout aussi vrai : l'expérience du Libéria montre qu'un parlement qui parvient à renforcer son efficacité, même de manière fragmentaire, est en mesure néanmoins d'apporter une contribution importante à l'amélioration de la gouvernance du secteur de la sécurité.

La société civile a été le partisan le plus tenace et le plus ardent des réformes du secteur de la sécurité. Elle a joué un rôle opérationnel essentiel en relayant et en canalisant le mécontentement de la population, ce qui souligne son importance comme agent de changement dans les processus de réforme. Outre la pression générée par le plaidoyer, la société civile a joué un rôle important en renouvelant la réflexion dans les débats relatifs à la sécurité. Au Sénégal, en Guinée et au Mali, des avancées ont été réalisées dès que le secteur non gouvernemental est parvenu à se fédérer au sein d'une plate-forme structurée pour faire entendre sa voix de manière constructive, ce qui a généré une pression indispensable pour faire de la RSS une priorité. Dans chacun de ces contextes, c'était la première fois que la société civile parvenait à jouer un rôle sur les questions de sécurité. En Guinée, la consultation de la société civile sur les questions de sécurité était sans précédent dans l'histoire du pays et a joué un rôle important pour introduire de nouvelles idées et perspectives. Au Mali, la RSS a constitué en partie une réponse aux critiques de la population face à la performance des services de sécurité et la société civile a défini le débat sur la sécurité pour la première fois dans une perspective de sécurité humaine. Au Sénégal, Cissé soutient que la pression de la société civile pour améliorer les services de sécurité a contribué, en conjonction avec des programmes plus larges de réforme politique et économique, à l'avènement de la deuxième transition démocratique qu'a connu le pays au cours des 54 ans depuis l'indépendance du pays.

Le rôle déterminant que la société civile peut potentiellement jouer en faveur de la réforme est illustré par sa contribution au dialogue national qui s'est tenu au Mali, au Libéria et en Guinée. Dans le cadre de ces processus de dialogue nationaux, la société civile est devenue un levier pour le programme de réforme. Elle a par exemple fourni des informations directes sur les besoins de sécurité de la population; elle a constitué un mécanisme *de facto* de contrôle de l'exécutif, en obligeant les gouvernements à tenir les promesses de réforme auxquelles ils s'étaient engagés officiellement et publiquement; elle a aussi été un élément de stratégie de relations publiques, en renforçant la légitimité de l'Etat et la confiance portée dans les autorités grâce à la tenue de consultations publiques, mais aussi en gérant les attentes de la population grâce à un partage des informations.

La violence et le conflit : des facteurs déclencheurs de la réforme

Certaines des études de cas présentées dans ce volume soulignent le rôle joué par certains moments charnières dans le processus de réforme, notamment lorsque le statu quo est bouleversé par des incidents impliquant des abus ou des actes de répression violente commis par les services de sécurité. Dans ces exemples, la réaction vive de la part de la population a déclenché un programme politique de réforme. Ces événements constituent des moments qui peuvent atténuer les contraintes structurelles pesant sur la réforme, rendant ainsi le changement non seulement possible, mais parfois politiquement nécessaire. Dans ces moments charnières, la disponibilité, l'attitude et la capacité de certains acteurs spécifiques peuvent avoir un effet déterminant sur la transformation d'un moment de crise en une dynamique de réforme ou, au contraire, sa réduction à une rupture brève du statu quo. En Guinée, les violations des droits humains commises par les services de sécurité ont suscité des demandes de la population en faveur du changement, ce qui a directement contribué à faire de la RSS une priorité politique au cours de la transition de 2010. Au Mali, la répression violente par les services de sécurité des émeutes qui ont suivi un match de football en 2005 a généré au sein de la population une demande d'amélioration des services de sécurité qui n'a pas été satisfaite par le remplacement des responsables de la sécurité. Au Sénégal, les actes de répression commis par les services de sécurité dans le cadre d'opérations en Casamance ont entraîné une transformation générale de la stratégie militaire dans la région. Si l'objectif premier de la RSS doit être appréhendé dans une optique de prévention des conflits, il convient de tenir compte des opportunités ouvertes par ces moments catalytiques pour mobiliser la volonté politique en faveur des réformes. Comme il a été souligné plus haut, ces moments charnières sont davantage susceptibles de mobiliser la population en faveur du changement, et donc de servir de catalyseur pour les réformes, lorsque la société civile est bien organisée.

Les menaces pesant sur l'intégrité de l'Etat et la sécurité nationale peuvent également agir comme des facteurs déclencheurs ou être des moments catalytiques. Dans un premier temps, ces menaces peuvent créer des obstacles à la réforme. La contestation armée contre les autorités de l'Etat – qu'elle soit interne ou extérieure – permet plus facilement de faire valoir que des réformes visant à réorienter la gestion et le contrôle en matière de sécurité risquent de compromettre la sécurité nationale. Les menaces à la sécurité peuvent faciliter la récupération des programmes de réforme, notamment en exagérant les risques et en minorant les avantages de la RSS. La possibilité d'engager une RSS dans un contexte de menaces à la sécurité nationale est donc directement liée au problème des domaines réservés. Dans le même temps, les menaces à la sécurité nationale peuvent également amoindrir les demandes de la population en faveur de réformes en exacerbant la peur du changement à un moment où les populations peuvent se sentir vulnérables. Il peut y avoir une dynamique similaire en cas d'aggravation de la criminalité. La population peut alors préférer une réponse policière musclée, y compris au prix de violations des droits humains civils et politiques, en considérant qu'il s'agit là d'une réaction justifiée face à une menace réelle qui requiert une attitude ferme. Pour autant, les menaces à la sécurité nationale peuvent également mettre à nu les carences en matière de sécurité nationale et donc de gouvernance du secteur de la sécurité et peuvent, par conséquent, servir de catalyseurs pour engager des réformes. L'exemple de Boko Haram au Nigeria souligne cette dynamique cruciale. En effet, la menace à la sécurité nationale posée par ce groupe rebelle a été utilisée pour défendre les intérêts particuliers de l'armée, exiger des augmentations budgétaires et résister à la réforme. Cependant, face au mécontentement grandissant de la population à l'égard de l'inefficacité de la réponse à cette menace, les impératifs de la lutte contre Boko Haram ont finalement été avancés comme un argument central pour inciter l'armée à se réformer. Cette évolution a également répondu à une mobilisation publique de plus en plus importante en faveur de la réforme de ce secteur. On retrouve une dynamique similaire au Mali où les forces de sécurité de l'Etat ont eu des difficultés à répondre à la menace des insurgés dans le nord du pays.

Favoriser un processus de réforme axé sur la gouvernance

Les micro-dynamiques de la gouvernance du secteur de la sécurité nous informent sur les caractéristiques des environnements favorisant les processus de réforme. En s'appuyant sur les analyses riches présentées dans ces six chapitres, cette section examine les approches qui peuvent contribuer à des processus de RSS efficaces et durables et propose des « indicateurs » pour leur mise en œuvre.

Encourager le dialogue sur la gouvernance du secteur de sécurité

Les rôles, les responsabilités et les droits des différentes parties prenantes tout au long du processus de réforme restent souvent flous ou contestés, et, par conséquent, chaque étape est l'objet de controverses inutiles. Aux yeux des services de sécurité, ce type de réforme peut apparaître comme une menace pour leur position, leur statut et leur expertise, sans parler des risques qu'un tel processus fait peser sur leurs moyens de subsistance, voire sur leur liberté au cas où ils auraient à répondre de leurs actes devant un mécanisme de justice transitionnelle. La défiance généralisée entre les différentes parties prenantes dans les contextes examinés dans ce volume souligne à quel point il est important d'avoir une compréhension commune des tenants et aboutissants de la réforme, en identifiant notamment les avantages et les dangers potentiels d'une telle initiative. Cet argument est renforcé par les échecs en matière de RSS recensés dans les différents pays examinés dans ce volume : du fait de ces expériences passées, il est d'autant plus nécessaire d'avoir une vision commune de la réforme de la gouvernance du secteur de la sécurité qui soit réaliste et réalisable.

Lorsque l'histoire d'un pays est caractérisée par des relations conflictuelles entre l'Etat, les services de sécurité et les citoyens, il est difficile d'instaurer un dialogue constructif sur les questions de sécurité et cela peut conduire à des cycles d'escalade. Dans chacun des exemples développés dans ce volume, les changements intervenus dans un contexte d'ouvertures démocratiques contrôlées ont été bloqués lorsque certains acteurs ont considéré que leurs intérêts essentiels étaient menacés. Cela montre bien que les services de sécurité et les élites politiques ne partageaient pas une vision commune des avantages qu'ils pouvaient tirer de cette réforme, mais considéraient plutôt celle-ci comme une menace. Il paraît évident que l'évolution vers une gouvernance démocratique accrue du secteur de la sécurité requiert souvent une transformation de la culture de ce secteur. Pour faire avancer un processus de réforme, il est donc essentiel, au préalable, de débattre de ces nouvelles conceptions de la sécurité afin de dissiper les craintes et renforcer le soutien en faveur du changement. Pour favoriser le soutien à la SSR, il faut donc saisir les opportunités stratégiques de renforcer la confiance et la participation. Le dialogue réduit l'incertitude associée au changement et aide les acteurs favorables à la réforme à parvenir à des solutions de compromis.

L'implication de la société civile dans les questions de sécurité est souvent considérée comme un élément essentiel d'un dialogue constructif en matière de gouvernance du secteur de la sécurité. En effet, malgré le rôle particulièrement important que les acteurs de la société civile peuvent jouer pour promouvoir la RSS et soutenir l'élan en faveur de la réforme, en pratique, ces acteurs ne sont pas suffisamment intégrés, en amont de la RSS, dans les stratégies politiques nationales ou dans le soutien international à la réforme. Toutefois, l'implication de la société civile ne va pas sans risque, car elle ne constitue pas toujours – ou uniquement – un partenaire constructif pour la réforme. Les « initiés » au secteur de la sécurité peuvent aisément considérer que le plaidoyer de la société civile découle d'un désir de contrôler ou de restreindre les services de sécurité par la dénonciation des abus et en cherchant à limiter leurs ressources et leur mandat opérationnel. Il est certain qu'au Nigeria, l'armée a rejeté des opportunités d'impliquer la société civile à la fois parce que cela était vécu comme une « humiliation » et en raison de la conviction profondément enracinée selon laquelle seule l'armée est outillée pour traiter les affaires militaires. Si l'on adopte toujours le point de vue des « initiés », la résistance au processus de réforme peut être encore exacerbée par l'importance apparemment disproportionnée accordée à la société civile dans la promotion de la RSS alors que cet acteur est considéré comme « extérieur » à la sécurité.

Ces facteurs soulignent la nécessité de bâtir des passerelles pour délimiter les rôles respectifs du gouvernement et des acteurs non étatiques et définir leurs relations avec le secteur de la sécurité dans le cadre d'une approche cohérente de la sécurité de l'Etat et de la sécurité humaine. Si certaines réformes ont échoué c'est parce qu'il n'a pas été tenu compte des droits du personnel de la sécurité ou que l'accent n'a pas été mis sur les avantages que les institutions de sécurité pourraient tirer d'un renforcement de l'efficacité et de la redevabilité de leurs services. La RSS a, au contraire, été perçue comme imposant des obligations nouvelles et parfois controversées aux services de sécurité. Les tentatives d'instaurer ce type de dialogues dans le cadre d'initiatives de RSS ont soit été incomplètes ou ont échoué, ce qui souligne le besoin d'une compréhension plus approfondie du contexte de ces dynamiques intra et interinstitutionnelles.

Les indicateurs d'initiatives réussies pour instaurer de tels dialogues sont, par exemple :

- La sécurité est démystifiée : il y a davantage de dialogue/débat public sur la sécurité ce qui réduit les peurs et la méfiance ;
- Un large groupe d'acteurs est impliqué, ce qui crée des passerelles entre les différentes branches du gouvernement, le secteur de la sécurité ainsi que la société civile et les médias ;
- Le débat ne repose pas sur des idées préconçues sur les objectifs de la réforme, mais se focalise plutôt sur la vision et les normes du secteur de la sécurité, avant d'aborder les propositions concrètes de réforme ;
- La communication fait partie intégrante du processus de réforme : une stratégie de relations publiques doit sensibiliser la population et améliorer sa compréhension de ce processus, tout en gérant soigneusement les attentes ;
- Le dialogue n'est pas une initiative ponctuelle mais est soutenu sur une longue période, ce qui permet le partage et la discussion approfondis des idées et facilite la diffusion des informations.

Bâtir une compréhension commune des risques et des bénéfices

Il est irréaliste d'exiger que des individus remettent en cause leur avenir personnel et leur bien-être pour un processus dont les objectifs et les modalités ne sont que vaguement définis. Les politiques stratégiques doivent être traduites en plans opérationnels qui décrivent précisément les nouvelles orientations du secteur de la sécurité et permettent à chaque acteur de comprendre son rôle en termes concrets. Cela nécessite un long processus de renforcement de la confiance fondé essentiellement sur un dialogue portant sur les concepts et les opportunités de réforme afin de parvenir à une compréhension commune.

Pour éviter les réactions de méfiance, qui se sont révélées si préjudiciables aux processus de réforme, il faut avant tout soutenir les initiatives qui mettent l'accent sur les droits ainsi que sur les obligations des services de sécurité dans une atmosphère de respect mutuel. De telles approches impliquent de gérer les attentes. Il faut notamment insister sur le fait que l'adoption de normes de professionnalisme et de prestation de services plus élevées peut renforcer la légitimité des services de sécurité et que cela doit faire partie intégrante de la SSR. Dans le même temps, la population a souvent des attentes irréalistes à la fois par rapport au processus de RSS et aux rôles et responsabilités des acteurs du secteur de la sécurité. La gestion des attentes et la sensibilisation aux rôles, aux responsabilités et aux droits respectifs de tous les acteurs contribuent à surmonter et à corriger les déséquilibres engendrés par la méfiance et par des relations de pouvoir inégales.

Les institutions de sécurité se plaignent souvent d'un manque de ressources, ce qui les conduit à revendiquer fortement la modernisation de leurs services, l'obtention de nouveaux équipements et l'amélioration de leurs conditions de travail – comme en témoignent les demandes formulées par le secteur de la sécurité en Guinée, au Mali, au Nigeria et au Sénégal. Les mesures répondant à ce besoin de renforcer l'efficacité des prestataires de services de sécurité peuvent favoriser des réformes de plus grande ampleur. On peut relier l'objectif d'améliorer l'efficacité avec un renforcement des mécanismes de redevabilité, en faisant en sorte que les modalités et les finalités de cette modernisation des services de sécurité fassent l'objet d'un débat public. Pendant la transition en Guinée, les mesures concrètes visant à améliorer les conditions de vie des forces de défense et de sécurité ont constitué une première étape importante afin d'obtenir leur adhésion à un processus de réforme plus large. Le Nigeria a connu une dynamique similaire, qui a permis de créer un lien essentiel entre les éléments réformistes au sein de la direction militaire et du gouvernement. La question de la modernisation des forces de sécurité offre également la possibilité de lancer un débat public sur la vision de la sécurité et les moyens d'y parvenir. En Guinée, au Libéria et au Mali, les processus consultatifs relatifs à l'élaboration de la politique en matière de sécurité nationale ont réussi à situer ce type de débats dans le contexte d'une réforme plus large. Ces dialogues peuvent également contribuer efficacement à l'intégration de la modernisation des forces de sécurité au sein d'un processus de RSS plus large traitant à la fois des questions relatives à la responsabilité et à l'efficacité : il est essentiel d'établir ce lien pour faire en sorte que la modernisation des forces contribue à améliorer la gouvernance du secteur de la sécurité.

La question de la modernisation des forces de sécurité peut émerger comme un point d'achoppement dans les initiatives visant à renforcer la gouvernance du secteur de sécurité, notamment parce que les institutions de sécurité ne réalisent pas que la RSS peut servir leurs propres intérêts. La crainte d'une obligation accrue de rendre des comptes et d'un contrôle civil et démocratique plus important peut générer des résistances et des oppositions au sein des institutions de sécurité. Cette résistance peut être fondée sur une évaluation des intérêts personnels et corporatistes ou refléter une vision réellement différente du rôle du secteur de la sécurité au sein de l'Etat. Quoi qu'il en soit, il est essentiel de mener un dialogue sur les modalités, les fonctions et les motivations d'une meilleure gouvernance du secteur de la sécurité afin de veiller à ce que les institutions de sécurité agissent en champions efficaces – et non en détracteurs – du processus de réforme.

Les indicateurs soulignant l'élaboration d'une compréhension commune peuvent être, par exemple :

- Des processus inclusifs d'élaboration des politiques nationales en matière de sécurité favorisent une compréhension commune des rôles et des responsabilités des différents acteurs du secteur de la sécurité ;
- La société civile dialogue avec les services de sécurité d'une manière non conflictuelle, ce qui crée une dynamique positive vers plus de transparence et une meilleure prestation de services ;
- Les processus de RSS traitent des droits ainsi que des obligations du personnel du secteur de la sécurité ;
- Les mesures qui traitent de la modernisation des forces de sécurité sont liées à des initiatives qui renforcent le contrôle et la redevabilité de ces institutions.

Favoriser l'implication des différents secteurs de la société dans le processus de réforme

Dans chacun des exemples développés dans ce volume, les moments les plus propices à la réforme ont été ceux durant lesquels un dialogue public plus inclusif a été engagé, soit dans le cadre d'initiatives ponctuelles (Etats généraux de la sécurité et de la paix organisés au Mali en 2005) ; soit dans le cadre d'un processus politique (l'élection d'un nouveau président au Sénégal) ; ou par l'intermédiaire d'institutions de transition (l'engagement du Conseil national de transition en faveur de la RSS en Guinée ou de la Commission de la réforme de gouvernance au Libéria). Dans ces exemples, l'élan en faveur de la réforme a faibli dès qu'il y a eu rupture du consensus autour d'une vision commune de la sécurité ou lorsque la réforme était définie en des termes trop vagues pour être assortie de modalités de reddition de comptes adéquates.

Il est utile d'engager un débat sur les enjeux et modalités de la réforme en incluant des parties prenantes plus larges que les seuls acteurs de la sécurité, même si les discussions ne comprennent, dans un premier temps, que les acteurs de l'élite – par exemple, les parlementaires, les responsables de l'exécutif et les services de sécurité. Les réformes bénéficient d'un meilleur soutien si les consultations ne se limitent pas aux groupes habituellement concernés par la RSS : il ne faut pas se contenter de cibler les principaux organes de contrôle de la sécurité et inclure, au contraire, d'autres acteurs tels que les autorités étatiques chargées du financement et les institutions de contrôle indépendantes dotées de larges mandats en matière de lutte contre la corruption ou de défense des droits humains, par exemple. L'implication de défenseurs des droits humains a souvent joué un rôle de catalyseur à différents moments clés du processus.

La faiblesse relative de certains systèmes institutionnels de contrôle (notamment le Parlement et le système judiciaire) amplifie l'importance de la société civile comme agent potentiel de changement. Dans la mesure où ces institutions officielles manquent souvent de ressources et sont sous la coupe de l'exécutif, la surveillance informelle et publique que peut effectuer la société civile prend une importance disproportionnée par rapport au rôle qui lui est officiellement conféré. Dans un cas de figure qui illustre cet aspect tout en étant rare, Aiyede décrit comment au Nigéria, un avocat des droits humains, Festus Keyamo, a obtenu gain de cause devant la Haute Cour, celle-ci concluant que la pratique présidentielle de nomination des chefs de service sans l'approbation de l'Assemblée nationale était inconstitutionnelle. Cela a conduit le Président à soumettre au Sénat les nominations effectuées en 2014, et montre à quel point les fonctions officielles et informelles de contrôle peuvent se renforcer mutuellement. Les tensions entre cette dynamique de renforcement du contrôle sur l'exécutif et l'existence continue de domaines réservés sont aussi perceptibles dans les marchandages autour de la Loi sur la Défense nationale de 2008 au Libéria, ou dans le blocage de la réforme du secteur de la défense au Mali. Le caractère contesté de ces processus souligne l'importance d'une base constitutionnelle ou légale pour déterminer les rôles et les responsabilités du secteur de la sécurité.

Les autorités politiques sont susceptibles de déployer des stratégies diverses afin de retirer leur soutien à ce type de processus. Il est donc essentiel d'élaborer des plans de réforme clairs et publics à l'aune desquels les autorités peuvent être tenues de rendre publiquement des comptes en cas d'absence d'avancées. Cette vision partagée de la gouvernance du secteur de la sécurité doit, idéalement, être explicitée dans une déclaration publique énonçant les objectifs de la réforme, et précisant, si possible, les mesures qui doivent être prises dans des délais impartis. L'élaboration et le partage d'une telle vision commune des réformes à accomplir peut également prévenir les revirements et les régressions, en fournissant des critères précis à l'aune desquels les avancées – ou leur absence – peuvent être clairement mesurées.

Les indicateurs soulignant le caractère inclusif du processus de réforme peuvent être, par exemple :

- Les débats sur les questions de la gouvernance du secteur de sécurité vont au-delà des acteurs habituels, qui peuvent être perçus comme des adversaires ou des partisans du statu quo, et impliquent différents partis politiques, syndicats et organisations professionnelles, représentant notamment les intérêts privés et commerciaux en matière de sécurité ; ces débats offrent également un espace d'expression aux groupes marginalisés, tels que les jeunes, les groupes de femmes, et les personnes économiquement défavorisées ;
- Les groupements structurés des acteurs de la société civile, tels que les groupes de travail ou les coalitions nationales, permettent aux différents intérêts et secteurs de la société civile de faire front commun et d'accroître leur influence en s'appuyant sur une plateforme légitime ;
- Le Parlement assume de manière visible ses prérogatives en matière de contrôle du secteur de la sécurité ;
- Le dialogue national sur la RSS repose sur un fondement ferme en étant directement relié à la modification ou à l'élaboration de la législation ou des politiques en matière de sécurité.

Calibrer le soutien international à la RSS

Comme il a été souligné dans le chapitre introductif à ce volume, l'approche de la RSS a souvent été assortie de larges revendications et d'attentes irréalistes. Dans les contextes où l'Etat n'a pas les capacités d'empêcher la résurgence de conflits internes et transfrontaliers, il y a une tendance de plus en plus grande à prescrire la RSS comme outil de stabilisation. Les études de cas présentées dans ce volume doivent être lues comme autant de mises en garde contre cette propension. Il est difficile d'instaurer le climat de confiance nécessaire pour inciter les acteurs de la sécurité à s'engager dans une réforme dans des environnements politiques stables, et donc a fortiori en période de conflit. Les facteurs de déstabilisation et de conflit sont au cœur de la dynamique que la RSS vise à transformer, y compris en ce qui concerne la nature des services publics et la légitimité de l'autorité de l'Etat. Cela souligne le caractère essentiellement préventif de la RSS. L'objectif d'assurer l'efficacité et la redevabilité du secteur de la sécurité dans un cadre de gouvernance démocratique, d'Etat de droit et de respect des droits humains constitue une base légitime pour tout processus de RSS en ce qu'elle fédère les parties prenantes nationales et les partenaires internationaux.

Cette section s'appuie sur les exemples de gouvernance du secteur de sécurité analysés dans ce volume pour examiner leurs implications en ce qui concerne le soutien international à la RSS. Il met l'accent sur deux dimensions clés : les approches des bailleurs de fonds eu égard aux processus de la réforme ; et le manque d'engagement à l'égard de certains aspects de la RSS.

Réorienter les approches des bailleurs de fonds

Il est nécessaire de favoriser une compréhension commune de la RSS et de ses avantages potentiels pour renforcer le soutien aux réformes parmi les groupes qui risquent de percevoir ce processus comme une menace. Cependant, le soutien à des processus de RSS axés sur la gouvernance et susceptibles de générer ce genre de consensus posent un défi par rapport aux approches privilégiées actuellement par les bailleurs de fonds internationaux. En effet, en l'absence de mesures de réforme réelles, les bailleurs de fonds considèrent souvent que l'élaboration d'un programme de réforme suffit à démontrer l'engagement politique et les bonnes intentions des autorités. Accorder du temps au débat n'engendre pas de résultats tangibles à l'aune desquels les bailleurs de fonds peuvent mesurer leur propre efficacité et ce type d'activité est donc systématiquement sous-évalué. Il en va de même pour les initiatives de renforcement de la confiance par le dialogue. Le simple fait de débattre de la réforme, sans élaborer des plans concrets, peut aussi être considéré comme un moyen permettant aux opposants au processus de manipuler le programme de réforme et de le détourner de ces objectifs plus larges de transformation du système de sécurité. Si ce risque doit être pris en considération, il est tout aussi clair qu'une vision large et partagée du changement ne peut découler que d'échanges et de discussions et que l'absence de débat augmente considérablement le risque d'échec. Certes, les processus de RSS suscitent des controverses dans la mesure où ils visent à modifier la dynamique des relations de pouvoir dans le secteur de la sécurité. En d'autres termes, ils risquent de créer des gagnants et des perdants. Pour traduire cette tension en réponse politique opérationnelle, il faut susciter des opportunités pour instaurer un climat de confiance entre les parties prenantes et promouvoir une vision commune.

Il est, par définition, difficile pour les partenaires internationaux d'éviter de faire plus de mal que de bien lorsqu'ils s'impliquent dans des débats nationaux portant sur des questions sensibles. Les modalités de prestation des programmes adoptés par les bailleurs de fonds influent sur les perspectives de réussite du processus. Par exemple, la sensibilité dont fait montre l'armée nigériane face aux offres d'assistance extérieure dans le domaine des relations civilo-militaires ne découle pas seulement de sa réticence à impliquer des acteurs extérieurs, mais aussi de l'identité de ces acteurs (en l'occurrence, les Etats-Unis). De même, au Libéria, la décision de sous-traiter le processus de réforme militaire à une entreprise militaire et de sécurité privée a gravement sapé la crédibilité des nouvelles institutions de gouvernance nationales. A cet égard, la coopération Sud-Sud en matière de réforme offre des pistes beaucoup plus prometteuses car les Etats qui ont déjà été confrontés aux défis du processus de réforme peuvent partager leur expertise de manière pragmatique tout en ayant l'autorité morale pour ce faire.

Les bailleurs de fonds exercent souvent des pressions importantes pour obtenir des progrès rapides et visibles. Ces acteurs tendent à réduire la valeur d'un programme de RSS à son coût ; de ce fait, ils attendent davantage de résultats de la part des processus de RSS impliquant des ressources importantes plutôt que des activités axées sur la gouvernance qui sont comparativement moins onéreuses. Cela conduit à détourner l'attention des avancées en matière de gouvernance, pour accorder la priorité et des ressources beaucoup plus importantes aux mesures de renforcement des infrastructures, de la formation et de l'équipement, qui privilégient l'efficacité au détriment de la gouvernance du secteur de la sécurité. Les études de cas rassemblées dans ce volume démontrent les unes comme les autres à quel point il est erroné d'accorder la priorité aux dimensions «techniques» de la réforme. Du fait de la nature et de l'ampleur des changements structurels impliqués par la dimension transformatrice de la RSS, les réformes axées sur le renforcement des capacités et de l'équipement des forces de sécurité – qui constituent souvent les marqueurs les plus visibles du changement – sont peu susceptibles, par elles-mêmes, d'entraîner des changements importants dans les conditions structurelles de la gouvernance de la sécurité au sein de l'Etat.

Alors que les débats stratégiques relatifs au processus de RSS reconnaissent le fait que la «RSS est un processus politique», les normes et les valeurs qui régissent les acteurs ayant une réelle influence sur la prestation de services, la gestion et le contrôle de la sécurité sont trop peu analysées. Ce problème découle notamment du lien qui est automatiquement établi entre l'adhésion des élites politiques et la décision d'octroyer un financement par les bailleurs de fonds. Pour ne citer qu'un exemple, au Mali, le financement octroyé par l'ONU au PGPSP a été interrompu dès que le soutien de l'exécutif à cette initiative a diminué. C'était pourtant justement le moment où le soutien aurait du être accru. De même, pour comprendre pourquoi certains acteurs n'assument pas les rôles et les responsabilités qui leur ont été officiellement conférées, il faut tenir compte de l'encastrement social et des dynamiques de pouvoir au sein de la société, mais cela est rarement pris en compte (van Veen et Price, 2014, Hills, 2014, Schroeder et Chappuis, 2014). L'accent mis sur des marqueurs extérieurs, visibles et tangibles de changement (qui peuvent être comptés, mesurés, achetés et payés) exacerbe cette tendance à négliger les changements dans les attentes, les attitudes et les valeurs entourant la prestation de services de sécurité et la gestion et le contrôle de ce secteur. Pourtant, ces facteurs intangibles sont des éléments essentiels sans lesquels il est impossible de transformer les modalités d'utilisation et de contrôle de la force par les acteurs étatiques et non étatiques.

Ainsi, la priorité accordée à la dimension technique de la réforme au détriment des initiatives axées sur la gouvernance s'explique par le fait que la conception du «succès» en matière de RSS est souvent évaluée à l'aune de la mauvaise unité de mesure. Cette tendance est également reflétée dans la propension encore actuelle à se focaliser sur les réformes institutionnelles «par le haut», plutôt que de s'appuyer sur les expériences «par le bas» en matière de sécurité. S'il est important d'avoir une compréhension nuancée de la dynamique politique au sein des élites afin d'identifier les canaux du pouvoir au sein d'un Etat, la mesure ultime de la réussite d'un processus de RSS doit reposer sur l'expérience vécue, au niveau subjectif, par la population en matière de prestation de services de sécurité. Les méthodologies n'ont pas encore suffisamment intégré le fait que la sécurité est une expérience subjective et interindividuelle qui est également déterminée par des jugements politiques sur la légitimité et le pouvoir ainsi que sur la configuration institutionnelle du recours à la force coercitive.

Pour surmonter ces problèmes, il faut adopter des approches innovantes pour identifier les avancées et les impacts. Une telle méthodologie doit pouvoir s'appuyer sur un engagement sur le long terme en privilégiant une approche flexible en matière de RSS. En ce qui concerne les outils de mesure et d'évaluation, il reste beaucoup à faire aussi bien en termes analytiques que méthodologiques pour élaborer des outils qui appréhendent adéquatement la valeur réelle des programmes de réformes axés sur la gouvernance. Les méthodes qualitatives de pointe peuvent être appliquées avec une plus grande efficacité dans des contextes fragiles pour identifier les changements eu égard à des indicateurs réellement pertinents tels que la culture organisationnelle, les modes de prestation de services et la légitimité publique.

Valoriser les processus de RSS « souples »

Etant donnée l'importance de définir une vision de la sécurité partagée par toutes les parties prenantes, les actions apparemment « souples » qui mettent l'accent sur le débat, la transparence et la consultation peuvent jouer un rôle crucial pour favoriser la RSS. Afin d'instaurer le climat de confiance nécessaire pour faire avancer le processus de réforme, il faut expliquer les concepts de la réforme, créer des liens entre les différentes parties prenantes, et sensibiliser l'ensemble des acteurs aux différentes perspectives et aux divers besoins en matière de sécurité.

L'importance des initiatives visant à renforcer le contrôle du secteur de la sécurité n'est pas assez prise en compte et ces actions restent sous-financées. Le développement des capacités du pouvoir législatif est un aspect essentiel de la RSS et il faut pour cela accorder davantage d'attention aux institutions parlementaires : en termes concrets, il faut notamment renforcer les capacités des parlements, y compris de leur personnel, en consolidant les fonctions des commissions au sein du Parlement et les capacités des parlementaires et en renforçant le dialogue avec la société civile et les médias. Il est essentiel de former les médias et le personnel gouvernemental aux questions de sécurité, en impliquant, par exemple, les journalistes dans les débats et en proposant au personnel gouvernemental et des médias des formations sur le traitement responsable de l'information.

Les processus de réforme examinés dans ce volume ne sont pas parvenus à traduire les engagements rhétoriques envers la RSS en améliorations concrètes du système de gouvernance institutionnelle ou de prestation des services de sécurité. Si en apparence ces échecs peuvent être interprétés comme autant de promesses restées vides, c'est en fait, l'inverse qui est vrai. Les réformes ont échoué au moment où des groupes clés au sein du secteur de la sécurité ont estimé que leurs intérêts étaient menacés. Ce sentiment de menace était en partie fondé sur une compréhension erronée de l'impact de la RSS sur leurs intérêts. Pour désamorcer en amont ce type de conflits d'intérêts, il faut s'efforcer, dès le début du processus, d'expliquer aux services de sécurité les avantages qu'ils peuvent tirer d'un renforcement de la redevabilité et du professionnalisme de leur institution.

Pour établir une vision partagée de la gouvernance du secteur de la sécurité il faut avoir une compréhension nuancée des menaces sécuritaires et des priorités de la réforme. Comme le montrent clairement ces exemples, les approches centrées sur l'Etat sont déconnectées de la réalité de la prestation des services de sécurité dans la mesure où l'Etat n'est pas le seul, ni dans de nombreux cas, le prestataire le plus important dans ce domaine, ni celui en qui la population a le plus confiance. Il est impossible de procéder à une évaluation réaliste des besoins de réforme sans tenir compte de la façon dont des acteurs privés pallient aux besoins généralisés de la population en matière de sécurité en l'absence, au niveau de l'Etat, de services de sécurité centrés sur les intérêts de la société.

La RSS concerne directement au moins deux dimensions différentes de cette dynamique de privatisation de la sécurité : d'une part, à l'échelle locale, des prestataires de services de sécurité et de justice non étatiques communautaires s'organisent de diverses manières pour répondre aux besoins de protection des populations auxquelles ils appartiennent ; d'autre part, des prestataires de services de sécurité commerciaux, qu'ils soient d'origine nationale et internationale, proposent des services aux conditions du marché à ceux qui ont les moyens de s'offrir de tels services. Ces deux groupes d'acteurs représentent différentes dimensions de ce phénomène de privatisation, mais tous deux sont essentiels pour comprendre comment procéder à une réforme du secteur de la sécurité, car leur existence est au moins en partie due à l'incapacité de l'Etat d'assurer une sécurité suffisante pour la population. Les activités de ces groupes d'acteurs ont à leur tour un effet direct sur la nature de la prestation de la sécurité publique et sur la légitimité relative de l'Etat en tant que prestataire de services de sécurité. Aucun programme de RSS ne peut raisonnablement aspirer à améliorer la sécurité humaine sans tenir compte de ces deux types d'acteurs non étatiques de la sécurité.

Conclusion

La RSS n'est plus une problématique nouvelle ; il est maintenant nécessaire de réfléchir aux lacunes de ces processus et d'identifier des approches et des modalités de mise en œuvre innovantes. Bien que les résultats des initiatives de réforme puissent être jugés décevants, le problème réside peut-être moins dans les résultats eux-mêmes que dans les outils analytiques à notre disposition pour les comprendre et les interpréter. Si nul ne saurait soutenir que les Etats de l'Afrique de l'Ouest ne souffrent plus des dysfonctionnements qui ont rendu nécessaire le lancement de processus de RSS dans la région, il serait tout aussi erroné de prétendre qu'aucun progrès n'a été accompli. Une analyse fondée sur une réévaluation des éléments essentiels de la RSS et de ce qu'elle implique concrètement offre une image nettement plus nuancée. Cette série d'exemples nationaux vise précisément à fournir cette perspective alternative au travers de six moments uniques dans des processus de transformation longs et incertains.

Le moment est venu d'évaluer de manière critique les approches actuelles en matière de RSS afin de maximiser la contribution de ce type de réformes à la réflexion sur la sécurité, le développement et la promotion de la démocratie. En effet, la bonne gouvernance de tous les aspects de la prestation des services publics constitue un thème transversal de l'Agenda pour le développement post 2015. En soulignant la nécessité de bâtir des sociétés pacifiques et inclusives fondées sur l'accès à la justice et sur des institutions efficaces et responsables, le cadre des objectifs de développement durable offre une opportunité importante de promouvoir une approche holistique de la RSS. Bien que ces objectifs soient universels, les voies pour les atteindre ne le sont pas : le succès dépend de notre capacité à comprendre les réalités spécifiques des différents contextes de réforme. Il dépend aussi de notre engagement collectif et soutenu en faveur de la bonne gouvernance, des droits humains et de la démocratie.

Comme ce volume a cherché à le montrer, il est essentiel d'analyser les micro-dynamiques de la gouvernance du secteur de la sécurité afin de permettre aux acteurs nationaux et aux partenaires internationaux de développer des partenariats adaptés au contexte et fondés sur la confiance et le respect de l'appropriation locale. Il est nécessaire de prendre en compte ces réalités afin de saisir les opportunités de réforme et d'en comprendre les contraintes. Malgré les défis décrits tout au long de ce volume, le message global qui émerge de ces exemples n'est pas négatif. S'il est clair que l'espace politique permettant le lancement d'un processus de RSS est limité, des canaux sous-exploités existent pour créer un tel espace. Nous espérons que ces exemples de la gouvernance du secteur de la sécurité en Afrique de l'Ouest fourniront matière à réflexion et permettront de tirer des leçons et de saisir de telles opportunités.

Notes

[1] Pour de plus amples informations sur ces distinctions, voir Bagayoko in Agokla, Bagayoko (2010: 279-298).

Liste des références

Acemoglu, D et Robinson, J 2012 *Why nations fail: The origins of power, prosperity, and poverty.* Crown Business.

Adejumobi, S 1999 *Demilitarisation and the Search for Democratic Stability in Nigeria.* Nigéria: République du Nigéria. Peut être consulté à l'adresse http://unpan1.un.org/intradoc/groups/public/documents/CAFRAD/UNPAN009003.PDF [dernière modification le 12 août 2015].

Adejuwon, L 2014 Emergency rule extension and politics of 2015. *National Mirror,* 6 décembre.

Adekanye, J B 1997 The military in transition. Dans: Diamond, J L, Kirk-Greene, A H M et Oyediran, O (dir. publ.) *Transition without End: Nigerian politics and civil society under Babangida.* Ibadan: Vantage Publishers. pp. 33-66.

Adekson, J B 1979 Dilemma of military disengagement. Dans: Oyediran O (dir. publ.) *Nigerian Government and politics under military rule, 1966–1979.* Londres: Macmillan.

Adeniyi, O 2011 *Power, politics and death: A front-row account of Nigeria under the late President Yar' Adua.* Lagos: Kachifo Limited.

Adesina, J 1995 *Labour in the Explanation of an African Crisis.* Dakar: CODESRIA.

Adu-Amanfo, F 2014 *The Roles of Peace and Security, Political Leadership, and Entrepreneurship in the Socio-Economic Development of Emerging Countries: A Compendium of Lessons Learnt from Sub-Saharan Africa.* Bloomington: AuthorHouse.

Agbambu, C 2014 Criticism dampening soldiers' morale. *Nigerian Tribune,* 14 août, p. 8.

Aiyede, E R 2013 Parliament, Civil Society and Military Reform in Nigeria. Dans: Rüland, J, Manea, M, Born, H (dir. publ.) *The Politics of Military Reform: Experiences from Indonesia and Nigeria.* New York: Springer. pp. 161–184.

Akinlotan, I 2014 Desertion, Boko Haram: Nigeria's fragility underscored. *The Nation,* 31 août, p. 80.

Akinloye, B 2014 Nigerian military uncooperative, slow to learn-US hearing. *The Punch,* 13 juillet, p. 1.

Alaga E et Akum, R 2013 Civil-Military Relations and Democratic Consolidation in Nigeria: Issues and Challenges. Dans: Blair, D (dir. publ.)

2013 *Military Engagement: Influencing Armed Forces Worldwide to Support Democratic Transitions (Volume Two: Regional and Country Studies).* Washington, DC: Brookings Institution Press. pp. 215–235.

Albrecht, P et Jackson, P 2009 Security System Transformation in Sierra Leone 1997–2007. Rapport commandité par le Groupe pour la prévention des conflits du Gouvernement britannique.

Altbeker, A 2005 The dirty work of democracy: A year on the streets with the SAPS. Jonathan Ball Publishers.

Amnesty International 2012 *Nigeria: Trapped in the cycle of violence.* Londres: Amnesty International.

Amnesty International 2014 Nigeria: Gruesome footage implicates military in war crimes. *Amnesty International,* 5 août. Peut être consulté à l'adresse http://www.amnesty.org/en/news/nigeria-gruesome-footage-implicates-military-war-crimes-2014-08-05 [dernière modification le 12 août 2015].

Anderson, L 2006 *Post-Conflict security sector reform and the challenge of ownership-the case of Liberia.* DIIS Brief. Copenhagen, Danemark: Danish Institute for International Studies (DIIS).

Aning K et Lartey, E 2008 Parliamentary Oversight of the Security Sector: Lessons from Ghana. Peut être consulté à l'adresse http://www.agora-parl. org/sites/default/files/lessons_from_ghana.pdf [dernière modification le 13 août 2015].

Aning, K 2004 Investing in peace and security in Africa: The case of ECOWAS. *Conflict, Security & Development,* 4.

Aning, K 2008a Ghana. Dans: Adedeji, E et N'Diaye, B (dir. publ.) *Contrôle parlementaire du secteur de la sécurité en Afrique de l'Ouest: opportunités et défis.* Centre pour le contrôle démocratique des forces armées – Genève (DCAF). pp. 127–131.

Aning, K 2008b Managing the security sector in Ghana. Dans: Agyeman-Duah, B et Fawundu, A S (dir. publ.) *Understanding Good Governance in Ghana.* Accra: Digi Publications.

Aning, K, Birikorang, E et Lartey, E 2013 The Processes and Mechanisms of Developing a Democratic Intelligence Culture in Ghana. Dans: Davies, P H et Gustafson, K C (dir. publ.) *Intelligence Elsewhere: Spies and Espionage outside the Anglosphere.* Washington, DC: Georgetown University Press. pp. 199–218.

Aning, K 2002 An historical overview of the Ghana Police Service. Dans: Karikari K (dir. publ.) *The Faces and Phases of the Ghana Police Service.* Accra: Media Foundation for West Africa.

Asamoah, O Y 2014 The Political History of Ghana (1950–2013): The Experience of a Non-Conformist. Bloomington: AuthorHouse.

Atuguba, R 2007 The Ghana Police Service (GPS): A practical agenda for reform. *IEA Policy Analysis,* 3(1), janvier.

Avuyi, P 1995 Ghana Police is Sick. *Chronicle,* 10–13 août.

Bagayoko, N 2010 Similarités et différences entre les systèmes de sécurité francophone et anglophone. Dans : Agokla, K, Bagoyoko, N et N'Diaye, B (dir. publ.) *La réforme des systèmes de sécurité et de justice en Afrique francophone*. Paris : Organisation de la Francophonie. pp. 279–298.

Bah, T 2009 *Trente ans de violence politique en Guinée (1954–1984)*. Paris : Editions L'Harmattan.

Baker, J 2015 Professionalism without reform : The security sector under Yudhoyono, dans : The Yudhoyono Presidency, Institute of Southeast Asian Studies, pp. 114–135.

Bali, D Y 1989 The Defence of the Nation. Dans : Tamuno, T N et Ukpabi, S C (dir.publ.) *Nigeria since Independence : The Civil War Years v. 6 : The First 25 Years*. Ibadan : Heinemann Educational Books.

Ball, N 2001 Transforming Security Sectors : The IMF and World Bank Approaches. *Conflict, Security and Development,* 1 : 45–66.

Bangoura M T 2007 Comment obtenir une véritable CENI? Dans : Bangoura, D, Bangoura, M T et Diop, M (dir. publ.) *Enjeux et défis démocratiques en Guinée (février 2007 – décembre 2010)*. Paris : Editions L'Harmattan.

Bangoura, M T, Bangoura, D et Diop M 2006 *Quelle transition politique pour la Guinée?* Paris : Editions L'Harmattan.

Barker, B 1979 *Operation cold chop : A coup that toppled Nkrumah*. Tema : Ghana Publishing Corporation.

Barnes, W K G 2013 *The Flipside of Governance : Evaluation of the Authenticity of Public Administration in Liberia*. Accra : Paxi Systems.

BBC 2015 Nigeria's Boko Haram unrest : African leaders urged to act. *BBC,* 26 janvier.

Bendix, D et Stanley, R 2008 Security Sector Reform in Africa : The Promise and the Practice of a New Donor Approach. *ACCORD Occasional Papers Series, 3(2)*. Durban, South Africa : African Centre for the Constructive Resolution of Disputes (ACCORD).

Bojie, P J O 2011 Transformation experiences and joint-service imperatives : Nigerian army perspective. Document présenté lors de l'atelier sur la réorganisation de la marine nigériane, 4–7 avril. Abuja, Nigéria.

Boyes, R P A 1971 *Report on the Ghana Police Service*. Accra : Government Press.

Bright, N O 2002 Liberia : America's Stepchild. Film documentaire USA/ Libéria

Bryden, A et Hänggi, H (dir. publ.) 2004 *Reform and Reconstruction of the Security Sector*. Münster : Lit Verlag.

Bryden, A et N'Diaye, B (dir. publ.) 2011 *Gouvernance du secteur de la sécurité en Afrique de l'Ouest francophone : bilan et perspectives*. Münster : Lit Verlag.

Bryden, A et Olonisakin, F 2010 Conceptualising Security Sector Transformation in Africa. Dans : Bryden, A et Olonisakin, F (dir. publ.) *Security Sector Transformation in Africa*. 8 éd. Münster : Lit Verlag. pp. 3–26.

Bryden, A, Olonisakin, F et N'Diaye, B (dir. publ.) 2008 *Challenges of Security Sector Governance in West Africa*. Münster : Lit Verlag.

Brzoska, M 2002 *Development donors and the concept of security sector reform*. Document hors série no 4. Centre pour le contrôle démocratique des forces armées – Genève (DCAF).

Busia, K A 1951 *The position of the chief in the modern political system of Ashanti*. Londres : International African Institute.

Camara, K 1998 : *Dans la Guinée de Sékou Touré : cela a bien eu lieu*. Paris : Editions L'Harmattan.

Cawthra, G et Luckham, R (dir. publ.) 2003 *Governing Insecurity : Democratic Control of Military and Security Establishments in Transitional Democracies*. Londres : Zed Books.

CEDEAO 1999 *Protocolerelatifaumécanismedeprévention, de gestion, de règlement des conflits, de maintien de la paix et de la sécurité*. Abuja : Communauté économique des Etats de l'Afrique de l'Ouest.

CEDEAO 2001 *Protocole additionnel sur la démocratie et la bonne gouvernance*. Abuja : Communauté économique des Etats de l'Afrique de l'Ouest.

CEDEAO 2011 *Protocole additionnel sur le code de conduite des forces armées et des services de sécurité*. Abuja : Communauté économique des Etats de l'Afrique de l'Ouest.

CEDEAO 2014 *Cadre stratégique régional sur la réforme et la gouvernance du secteur de la sécurité*. Abuja : Communauté économique des Etats de l'Afrique de l'Ouest.

Cenap/Credess-Bdi 2012 Etude en besoins de sécurité au Burundi. Bujumbura : Centre d'alerte et de prévention des conflits (CENAP) et Centre de recherche, d'études et de documentation en sciences sociales (CREDESS-Bdi).

Centre pour le contrôle démocratique des forces armées – Genève (DCAF) 2005 Rapport sur les débats nationaux à propos de la réforme du secteur de la sécurité au Libéria (Summary Report of the Liberia National Dialogue on Security Sector Reform), 3–4 août 2005. Monrovia, Libéria : DCAF.

Centre pour le contrôle démocratique des forces armées – Genève (DCAF) 2015 *Les documents d'information sur la RSS (The SSR Backgrounder Series)*. DCAF.

Chappuis, F et Hänggi, H 2009 The Interplay between Security and Legitimacy : Security Sector Reform and State-building. Dans : Raue, J et Sutter, P (dir. publ.) *Facets and Practices of State-building*. Leiden : Martinus Nijhoff.

Chappuis, F et Hänggi, H 2013 Statebuilding through Security Sector Reform. Dans : Chandler, D and Sisk, T D (dir. publ.) *Routledge Handbook of International Statebuilding*. Londres et New York : Routledge.

Chappuis, F et Siegle, J 2015 Security Sector Reform in Times of Democratic Reversal. S+F : *Sicherheit und Frieden / Security and Peace*, 33.

Collier, P 2007 *The Bottom Billion : Why the Poorest Countries are Failing and What Can be Done About It*. Oxford : Oxford University Press.

Collier, P 2010 *Wars, Guns, and Votes: Democracy in Dangerous Places*. New York: Harper Perennial.

Commission africaine des droits de l'homme et des peuples (CADHP) 2015 Institutions nationales des droits de l'homme. Peut être consulté à l'adresse http://www.achpr.org/fr/network/nhri/ [dernière modification le 13 août 2015].

Commission de consolidation de la paix des Nations Unies (CCP) 2012 *Examen des progrès accomplis dans la mise en œuvre de la déclaration d'engagements réciproques aux fins de la consolidation de la paix au Libéria.* PBC/6/LBR1. Assemblée générale et Conseil de sécurité des Nations Unies, 13 mars.

Commission de consolidation de la paix des Nations Unies (CCP) 2012 *Rapport du premier examen de la déclaration d'engagements réciproques pour la consolidation de la paix en Guinée entre le gouvernement guinéen et la Commission de consolidation de la paix* (septembre 2011 à mars 2012). PBC/6/GUI/3. Assemblée générale et Conseil de sécurité des Nations Unies, 19 juin.

Commission de l'Union africaine 2013 Cadre d'orientation de l'Union africaine sur la réforme du secteur de la sécurité. Addis Ababa: Union africaine.

Commission nigériane de la planification nationale (NNPC) 2004 *Meeting Everyone's Needs: National Economic Empowerment and Development Strategy*. Abuja, Nigeria: NNPC.

Commission nigériane de la planification nationale (NNPC) 2009 *Nigeria Vision 20:2020*. Economic Transformation Blueprint. Abuja: NNPC.

Conakryka 2010 Politique – Mamadou Aliou Barry, président de l'ONDH: «Alpha Condé est à mon avis un danger pour l'unité nationale». Blog d'Ibrahima Ahmed Bah, 3 novembre 2010. Peut être consulté à l'adresse http://unbah.over-blog.com/article-politique-mamadou-aliou-barry-president-de-l-ondh-alpha-conde-est-a-mon-avis-un-danger-pour-l-unite-nationale-60216706.html [dernière modification le 13 août 2015].

Conseil de l'Union européenne 2005 *EU Concept for ESDP support to Security Sector Reform (SSR)*. Bruxelles: Conseil de l'Union européenne.

Conseil de l'Union européenne 2006 *Council Conclusions on a Policy framework for Security sector reform*. Luxembourg: Conseil de l'Union européenne.

Conseil de sécurité des Nations Unies 2005a *Rapport intérimaire du Secrétaire général sur les moyens de combattre les problèmes sous-régionaux et transfrontaliers en Afrique de l'Ouest*. S/2005/86. Conseil de sécurité des Nations Unies, 11 février.

Conseil de sécurité des Nations Unies 2005b *Dix-huitième rapport intérimaire du Secrétaire général sur la mission des Nations Unies au Libéria*. S/2005/60. Conseil de sécurité des Nations Unies, 1er septembre.

Conseil de sécurité des Nations Unies 2006 *Onzième rapport intérimaire du Secrétaire général sur la mission des Nations Unies au Libéria*. S/2006/376. Conseil de sécurité des Nations Unies, 9 juin.

Conseil de sécurité des Nations Unies 2007 *Lettre datée du 5 décembre 2007, adressée au Président du Conseil de sécurité par le Président du Comité du Conseil de sécurité créé par la résolution 1521 (2003) concernant le Libéria.* S/2007/689. Conseil de sécurité des Nations Unies, 5 décembre.

Conseil de sécurité des Nations Unies 2009 *Dix-huitième rapport intérimaire du Secrétaire général sur la mission des Nations Unies au Libéria.* S/2009/86. Conseil de sécurité des Nations Unies, 10 février.

Conseil de sécurité des Nations Unies 2014 *Maintien de la paix et de la sécurité internationales: Réforme du secteur de la sécurité: obstacles et possibilités.* S/RES/2151 (2014). Conseil de sécurité des Nations Unies, 28 avril.

Daily Graphic 2015a Police recruitment scam: 2 cops, and 3 others arrested, *Daily Graphic,* 6 mars, pp. 1, 3.

Daily Graphic 2015b Police recruitment scam: Commissioner of Police interdicted. *Daily Graphic,* 7 mars, pp. 1, 13.

Daily Graphic 2015c We are surprised at sophistication of recruitment scam, says police administration. *Daily Graphic,* 9 mars, pp. 1, 3.

Diallo, S 1986 Les relations entre l'armée, l'Etat et le parti, et le problème des forces civiles (milice, parti). Dans: Bangoura, D (dir. publ. *Les armées africaines.* Paris: Economica. pp. 111–117.

Diouf, M 1994 *Sénégal: Les ethnies et la nation.* Paris: Editions L'Harmattan, 1994.

Direction générale de la police nationale (DGPN) 2001 Rapport des Journées de réflexion de la police nationale, 21, 22, 23 février 2001. Bamako: DGPN, février.

Donais, T (dir. publ.) 2008 *Local Ownership and Security Sector Reform.* Münster: Lit Verlag.

Donais, T 2009 Inclusion or Exclusion? Local Ownership and Security Sector Reform. *Studies in Social Justice,* 3: 117–131.

Dudley, B J 1973 *Instability and political order: Politics and crisis in Nigeria.* Ibadan: Ibadan University Press.

Déclaration de Paris sur l'efficacité de l'aide au développement 2005 *Second forum de haut niveau sur l'efficacité de l'aide au développement.* Paris: France.

Délégation de l'Union européenne en Guinée 2013 L'UE débloque 5,24 millions d'euros pour appuyer le renforcement de la capacité de la police nationale et la réconciliation avec la population. *Communiqué de presse,* 5 juin.

Ebo, A 2005 *The Challenge and opportunities of security sector reform in post-conflict Liberia.* DCAF Document hors série no 9. Centre pour le contrôle démocratique des forces armées – Genève (DCAF)

Ebo, A 2008 Local Ownership and Emerging Trends in SSR: A Case Study of Outsourcing in Liberia. Dans: Donais, T (dir. publ.) *Local Ownership and Security Sector Reform.* Münster: Lit Verlag.

Eghaghe, E 2014 Obanikoro advocates reforms in military. *National Mirror,* 30 mai, p. 1.

Esambo Kangashe, J L 2013 *Le droit constitutionnel.* Louvain-la-Neuve, Belgique : Academia – L'Harmattan.

Falana, F 2014 Soldiers have No Business in Policing Polls. *The Punch,* 23 juillet.

Fall, I M 2012 *Sénégal, une démocratie « ancienne » en mal de réforme.* Dakar : AfriMAP et OSIWA.

Freunda, C et Jaud, M 2013 On the Determinants of Democratic Transitions, Middle East Development Journal, Volume 5, publication 1.

Fukuyama, F 2013 What Is Governance? *CGD Document de travail 314.* Washington, DC : Center for Global Development.

Galtung, J 1964 An Editorial : What is peace research? *Journal of Peace Research,* 1(1) : 1–4. DOI : 10.1177/002234336400100101.

Gbelewala, K 2013 Liberia : Over 200 Retired AFL Soldiers Thrown Out of Civil Law Court. *Heritage,* 14 novembre.

Ghana 2012 Réglementation des services de police, 2012 (C. I. 76).

Ghana Web 2013 Prez Mahama swears in new Police Council. *Ghana Web,* 12 novembre. Peut être consulté à l'adresse http://www.ghanaweb.com/ GhanaHomePage/NewsArchive/Prez-Mahama-swears-in-new-Police-Council-291757

Ghana 1963 Loi sur les services de sécurité (loi no 202).

Ghana 1965 Loi sur les services de police (loi no 284).

Ghana 1969 Constitution de la République du Ghana 1969.

Ghana 1970 Loi sur les services de police (loi no 350).

Ghana 1974 Décret no 303 sur les forces de police (amendement).

Ghana 1979 Constitution de la République du Ghana 1979.

Ghana 1992 Constitution de la République du Ghana 1992.

Glencourse, B 2013 Liberia : Corruption and Accountability Remain Biggest Challenges. African Arguments Blog, 16 August 2013. Peut être consulté à l'adresse http://africanarguments.org/2013/08/16/liberia-ten-years-on-corruption-and-accountability-remain-countrys-biggest-challenges-by-blair-glencorse/ [dernière modification le 13 août 2015].

Gompert, D C, Davis, R C et **Sterns Lawson, B** 2009 *Oversight of the Liberian National Police.* Santa Monica, CA : National Defense Research Institute, RAND Corporation.

Gompert, D C, Oliker, O, Stearns Lawson, B, Crane, K et **Riley, K J** 2007 *Making Liberia Safe : Transformation of the National Security Sector.* Santa Monica, CA : National Defense Research Institute, RAND Corporation.

Greene, O et **Rynn, S** 2008 Linking and Co-ordinating DDR and SSR for Human Security after Conflict : Issues, Experience and Priorities. *Thematic Working Paper 2.* Centre for International Cooperation and Security, University of Bradford.

Groupe de travail de l'ONU sur la RSS 2012 *Notes d'orientation techniques intégrées sur la réforme du secteur de la sécurité.* Nations Unies.

Guinée 2009 Décret (D/2009/001/SG/PRG/CNDD).

Guinée 2010a Constitution de la République de Guinée.

Guinée 2010b Décret (n° 014/PRG/CNDD/SGPRG/2010).

Haggard, S et Kaufman, R R 1995 *The Political Economy of Democratic Transition.*, Princeton NJ: Princeton University Press.

Halden, P et Egnell, R 2009 Laudable, a historical and overambitious: security sector reform meets state formation theory. *Conflict, Security & Development,* 9(1): 27–54. DOI: 10.1080/14678800802704903

Hall, P A et Taylor R C R 1996 Political science and the three new institutionalisms, Political studies, 44(5), 936–957.

Halperin, M, Siegle, J et Weinstein, M 2010 *The Democracy Advantage: How Democracies Promote Prosperity and Peace.* Londres et New York: Routledge.

Hills, A 2014 Security Sector or Security Arena? The Evidence from Somalia. *International Peacekeeping,* 21: 165–180.

Horoya 1993a Aperçu historique sur les forces armées guinéennes. *Horoya,* 3790, 20 décembre.

Horoya 1993b Aperçu historique sur les forces armées guinéennes. *Horoya,* 3892, 31 décembre.

Human Rights Watch (HRW) 2013 No Money, No Justice. Police Corruption and Abuse in Liberia, 22 août. Peut être consulté à l'adresse http://www.hrw.org/reports/2013/08/22/no-money-no-justice-0 [dernière modification le 17 août 2015].

Hutchful, E 2004 Security sector governance: Institutions, processes and challenges. Document non publié présenté lors d'un atelier du DCAF, avril 19–20. Abuja, Nigéria.

Hutchful, E 1999 Peacekeeping under conditions of resource stringency: Ghana's army in Liberia. Dans: Cilliers, J et Mills, G (dir. publ.) *From Peacekeeping to Complex Emergencies: Peace support missions in Africa.* Johannesburg and Pretoria: SAIIA and ISS. pp. 97–118.

Hänggi, H 2003 Making Sense of Security Sector Governance. Dans: Hänggi, H et Winkler, T (dir. publ.) *Challenges of Security Sector Governance.* Münster: Lit Verlag. pp. 3–23.

Hänggi, H 2004 Conceptualising Security Sector Reform and Reconstruction. Dans: Bryden, A et Hänggi, H (dir. publ.) *Reform and Reconstruction of the Security Sector.* Münster: Lit Verlag. pp. 3–20.

International Center for Transitional Justice (ICTJ) 2015 Liberia. Peut être consulté à l'adresse https://www.ictj.org/our-work/regions-and-countries/liberia [dernière modification le 13 août 2015].

International Crisis Group (ICG) 2009 Liberia: Uneven progress in security sector reform. Africa Report, no 148, 13 janvier 2009. Peut être consulté à l'adresse http://www.crisisgroup.org/~/media/Files/africa/west-africa/liberia/Liberia %20Uneven %20Progress %20in %20Security %20Sector %20Reform.pdf [dernière modification le 17 août 2015].

International Crisis Group (ICG) 2014 *Curbing Violence in Nigeria (II): The Boko HaramInsurgency.* Bruxelles: ICG.

International Dialogue On Peacebuilding And Statebuilding 2011 A New Deal for Engagement in Fragile States. Busan, Corée du Sud.

IRIN 2013 Despite Reforms, corruption rife among Liberian police. *IRIN News,* 11 octobre.

Iroegbu, M O et Adinoyi, S 2014 Army Begins to Take Delivery of Critical Assets in War Against Boko Haram. *This Day,* 15 juillet, p. 1.

Jaye, T 2006 An Assessment Report on SSR in Liberia. Rapport soumis à la Commission de réforme de la gouvernance (CRG) du Libéria, 23 septembre.

Jaye, T 2008 *Liberia's Security Sector Legislation.* Münster: Lit Verlag.

Jaye, T 2009 Liberia: Parliamentary Oversight and Lessons Learned from International Security Sector Reform. Peut être consulté à l'adresse http:// issat.dcaf.ch/content/download/10645/106742/file/Liberia_SSR.pdf [dernière modification le 17 août 2015].

Joy Online 2013a Police Council to consider new procedure to appoint IGP. *Joy Online,* 12 novembre.

Joy Online 2013b Extending IGP's tenure could threaten internal security – Dr Aning. *Joy Online,* 13 novembre.

Kaba, A T 2007 Les dossiers brûlants de la justice. Dans: Bangoura, D, Bangoura, M T et Diop, M (dir. publ.) *Enjeux et défis démocratiques en Guinée (février 2007– décembre 2010).* Paris: Editions L'Harmattan.

Kieh, G K 2008 *The first Liberian civil war.* New York: Peter Lang Publishing.

Konaté, D (dir. publ.) 2013 *Le Mali entre doutes et espoirs: réflexions sur la nation à l'épreuve de la crise du Nord.* Bamako: Editions Tombouctou.

Krause, K 2006 *Towards a Practical Human Security Agenda.* DCAF Policy Paper 26. Centre pour le contrôle démocratique des forces armées – Genève (DCAF).

Le soleil 2013 Zone militaire 6: Le chef de l'Etat va renforcer les moyens des militaires. *Seneweb.com,* 20 avril.

Libéria 2006 Executive Order No. 2: Repositioning of the Governance Reform Commission, 6 mars. Libéria: gouvernement du Libéria. Peut être consulté à l'adresse http://www.emansion.gov.lr/doc/EXECUTIVE %20 ORDER %20_ %202 %20- %20Repositioning %20of %20the %20GRC.pdf [dernière modification le 17 août 2015].

Libéria 2008 Loi sur la défense nationale.

Libéria 2011 Loi sur la réforme de la sécurité nationale et les services de renseignement.

Libéria 2013 Loi modifiant et abrogeant les paragraphes 1, 2, ainsi que le paragraphe 6(IV) de la loi de 2011 sur la réforme de la sécurité nationale et les services de renseignement.

Loden, A 2007 Civil society and security sector reform in post-conflict Liberia: Painting a moving train without brushes. *International journal of transitional justice* 1(2): 297–307. DOI: 10.1093/ ijtj/ijm022.

Luckham, R et **Hutchful, E** 2010 Democratic and War-to-Peace Transitions and Security Sector Transformation in Africa. Dans: Bryden, A et Olonisakin, A (dir. publ.) *Security Sector Transfomation in Africa*. 8 éd. Münster: Lit Verlag. pp. 27–54.

L'Observateur 2010 Discours de son Excellence le général Sékouba Konaté, président de la transition, président de la République par intérim à l'occasion de l'installation solennelle du CNT. *L'Observateur,* no 484, 15 mars, p. 2.

Malan, M 2008 *Security Sector Reform in Liberia. Mixed Results from Humble Beginnings.* Carlisle, Pennsylvania: Strategic Studies Institute, US Army War College.

Malan, M 2008 *Security Sector Reform in Liberia: Mixed Results from Humble Beginnings.* Carlisle, PA: Strategic Studies Institute United States Army War College.

Mali 1992 Constitution de la République du Mali.

Manea, M et **Rüland, J** 2013 Taking Stock of Military Reform on Nigeria. Dans: Rüland, J, Manea, M, Born, H (dir. publ.) *The Politics of Military Reform: Experiences from Indonesia and Nigeria.* New York: Springer. pp. 57–76.

March, J G et **Olsen, J P** 1983 The new institutionalism: organizational factors in political life, *American political science review,* 78(03), 734–749.

McGregor, A 2015 Conflict at a Crossroads: Can Nigeria Sustain Its Military Campaign Against Boko Haram? *Terrorism Monitor,* 13(13): 7–11. Peut être consulté à l'adresse http://www.jamestown.org/programs/tm/single/?tx_ttnews%5Btt_news%5D=44084&cHash=93b4e15e1e02c9c2570b0 2b1bab1421b#.VafZuFWqpBc [dernière modification 12 août 2015].

Ministère de la Défense (MOD) 2008a *Report of the Armed Forces Transformation Committee, Main Report.* Abuja: MOD.

Ministère de la Défense (MOD) 2008b *Report of the Armed Forces Transformation Committee, Joint Doctrine for the Armed Forces of Nigeria,* Vols 1&2. Abuja: MOD.

Ministère de la Sécurité intérieure et de la Protection civile (MSIPC) 2003a Exposé sur la politique de sécurité du Mali. Bamako: Secrétariat général du MSIPC, août.

Ministère de la Sécurité intérieure et de la Protection civile (MSIPC) 2003b Discours d'orientation de Monsieur le ministre de la Sécurité intérieure et de la Protection civile à l'occasion de sa prise de contact avec les responsables des services de sécurité et de protection civile. Bamako: MSIPC.

Ministère de la Sécurité intérieure et de la Protection civile (MSIPC) 2005 Rapport général des Etats généraux de la sécurité et de la paix. Bamako: MSIPC, novembre.

Moulaye, Z (dir. publ.) 2008 *Société civile et gouvernance de la sécurité au Mali.* Bamako: Editions Coopération technique belge, janvier.

Moulaye, Z 2014 *La problématique de la criminalité transnationale et le contrôle démocratique du secteur de la sécurité.* Bamako: Friedrich Ebert Stiftung, février.

Moulaye, Z et **Niakaté, M** 2011 *Shared gouvernance of peace and security: The Malian experience.* Abuja: Friedrich Ebert Stiftung, décembre.

Nathan, L 2007 *No Ownership, No Committment: A Guide to Local Ownership of Security Sector Reform.* Birmingham, UK: University of Birmingham.

Nations Unies 2000 *Déclaration du millénaire.* A/RES/55/2. Assemblée générale des Nations Unies, 18 septembre.

Nations Unies 2008 *Assurer la paix et le développement: le rôle des Nations Unies dans l'appui à la réforme du secteur de la sécurité. Rapport du Secrétaire général. A/62/659–S/2008/39.* Assemblée générale des Nations Unies, 23 janvier.

Nations Unies 2013 *Sécurité des Etats et des sociétés: renforcer l'appui global apporté par L'Organisation des Nations Unies à la réforme du secteur de la sécurité. Rapport du Secrétaire général. S/2013/480.* Assemblée générale des Nations Unies, 13 août.

Nigéria 2004 Loi sur les forces armées (CAP. A20 L.F.N).

Nigéria 2006 *National Defence Policy.* Abuja: Government Printer.

Nigéria 1979 Constitution de la République fédérale du Nigéria.

Nigéria 1982 Loi sur la stabilisation économique (dispositions provisoires)

Nigéria 1999 Constitution de la République fédérale du Nigéria.

North, D C 1990 *Institutions, Institutional Change and Economic Performance.* New York, Cambridge University Press.

Nossiter, A 2014 Nigeria's Army Hampers Hunt for Abducted Schoolgirls. *New York Times,* 23 mai.

Objectifs de développment durable 2015 Transformer notre monde: programme de développement durable d'ici 20130. Dans: Nations Unies (dir. publ.) *Avant-projet approuvé en août 2015.*

OCDE-CAD 2007 *Manuel de l'OCDE-CAD sur la réforme des systèmes de sécurité: soutenir la sécurité et la justice.* Paris: OECD.

Officier d'état major adjoint de la police du Ghana 1990 *The Year 1990 – An Overview* Note d'un officier d'état major adjoint à l'inspecteur général de la police, 15 janvier 1990.

Ojiabor, O 2014 Senate confirms new Service Chiefs. *The Nation,* 30 janvier, p. 6.

Oloja, M et **Onuorah, M** 2011 National security reform agenda coming, says Azazi. *The Guardian,* 31 juillet. p. 1.

Olukoshi, A O (dir. publ.) 1993 *The politics of structural adjustment in Nigeria.* Ibadan: Heinemann.

Omitoogun, W et **Oduntan, T** 2006 Nigeria. Dans: Omitoogun, W et Hutchful, E (dir. publ.) *Budgeting for the Military Sector in Africa: The Processes and Mechanisms of Control.* Oxford: Oxford University Press. pp. 154–179.

Onoma, A K 2014 Transition regimes and security sector reforms in Sierra Leone and Liberia. *WIDER Working Paper no 2014/012.* Peut être consulté à l'adresse http://www.wider.unu.edu/publications/working-papers/2014/en_GB/wp2014-012/ [dernière modification le 17 août 2015].

Onuoh, Felix 2014 Nigeria Islamists better armed, motivated than army: Governor. *Reuters,* 17 février.

Onuorah, M 2011 Army begins new structure for better security. *The Guardian*, 10 avril, p. 4.

Onuorah, M 2014 Nigeria: Military Denies Report on Soldiers' Defection to Cameroun. *The Guardian*, 25 août, p. 4.

Onwudiwe, E et Osaghae, E 2010 *Winning hearts and minds: A community relations approach for the Nigerian military.* Ibadan: John Archers.

Osaghae, E E 1998 *Crippled Giant: Nigeria Since Independence.* London: C. Hurst & Co. Publishers.

Oyegbile, O 2014 Why the fight against Boko Haram is stunted. *The Nation on Sunday*, 31 août, p. 9.

Panter-Brick, S K 1970 From military coup to civil war, January 1966 to May 1967. Dans: Panter-Brick, S K (dir. publ.) *Nigerian Politics and Military Rule: Prelude to the Civil War.* Londres: Université de Londres. pp. 14–57.

Parley, W W 2013 Lawyers Fail Ex-Soldiers. *The New Dawn*, 20 novembre.

Partenariat de Busan pour une coopération efficace au service du développement 2011 Quatrième forum de haut niveau sur l'efficacité de l'aide au développement. Busan: République de Corée.

Peters, B G 2011 *Institutional theory in political science: the new institutionalism*, Bloomsbury Publishing USA.

Post, K et Vickers, M 1973 *Structure and Conflict in Nigeria, 1960–65.* London: Heinemann.

Programme d'action d'Accra 2008 Troisième forum de haut niveau sur l'efficacité de l'aide au développement. Accra: Ghana.

Przeworski, A, Alvarez, M E, Cheibub, J A et Limongi, F 2000 *Democracy and Development: Political Institutions and Well-Being in the world, 1950–1990.* Cambridge: Cambridge University Press.

Quantson, K B 2000 *Peace and Stability: Chapters from the Intelligence Sector.* Accra: Napascom Publishers.

Rapport de la banque mondiale 2011 *Conflicts, securité et dévelopement. Rapport 2011 sur le développement dans le monde.* Washington D C: Banque mondiale.

Salia, A 2015 Police Council backs efforts to unravel recruitment scam. *Daily Graphic*, 10 mars, pp. 32–33.

Sant'Egidio [n.d.] La Communauté. Peut être consulté à l'adresse http://www.santegidio.org/pageID/2/langID/fr/LA_COMMUNAUT.html [dernière modification le 13 août 2015].

Sawyer, A 2002 Liberating Liberia. Dans: *The Emergence of Autocracy in Liberia. Tragedy and Challenge.* San Francisco, CA: Institute for Contemporary Studies.

Schmitt, E et Knowlton, B 2014 U.S. Officials Question Ability of Nigeria to Rescue Hostages. *New York Times*, 15 mai.

Schnabel, A 2009 Ideal Requirements versus Real Environments in Security Sector Reform. Dans: Born, H et Schnabel, A (dir. publ.).) *Security Sector Reform in Challenging Environments*. Münster: Lit Verlag.

Schnabel, A et Born, H 2011 *Security Sector Reform Narrowing the Gap between Theory and Practice*. SSR Papers. Centre pour le contrôle démocratique des forces armées – Genève (DCAF).

Schroeder, U C et Chappuis, F 2014 New Perspectives on Security Sector Reform: The Role of Local Agency and Domestic Politics. *International Peacekeeping*, 21: 133–148.

Schroeder, U C, Chappuis, F et Kocak, D 2013 Security Sector Reform from a Policy Transfer Perspective: A Comparative Study of International Interventions in the Palestinian Territories, Liberia and Timor-Leste. *Journal of Intervention and Statebuilding*, 7: 381–401.

Senenews 2012 Paix en Casamance: Les femmes sur le pied de guerre. *Senenews.com*, 29 juillet.

SenewebNews 2013 Exclusif – Vente de 3 avions de combat au Sénégal: Les assurances du fournisseur et milliardaire Luiz Carlos Aguiar. *Seneweb.com*, 15 avril.

Shabbir Cheema, G 2005 *Buiding Democratic Institutions: Governance Reform in Developing Countries*. West Hartford, C T: Kumarian Press.

Siollun, M 2013 *Soldiers of fortune: Nigerian politics from Buhari to Babangida, 1983–1993*. Abuja: Cassava Republic Press.

Soumah, M 2004 *Guinée, de Sékou Touré à Lansana Conté*. Paris: Editions L'Harmattan.

Stroehlein, A 2013 The guns may be silent now, but Liberia is going nowhere: After a decade of peace, country is still suffering under a corrupt police force. *The Independent*, 20 décembre.

Sy, D 2003 La condition du juge en Afrique: l'exemple du Sénégal. Afrilex, 3 juin. Peut être consulté à l'adresse http://afrilex.u-bordeaux4.fr/la-condition-du-juge-en-afrique-l.html [dernière modification le 13 août 2015].

Uvin, P 2009 *Life After Violence: A People's Story of Burundi*. Londres: Zed Books.

Uzoechina, O 2014 *Gouvernance et réforme du secteur de la sécurité en Afrique de l'Ouest: du concept à la réalité*. Documentation d'orientation politique no 35. Centre pour le contrôle démocratique des forces armées – Genève (DCAF).

Van Veen, E et Price, . 2014 *Securing its success, justifying its relevance: Mapping a way forward for Security Sector Reform*. CRU Policy Brief. Clingendael: Netherlands Institute of International Relations.

A propos du Centre pour le contrôle démocratique des forces armées – Genève (DCAF)

Le Centre pour le contrôle démocratique des forces armées – Genève (DCAF) est une fondation internationale qui a pour mission d'aider la communauté internationale à appliquer les principes de bonne gouvernance et à mettre en œuvre la réforme du secteur de la sécurité. A cet effet, le centre élabore les normes internationales ou nationales appropriées, en assure la promotion, définit les bonnes pratiques ainsi que les recommandations pertinentes qui permettront de mettre en place une gouvernance efficace du secteur de la sécurité. Sur le terrain, il apporte son soutien en donnant son avis consultatif et propose des programmes d'assistance technique à toutes les parties intéressées. Consultez notre site web : www.dcaf.ch

Centre pour le contrôle démocratique des forces armées – Genève (DCAF) :
Chemin Eugène-Rigot 2E
CH-1202 Genève, Suisse

CP 1360
CH-1211 Genève 1, Suisse

Téléphone : +41 (0) 22 730 9400
Fax : +41 (0) 22 730 9405
E-mail : info@dcaf.ch

www.ingramcontent.com/pod-product-compliance
Lightning Source LLC
Chambersburg PA
CBHW060849280326
41934CB00007B/979